创新创业教育改革与探究

王欣欣 郑 权 著

九 州 出 版 社
JIUZHOUPRESS

图书在版编目（CIP）数据

创新创业教育改革与探究／王欣欣，郑权著. –– 北京：九州出版社，2022.8
ISBN 978-7-5225-1203-7

Ⅰ. ①创… Ⅱ. ①王… ②郑… Ⅲ. ①大学生 – 创业 – 研究 Ⅳ. ①G647.38

中国版本图书馆 CIP 数据核字（2022）第 182884 号

创新创业教育改革与探究

作　　者	王欣欣　郑　权　著
责任编辑	蒋运华　沧　桑
出版发行	九州出版社
地　　址	北京市西城区阜外大街甲 35 号（100037）
发行电话	（010）68992190/3/5/6
网　　址	www. jiuzhoupress. com
印　　刷	廊坊市源鹏印务有限公司
开　　本	787 毫米×1092 毫米　16 开
印　　张	12
字　　数	260 千字
版　　次	2022 年 8 月第 1 版
印　　次	2024 年 4 月第 2 次印刷
书　　号	ISBN 978-7-5225-1203-7
定　　价	78.00 元

前　言

创新是引领发展的第一动力，是建设现代化经济体系的战略支撑。而创新离不开人才，人才离不开现代高校的培养。高校既是创新的源泉，也是创新的引擎。在高校开展创新创业教育关系到学生创新精神的树立、创业能力的培养，以及自主创新理念的养成，关系到国家的发展和民族的活力。创新创业教育是新的经济形势下大学生素质教育的新理念和新要求，培养创业型大学生是高校的社会责任。应国家的号召和高校的创新创业教学改革，我国高校开展了许多创新创业的课程，逐渐实现了对于创新创业课程教学的实践，同时也培养了许多热爱创新创业的人才。我国随着大众创业、万众创新的推进，国家对于创新人才的需求加大，创业能够推动经济的发展，解决毕业生的就业问题，能够实现社会的和谐发展。

各地各高校要把创新创业教育改革作为高等教育综合改革的重要突破口，在培养方案和管理制度等方面将改革持续向纵深推进，促进专业教育与创新创业教育有机融合，将创新创业教育贯穿人才培养全过程。强化创新创业实践，办好各级各类创新创业竞赛，着力培养学生的创新精神和创造能力。

"互联网＋"是创新2.0下的互联网发展的新业态，是知识社会创新2.0推动下的互联网形态演进及其催生的经济社会发展新形态。"互联网＋"的时代呼唤创新创业人才培养模式、教学模式及教学方式的蜕变。为此，城市型、应用型高校应不断进行教育教学改革与创新，贯彻教育教学品质提升计划，持续推进高素质应用型人才培养模式改革。

本书以大学生创新创业的理论为基础，针对新常态下创新和创业教育的融合发展进行了论述，然后对大学创新创业型的团队、资源构建进行了分析，并且对"广谱式"创新创业教育和"互联网＋"时代下创新创业教育的发展进行了梳理与综合分析，对领导决策和相关职能部门起到借鉴的作用。

目　录

第一章　创新创业教育概述

第一节　创新创业的理论基础

一、创新创业的认知

一般而言，创新创业是在某个或者某些创新活动的基础上进行的创业活动，创新活动涉及技术、产品、服务、管理、渠道等众多领域。就创新创业而言，创新是其特性和前提，创业是其追求和目标。

创新创业既不是利用现有资源创造出前所未有的思想或事物的创新行为，也不是对现有资源进行优化整合以达到更高经济或社会价值的创业行为，而是在创新前提下进行的创业活动。创新具有原创性和开拓性，创业具有趋利性。在创新创业概念中，前者是后者的基础，后者是前者的价值体现。

（一）创新的认知

创新是通过概念化过程产生出与原有事物存在较大差异的新思维、新创作、新技术等。英语中的创新是从拉丁语演变而来的，原意有三层含义：一是更新，替换原有的事物；二是创造，创造出原来没有的事物；三是改变，对原有事物进行发展和改造。创新是人类区别于其他生物的特有能力，是自觉能动性的高级外在表现。因为有创新行为，人类社会才会持续不断地前进发展。

1. 创新的类别划分

创新可以从以下不同角度进行分类。

（1）从表现形式来分，创新包括知识创新、理论创新、工艺创新、技术创新、产品创新、服务创新、制度创新、商业模式创新、管理创新、渠道创新等。

（2）从服务领域来分，创新包括教育创新、医疗创新、通信创新、民生创新、金融创新、工业创新、农业创新、商业创新等。

（3）从行为主体来分，创新包括个人创新、企业创新、高校创新、科研机构创新、政府部门创新、中介服务机构创新等。

(4) 从组织形式来分,创新包括独立创新、联合创新、引进创新等。

(5) 从过程变化来分,创新包括演化性创新、革命性创新等。

(6) 从实践效果来分,创新包括有价值创新、无价值创新、负效应创新等。

(7) 从创新程度来分,创新包括首创型创新、改创型创新、仿创型创新等。

(8) 从管理对象差异性来分,创新包括知识创新、技术创新与制度创新等。

2. 创新的主要意义

创新是推动人类社会发展前进的动力源泉之一,在宏观和微观层面都有非常重要的现实意义。

第一,创新对一个国家和民族的繁荣兴盛具有关键性的决定作用。随着社会的发展,国家之间的竞争已经逐渐演变为创新能力的竞争。

从经济学角度来看,创新会直接促进科学技术的进步,高新技术应用到生产实践中又会推动生产设备及相关技术的更新换代,这对劳动者的业务能力和综合素养也会有一定程度的提升作用。这些综合因素的推动会产生先进的生产力。

从社会学角度来看,理论创新会促进制度、技术等的创新,进而会带来生产关系及社会政治、经济、文化等制度方面的革新与发展。

从文化角度来看,创新推动人类思维和文化的发展。思维方式的变化受到人的实践方式的影响。行为方式一定程度上作用于思维方式。理论创新和实践创新相辅相成,相互作用,共同推动科学技术的革新。这有助于拓展人类的认识眼界,扩大认知范围,进而推动人类思维的转变和发展。因此,创新作为重要的行为方式之一,推动了人类思维方式的发展与变革。文化的改变同样需要行为方式的发展与革新,同等道理下,创新也推动了人类文化的发展。所以,人们需要树立创新意识,不断进行创新。

第二,创新对个人的成长进步至关重要,是其在工作中保持持久活力的原动力。一方面,创新是人为了解决问题、创造更好的生活而必须做的一种行为,是人的主观需求。创新行为是人对原有的事物或者思维进行分解,再利用自己的思维进行加工重组,创造出不同于原来的新事物或新思维。另一方面,创新是人类认识和改造世界时勇往直前的实践活动和勇于开拓的精神状态的协调统一。社会的发展会促使人产生新的物质或精神需求,这种需求会推动着人类在现有的物质或精神活动基础上,创造出能满足需求的新物质或新精神,从而在这一过程中充分体现自身价值。这一满足更高需求的实践过程就是创新。

3. 创新的功能

创新有如下功能。

（1）满足人类生存与发展的客观需要

我们在创新的内涵里面讲到创新最终要为客户或社会创造出新的价值。人们创新的原动力是在人类征服自然改造自然的过程中试图更好地去解决各类问题，不管这些问题最终能否解决，或者解决到什么程度，创新在具体事物上的表现都是一直在变化的，是逐渐被人们所感知的。当人们躺在床上不想起身关电视的时候，遥控器就成为可能；当我们感觉冬天冷夏天热的时候，空调就成为可能；当人们反抗压迫追求自由的时候，社会制度的变化就成为可能。可见，创新在不同领域和不同层面一直在不断地满足人类生存和发展的需要。

（2）促进人类创新思维的发展

人之所以高于一般自然物，人类社会之所以由低级向高级发展，其根本原因在于物质属性的变化，在于人具有物质的最高属性——意识。当人类在征服自然改造自然的过程中遇到问题时，首先是要思考如何解决问题。在思考的过程中，各种创新思维逐渐产生，各种思想的激荡也产生了智慧的火花。当解决问题需要的思维超越以往的思维时，创新思维就成为引导人类社会进步的先导。人类充分地运用各种创新思维，创新思维和创新实践的统一是创新的全部活动，这些活动在创新思维的引导下逐渐在各个领域取得突破性的发展和进展，这些发展和进展又反过来影响着人类思维的进步。

（3）深化人类对客观世界和主观世界的理解与认知

创新是在人类实践活动的过程中进行的，而实践活动是人们认识客观世界及主观世界进而改造客观世界和主观世界的一种基本途径。人类的创新思维永无止境，人类的创新活动也永无止境，那么人类认识世界也永无止境。人们对客观世界的认识不是一次完成的，它经历了从未知到已知、从知之不多到知之较多的渐进发展过程。客观事物处在运动、变化之中，人的观念也必然处在发展、深化之中，即使被实践证明是正确的观念，在社会发展的过程中也可能发生变化，成为新的探索和创新的起点。客观世界是持续发展的，人类社会也是从低级形态向高级形态不断演进的，很多事物处于我们未知的状态，复杂的客观世界和人类主观世界决定了观念的创新与实践的创新不可能走向终极。因此，创新会逐渐深化人类对客观世界和主观世界的理解与认知，带领人们走向更远、更深的未来。

（4）促进行业和产业的极大发展

在人类社会发展过程中，技术创新对行业产业的发展促进最为明显。18世纪60年代，蒸汽机的发明和应用带来了人类第一次工业革命，由一系列技术革命引起了从手工劳动向动力机器生产转变的重大飞跃。19世纪下半叶到20世纪初，电力的广泛应用（即电气时代）带来了人类的第二次工业革命，科学技术的发展突飞猛进，各种新技术、新发明层出不穷，并被迅速应用于工业生产，大大促进了经济的发展。20世纪四五十年代，开始了以原子能技术、航天技术、电子计算机技术的应用为代表，还包括人工合成材料、分子生物学和遗传工程等高新技术发展的第三次科技革命。如今，以互联网产业化、工业智能化、工业一体化为代表，以人工智能、清洁能源、无人控制技术、量子信息技术、虚拟现实及生物技术为主的全新技术革命已经全面到来。科学技术的发展促进了产业和行业的变革，世界各国都开始加快新技术的研究开发，新产业的战略布局加快，一系列新技术、新业态、新商业模式大批涌现，产业结构调整的力度前所未有。

（5）促进社会生产力的极大发展，引起社会和时代的变革

可以看到，科技创新带来了产业和行业的巨大变革，成为生产力飞速发展的动力。我们常说科学技术是第一生产力，行业和产业的发展离不开科技的创新，生产力的发展同样会引起生产关系的变革，进而引起社会和时代的巨大变革。科技创新不是社会发展中的唯一创新，它的发展往往伴随着人类知识的创新、制度的创新、管理的创新、文化的创新等各个方面的创新，这些创新将共同影响和促进人类社会的发展与变革。

4. 创新的原则

开展创新活动是有其所依据的法则和判断创新构思所凭借的标准的，在创新活动的过程中应该遵循科学规律原则、市场检验原则、较优选择原则、机理简单原则、构思独特原则。

（1）科学规律原则

创新必须遵循科学技术原理，不得有违科学发展规律。为了使创新活动取得成功，在进行创新构思时，必须做到对发明创造设想进行科学原理相容性检查，技术方法可行性检查和功能方案合理性检查。有的时候创新还需得到科学的验证。

（2）市场检验原则

创新的成果是要满足客户及社会需求的，创新设想要获得最后的成果必须经受市场的严峻考验。对创新成果的市场评价可以从解决问题的迫切程度、功能结构的优化程度、使用操作的可靠程度、维修保养的方便程度、美化生活的美学程度等方面进行。创新是伴随风险的智慧型活动，有可能成功，也有可能不成功，常常需要一个试错的过程，而由于市场本身的特点，犯错通常不会太大，成本和代价相对不高。创新常常需要协同，既有上下游的协同，也有左中右的协同，还有跨行业的协同，这里也需要市场的作用。市场对业态、技术、模式的创新需求最为敏感，企业创新能力强、人才聚合好、商业模式优，对企业的发展至关重要。对政府来说，市场有时会产生反向推动作用，就是倒逼政府该从哪里退出，该从哪里进入。因此，市场的评价和检验是衡量创新的一个原则。

（3）较优选择原则

从管理的角度来说，创新产物不可能达到十全十美，因此方案的选择只有较优，没有最优。其实在我们生活中，选择一个方案时，这个方案看似是最好的选择，然而随着时间的变化，该方案的前提条件也会发生变化，从而其也就变得不再是最优选择。同样，我们在进行方案选择时也会遇到前提条件并不充足，也无法做到最优选择。创新也一样，创新的成果在当时看可能是超过以往的，但是在此基础上还可以更进一步创新，取得更好的成果。因此，在创新的过程中只要选择较优的就可以开始执行和创造，不可能等到事情全面完美的时候再去做，一方面创新是无止境的，另一方面创新的时机稍纵即逝。创新的较优选择可以从创新技术的先进性，创新经济的合理性、创新整体效果性进行考虑。

（4）机理简单原则

创新成果不能只看绝对价值，还要看相对价值，尤其对于成本来说。在现有科学水平和技术条件下，可能在创新的过程中成本过高，程序过于复杂，功能过于冗余，创新付出的成本和带来的价值相比，可能并不合算，这样创新就失去了其应有的价值。在科技竞争日趋激烈的今天，结构复杂、功能过多、使用烦琐并不代表创新成果多么成熟和多么有价值，反而简单、简洁、客户体验优秀的创新成果更容易被社会所认可。因此，在创新的过程中，要始终贯彻机理简单原则，为创新的设想或结果设计更符合机理简单原则的方案和程序。我们可以通过检查新事物所依据的原理是否重叠来判断创新是否超出应有范围，新事物所拥有的结构是否复杂，新事物所具备的功能是否冗余。

（5）构思独特原则

独特是创新的一个显著特征，不管是哪种创新活动，和已有成果相比都有明显的区别。我们考察创新构思或创新成果的时候可以从其新颖性、开创新、特色性等方面来进行。

（二）创业的认知

一般情况下，创业是最能突显人的主体地位的社会实践活动，是人类借助服务、技术、工具等自身拥有的资源从事社会生产的一种劳动方式，包括广义和狭义两种概念。

广义的创业是各行各业的人为了创造价值、成就事业而进行的创造性社会实践活动。其功能指向是成就国家、集体和群体的大业，突显的是主体独有的理念、能力和行动等。

狭义的创业是经济学领域的概念，是主体为了解决就业或创造经济/社会价值而成立一定规模的企业，专门供应某项物质产品或服务的经济活动。

创业是人类在社会生产实践中通过自身敏锐的洞察力发现商机，并据此成为商业主体，创造出新的产品或服务，充分发挥其潜在价值的一种复杂的实践活动过程。这一过程通常是指从创业意识萌发到落地进行实践。创业的特征表现为以下四个方面：第一，有价值的创业项目。开创的新事业必须是对个人和社会都具有价值的，否则创业活动就毫无意义。第二，需要付出巨大的努力。创业活动想要成功，需要创业者花费大量的时间、精力和体力，因为大多数情况下创业初期都是很艰苦的。第三，需要承担一定的风险。创业面临的风险各有不同，主要涉及资源、市场、财务、技术等几个方面，创业者要有一定的魄力和胆识。第四，预期会带来回报，包括精神和物质两个方面的回报。这是创业者从事创业活动的主要原因，也是其在创业活动中奋勇向前的动力。

由此可见，创业是主体发现商机，并借助自己已经掌握的信息、资源、技术等，利用一定的方法和手段，在现有基础上创造出新的产品或服务，最终实现创业目标的创造实践过程。

1. 创业的类别划分

创业可以依据不同的标准进行多层面的划分，进行创业类别划分的目的是帮助主体通过对不同创业决策的对比来找出最适合的创业类型。创业具体可以从以下几个层面进行类别划分。

（1）从动机来分，创业包括机会型创业、生存型创业。

（2）从企业建立渠道来分，创业包括自主型创业、企业内创业。前者是创业个人或团体从零开始创造新的公司；后者是已经发展成熟、步入正轨的企业为了得到更好的发展，刺激创新或使创新成果转为现实生产力，利用授权或物质支持等方式来鼓励和促进企业内创业。

（3）从主体来分，创业包括大学生创业、失业者创业、退休者创业、辞职者创业等。

（4）从项目性质来分，创业包括传统技能型创业、高新技术型创业、体力服务型创业、知识服务型创业等。

（5）从承担风险来分，创业包括依附型创业（依附大企业/产业链或进行品牌加盟）、尾随型创业（模仿他人成功经验）、独创型创业（填补市场内容或形式空白）、对抗型创业（对抗垄断企业）等。

（6）从周期长短来分，创业包括初始创业（从无到有）、二次创业（成熟期再创业）、连续创业（初始创业到二次、三次创业等）等。

2. 创业的主要意义

（1）站在社会角度来看，创业能够推动科学技术的创新研发，促进国家整体经济形势的繁荣发展，在创造出丰厚的物质财富、带来巨大经济效益的同时，还能够增加就业机会，提升整体就业率，有效帮助我国缓解当前严峻的就业形势。另外，创业活动对促进我国创新教育的改革发展，培养社会急需的创新型人才意义重大。它能为创业型教育活动提供宽广的实践平台和现实理论。对社会而言，创业具体的意义和作用表现在以下四个方面：第一，增加经济效益，提高经济发展水平。第二，拓展就业渠道，缓解就业压力。如果有一成的人创业，便会为其他九成人提供就业机会。第三，推动科技和社会发展，提高整体创新能力。第四，带动区域整体发展前进。

（2）站在个人角度来看，创业需要付出巨大的努力，会面临不同形式的困难和风险，这些考验会不断促进个人思维和实践能力的提升。首先，创业可以满足生存需求，获得经济回报。其次，创业有利于实现个人价值和社会价值。选择自主创业是为了通过这一途径来证明自己的能力。不少创业者有这样的共识：不管职位有多高，他们都没有办法获得创业所带来的那种从零开始、从无到有的满足感。创业者可以在一个空间里发挥自己的才能，通过影响一部分人来实现自我价值，得到社会的认可。最后，创业是一种职业。在就业成为主流的情况下，自主创业的人会越来越多，甚至成为社会提倡的主流，成为大学生毕业后就业的重要选择。

3. 创业的特征

创业具有很强的社会属性，同时也具有成本性、价值性、风险性、回报性等特征。

（1）成本性

要完成整个创业过程，创造新的有价值的事物，需要人们付出大量的时间、充沛的精力和足够的体力等成本。有很多创业活动在初期都处于非常艰苦的环境中，唯有不断努力，才有成功的可能，当然也有些创业行为并不是在艰苦的环境中，而是付出其资源成本，通过对拥有的资源进行整合来创业。因此，不管哪种情况我们都可以看到，创业具有成本性。

（2）价值性

价值性是创业的重要社会属性，同时也是创业活动的成果和价值。开创新事业的同时也是一个价值创造的过程，这个过程不仅要对创业者本身有价值，而且也要对社会有价值，否则创业就失去了其意义。其实我们可以看到，很多创业行为都为创业者本人及社会带来了极大的价值，这些价值有物质的、有精神的，甚至有影响到社会进步的。

（3）风险性

风险是创业过程中必然要面临的问题，创业的风险可能有各种不同的形式，这取决于创业的领域和创业者拥有的资源。通常狭义的创业情况下，创业的风险主要有人力资源风险、市场风险、财务风险、技术风险、外部环境风险等方面。在创业的过程中，不管任何时候，创业者都应具备超人的胆识，并甘冒风险，勇于承担多数人望而却步的事业风险。

（4）回报性

创业能够给创业者带来回报。在通常情况下，风险与回报呈正相关关系。创业带来的回报，既包括物质的回报，也包括精神的回报，它是创业者进行创业的动机和动力。创业的回报可以是短期的回报也可以是长期的回报，长期回报和短期回报的平衡是创业者应积极思考的问题。创业的回报可以是对个人的回报也可以是对社会的回报，创业者需要在实现个人回报的同时更多地承担社会责任，更多地思考对社会的回报。

（三）创新与创业的联系

1. 创新推动创业

企业家会努力通过技术创新，即新产品或服务生产的新流程，获得战略优势。在一段时期内，获得战略优势的这家企业可能是唯一使用该创新手段的企业，所以该企业家可以预期获得"垄断利润"。但是其他的企业家会最终发现创新并努力去模仿该创新，这样创新就进一步提升了整个产业的生产力，并且在模仿中涌入的大量新思想使得垄断利润逐渐减少并最终达到平衡。与此同时，新的创新循环又将开始。在这一过程中，有创新目的的企业家或创新主体需要获得一定的经济利益来支撑创新，也会寻找重新制定游戏规则的下一个创新点，即创业机会的形成。创造性破坏概念，较为清晰地明确了创新与创业之间的关系。创业者在新的利润增长点的驱动下，需要通过创新获得垄断利润。创新者在寻找摧毁旧规则的新的创新点的同时，需要通过创业实现对创新的持续支撑。创业来自新产品、新技术、新供应来源与新组织的竞争，竞争不仅侵蚀企业的利润和既有产出，而且会动摇企业的根基。创新不仅是竞争的工具，也是保障的基础。

所以，创新推动创业是新时代创业浪潮最典型的特征之一。讨论创新创业，就需要明确创新的基础作用。创新能力的提高为创业奠定了良好的基础。随着各项优惠和扶持政策的出台，创新拉动创业的趋势已经形成。

2. 创业精神推动创新

创业精神意味着有远见、睿智地运用相关工具，精力充沛地执行创新创业战略，以及带有冒险倾向性地去判断与决策。创新型组织需要在组织中创造一种结构（部门、团队、专家小组等）去利用资源并承担推动创新的责任。倘若缺乏创业精神，有效的组织变革便不会发生。

在现实中，创业精神会在不同的阶段发挥作用。例如，在一个新成立的企业里，个体企业家冒着巨大的风险将新产品投放市场。创业精神更多体现在更新企业现有产品和改进生产、提供产品的方法层面。这与新创企业所需的创业精神几乎一样重要。

那些通常被称为"内部创业者"或者是工作在"公司创业部门"及"公司风险投资部门"的企业家，他们的新想法使他们所在的领域向前推进。当然，改变事物的激情并不一定要围绕着创造的商业价值，也可以在改善生产条件或是在更广泛的社会领域与社会环境可持续发展方面做出改变，这一领域被人们称为"社会创业"。

无论称呼和领域，最基本的模型是简单一致的——创业精神驱动着创新。在组织的生命周期里，创业精神驱动创新，从而创造商业价值和社会价值。

二、创新过程与创业过程

（一）创新过程的认知

1. 创新基本过程

在企业管理领域，创新是一个新想法被研究、产生、创造、发展、制造的同时被第一次赋予商业化特征的固定程序，即创新是"发明＋发展＋商业化"的代名词。这一程序中的任何一个组成部分都将影响到对企业市场价值的评估。

任何一个环节的低效联结，必将导致创新的滞后。所以，创新过程是一个探索性很强、风险性很高的控制过程。要高效率地完成一个控制过程，需要具备三个基本要素，即推动过程发展的持续动力、明确而可行的控制目标与灵活有效的控制方法。

与控制过程必须具备的三要素相对应，创新过程的完整性必须依靠创新的目标、敏感性、方法三个关键要素。首先是创新目标的确定，这是鼓励人们积极主动寻找创新方向和目标的驱动力；其次是对创新的敏感性，它可以提高人们捕获创新目标的效率；最后是创新方法的选择，这是保证可以高质量、有效果地完成创新目标的关键因素。必须有机结合这三个因素才可以保证创新过程的完整性和成功。从管理学层面而言，创新过程也可以分为产生新的设想、展开具体研究、发展研究设想、试制、生产制造以及商业化等阶段。

想要基本完成创新设计，企业必须做到构想创业思路、设计研究、生产产品原型、规模生产、产品销售以及市场获利等。这些活动之间既互相关联，又会交叉或并行。

正是这些活动的多种有机结合方式才促成企业内技术创新过程中模型的多样性。这些模型的主要特征表现为，技术的创新是融合多种技术成果后衍生出的一种具有

"线性特征"的过程。简单而言，技术创新是一个以"研究与开发"为起点、以"市场"为终点的线性过程，而最终产品交易的市场是该过程产生成果的被动接受方。

2. 创新动态过程

创新是不断变化的动态过程，该过程分三个阶段：产品或者产业的变动、过渡以及特定的阶段。"动态"主要体现在产品或工艺在不同时间内的创新发生频率不同。与此同时，产品与工艺的创新之间互相关联的关系不容忽视。当创新过程处于第一阶段时，产品创新现象时有出现，工艺的创新频率却随之下降，产品市场中涌入大量参与者。当创新处于第二阶段时，有关产品的主要设计方向逐渐清晰，产品市场也逐渐成熟，此时创新使开始转向工艺。这时候企业之间的创新竞争体现在经济规模以及学习效益方面。当创新处于最后一个阶段时，创新是必然选择，企业的性质逐渐向创新创业方向靠拢。

（1）变动阶段

该阶段是指一系列产品或者是一个产业部门从产生到形成的时期，处于该阶段的产品或者是技术都处于很不稳定的状态，变化很频繁。在进行产品的创新时，存在的首要问题是此时的技术以及产品市场存在很多未知和不确定性。新品的技术不成熟，通常价格标准也会很高，性能也还未达到稳定的状态，因此技术具有不确定性；企业经营生产的是创新型产品，此时的目标市场是无法进行明确的定位的，因此该阶段的市场也不具备确定性。技术和市场两方的不确定性致使产品市场上依然没有形成产品设计的主导趋势，因此，竞争聚焦在产品功能方面。该阶段的产品创新发生频率相对很高。正是产品设计的不稳定性才使得产品在工艺方面的突破次数很少。

（2）过渡阶段

该阶段产品的主导设计开始明确，标准产品开始产生。此时，市场上的消费者已经对创新产品有了一定了解，市场也已经容纳该产品了，企业开始规模生产。显然，此时对产品生产的管理以及成本的控制成为企业的重要任务。

此时竞争市场的焦点已经由工艺转向产品质量和价格之间的竞争。该阶段的企业已经开始根据标准化的产品设计选择相应的生产设备以及生产产品所需要的原材料。但是，产品结构的变化必须控制在某一范围内，因此，产品的创新频率开始降低，企业创新的主要方向转向工艺，并注重生产效率的提高和低成本控制。

（3）特定阶段

特定阶段的产品设计已经完全稳定。此时，其他企业也已经开始模仿，竞争的主要方向是产品质量和成本。企业大多采用高度自动化设备完成定型产品的生产，并紧密连接着高效、低成本的产品制造过程，即无论是产品还是产品的工艺发生微小变化都会连带其他部分发生对应的变化，因此在该阶段实施创新比较难做到，同时还要付出很大的代价。产品和工艺的创新是循序渐进的。重要产品或者工艺的创新几乎不会受特定阶段的限制，未达到高效效果而选择刚性特征十分明显的高度自动化的设备会与技术方面的创新之间产生难以解决的问题和矛盾。该阶段的产品因为创新空间已经很小，所以被其他创新产品取代的风险很大。考虑到创新内容，形成一个动态的创新模型有助于发现并掌握技术方面的创新规律。

（二）创业过程的认知

1. 创业基本过程

创业的基本过程包括以下几个阶段。

（1）创业构思

创业构思主要来自技术与市场两个方面，一般来说创业构思可能不止一个，需要进行认真筛选。除此之外还需进行竞争因素分析并做出战略选择，同时对技术进行必要的研究、实验以及进行工业化初步设计。

（2）运作管理

当确定创业并已经形成创业构思后，创业者需要一小笔创业启动资金或公司开办费，用于必要的研究与开发、工艺与设备设计、技术与市场调研、可行性研究及创业计划、市场营销策划、公关策划及广告策划等。

（3）组织架构

由创业者组织形成小组，进行项目可行性研究，进一步形成创业计划。如果创业者自己不能完成或没有时间，也可以外请咨询公司来完成创业计划。

（4）运营准备

计划完成后，需要进行创业前的准备，确定公司形式、创业团队、经营团队、营销策划、销售方式与销售渠道、完善技术、选择经营场所、落实原材料来源、购置设备、获得有关法律批文等，最为重要的是落实创业资本，并尽快到位。一切准备好后，开始注册公司，领取营业执照，到银行开户，办理税务登记等。保证主要管理人员到位，建立健全公司的各种规章制度。

（5）人员配置与设备调试

进行员工招募与员工培训，同时进行设备安装、技术与工艺调试。

（6）计划生产

签订销售合同，购入原材料，按计划进行生产，完善质量管理系统。

2. 创业一般过程

创业的一般过程包括四个阶段：识别与评估市场机会、准备并撰写创业计划、获取创业所需资源、管理新创企业。

（1）识别与评估市场机会

第一，创业机会的识别。市场缺失常给人带来困扰，有困扰就迫切希望得到解决。如果能提供解决的办法，实际上就找到了创业机会。消费者使用商品时常有不少困扰发生，如果能够针对这些商品使用时的不便，制造或提供给消费者更多的附加价值，就是创业机会所在。创业是一个市场推动的过程，市场推动是创业成功的必要条件。创业机会还会隐藏在顾客的抱怨或建议中。如果顾客认为其需要没有得到满足或没有很好地得到满足，他们就会基于对自己需求的认识，提出各种各样的建议，甚至进行抱怨。有些抱怨、建议可能是简单的、非正式的，有些建议可能是具体的，并有详尽的资料与说明来为其建议提供支持。总之，无论采取何种方式，有效的创业者都应当热情地听取顾客的建议并做出相应的反应，或许这就是非常好的商业机会。

第二，市场信息的搜集与调查。观察法是最简单的信息搜集方法，创业者可以通过观察潜在客户的行为或反应来达到搜索所需信息的目的，也可以通过观察行业先进入者的行为来获取必需的经验。观察法获取信息较为客观，具有一定的真实性，但很难了解用户需求的真正动机。面谈法是指与潜在客户面对面交谈的方法。通过面谈法，创业者能够比较容易地获得所需信息。根据所处的实时环境，创业者可以灵活地采用不同的谈话技巧，使交谈顺利进行。创业者也常常采用电话询问与网络问卷法来进行市场信息的搜集与调查。市场调查的主要内容包括政策法律环境调查、行业环境调查、宏观经济状况调查等。

第三，创业环境综合分析。SWOT（Strengths——优势、Weaknesses——劣势、Opportunities——机遇、Threats——威胁）分析是创业企业对进入市场进行机会评估的重要方法之一。评估企业的优势和劣势、机会和威胁，用以对创业机会环境进行深入全面的评估和选择分析，主要包括以下方面。

①分析内外环境因素。相对于竞争对手，企业的优势主要体现在有利的竞争状态、足够的资金支持、优秀的企业形象、较为优质的产品、较高的市场占比、广告攻势以及成本优势等因素；而企业的劣势则主要表现在生产设备的老化、管理模式混乱、缺少资金支持、经营状况不佳、与对手之间竞争力悬殊以及库存积压等因素。"机会"和"威胁"来自企业组织外部。前者主要包括新市场和新产品的形成、顾客产生的新需求、市场壁垒的解除和竞争者产品经营的失误等，后者主要包括竞争对手产品市场份额的提高、替代产品的出现、经济环境不好、行业政策发生改变、各种突发事件以及顾客偏好的转移等。

②构造SWOT矩阵。进行SWOT分析时，要在完成对本公司内部优势与劣势的因素分析的基础之上进行对企业外部因素的分析与评价。因为它们共同决定企业战略的

制定方向。

③提出解决对策。根据环境因素的分析结果以及 SWOT 分析结果，企业可以确定行动方案。方案的主要设计目的是将企业的优势尽可能发挥出来，避免企业劣势的影响，把握各种机会因素，评价过去、控制现在及预测未来。此外，确定有利于企业未来可持续发展的决策可以运用结合各种环境因素综合分析的方法。

（2）准备并撰写创业计划书

第一，创业计划书的内容，一个风险投资公司每月都要收到数以百计的各式各样的创业计划书，每个风险投资者每天都要阅读很多份创业计划书，而其中仅仅有几份能够引起他进一步阅读的兴趣。因此，为了确保创业计划书能够引起风险投资者足够的注意，事前必须进行充分周密的准备工作。创业计划书一般需要包括的内容有公司摘要、公司业务描述、产品或服务、收入、竞争情况及市场营销、管理团队、财务预测、资本结构等。

第二，创业计划书的制作。创业计划书的摘要最为关键。整个创业计划书要有一个精彩的概要，每个章节要有一个精彩的开头，每个段落开头要有一个精彩的句子，用以吸引投资者的注意力。撰写创业计划书的最主要的目的是吸引投资者，使他们产生兴趣。另外，在寻找投资者之前，一定要做好市场调查，厘清要找的投资者的基本情况，在计划书中更细致地呈现投资者感兴趣或者关心的方面，例如，所有投资者都对利润大、风险小的投资项目感兴趣。在一般情况下，投资回报与风险成正比，但是在众多的项目选择中，投资者仍然首先把注意力集中在那些风险相对较小、回报相对较大、资金更安全的项目上。所以制作创业计划书，要将收益、成本以及风险问题谈清楚。

（3）获取创业所需资金

第一，融资方式。包括银行贷款、股票筹资、债券融资、融资租赁等。

银行贷款是企业最主要的融资渠道。按资金性质来讲，银行贷款分为流动资金贷款、固定资产贷款和专项贷款三类。企业采用发行股票的方式进行筹资的风险相对较低，有助于企业经营机制转换为具有独立自主权利、可以自己担负本企业盈亏、依靠自己发展并进行自我限制的独立法人。采用发行有价债券进行融资的公司一般要经过法定程序，承诺在规定期限内连本带息一起偿还，而且在发债企业与投资人之间形成的是债务与债权的关系。在该企业进行破产清算的时候，作为债权人的投资企业享有剩余资产优先分配权，并且对债券也具有自由转让处理的权利。融资租赁是将融资与融物相结合，兼具金融与贸易的双重职能，能提高企业的融资效益，促进企业的技术进步，具体包括直接购买租赁、售后回租以及杠杆租赁等。

第二，风险投资。股权融资是创业者用未来企业部分股权换取投资的一种融资方式，比如风险投资。近年来，风险投资逐渐为创业者们所熟悉。在风险投资支持下，企业成功发展的案例激发了无数创业者的热情。

（4）管理新创企业

第一，企业法律组织形式。在创建新企业之前，创业者应该事先确定企业的法律组织形式。一个新创企业可以选择不同的组织形式。各种法律组织形式没有绝对的好坏之分，对创业者来说各有利弊，但无论选择哪种形式，都必须根据国家的法律法规要求和新创企业的实际情况，科学衡量各种组织形式的利弊，决定合适的组织形式。

第二，企业组织结构。企业的组织结构主要分为四种：职能制、直线制、事业部制和直线—职能制。其中，直线制是企业最早出现的，也是复杂程度最低的组织结构。采用该组织结构的企业的各级组织之间是直接领导的关系，即下级只有一个直接的上级。它一般适合规模较小、生产技术复杂程度比较低的企业。

选择职能制的企业，其相关管理责任与职权并不是由主管直接负责而是分配给设立的相应职能机构。这些职能机构在职责范围内有权力指挥自己的下属行政单位。

而直线—职能制是由直线制与职能制相互补充而形成的。直线制领导以及相关人员可以在职权范围内决定以及指挥下级行为，并且对自己部门的行为负有全责。对于职能机构以及其中的人员，他们只是为领导进行直线指挥时提供参考意见并对业务进行指导，但并未拥有直接向下级部门下达命令的权力。

事业部制是公司在管理上采取高度集权的分权机制。它一般适合规模比较庞大、产品种类复杂、技术复杂程度较高的企业。在国外，大型联合公司采用这种机制比较多。近年来，我国也在尝试向企业引进该类组织结构。

三、创新管理与创业管理

（一）创新管理的认知

创新是经济发展的基本条件，其既受到创新者自身素质、社会关系以及区域文化特征关系等内生因素的影响，同时又受到区域地理位置、自然资源、市场供求状况等外生因素的影响。创新管理是一个系统的组合，创业的成功并不仅仅取决于某一因素，只有通过系统地管理风险与回报，才能将机会、环境、资源与创新团队合理搭配，最终实现企业的潜在价值。在创新管理中，一般企业的传统管理思想和管理方式不能适应创业过程中的各个阶段。因此，对创业过程中的各种管理方式需要进行变革和创新，进而建立一套符合我国国情的创新管理机制。

20 世纪 80 年代以来，理论界致力于创新研究，并就创新管理给出了多种概念和解释。总体上，创新管理是不同于一般管理的一种新的管理方式：创新管理不仅是创新主体所具有的，也是一般人应该具备的一种思维方式；创新管理是一种以把握机会为主导的、创建新事业以及管理新事业的行为过程；创新管理与一般管理有内在的关联，很难割裂开来。因此，创新管理是一个促使人们像企业家那样思考和行动的管理系统，是一种把握机会并创造新价值的行为过程。创新管理并不局限于某一类型的企业，它适用于一切组织，包括营利组织和非营利组织，旧的、新的企业与大的、小的企业。创新管理在不同时期有不同的含义，这种变化从一定程度上反映了管理思想，尤其是企业战略管理思想的演变过程。

1. 创新管理的含义

在企业处于创新阶段时，创新管理是其采取的主要方式。创业的起点是"创新"，为了实现企业的可持续稳定发展，管理工具的应用是必要的，也是创新型企业采取管理手段的最终目的。因为一所企业的成功经营依赖于稳定的管理手段。

认识创新管理应该立足于"管理"的概念。"创新"是"管理"的对象。对管理职能的认识源自法约尔的"计划、组织、指挥、协调、控制"五大职能观点。按照管理的相应职能划分，创新管理可分为创新计划、创新组织、创新领导和创新控制。要把创新管理定位于企业设立前后的管理，也就是企业开业之前的各项准备工作和起步之后早期所涉及的管理，包括识别与利用机会、组织资源、制订计划、创建新组织等。

从创新定义出发理解创新管理，它是指将"创新"作为管理的中心，借助创新平台创造具有协调性的创新机制，并最终将个人价值发挥出来和为社会创造福利的过程。创新管理作为现代新型的组织建制及组织生态，它所体现的是一种文化氛围，具备"不确定性"的特征。

应从以下几个方面理解创新管理概念：首先，创新管理的创新是该管理模式下的中心，而不是对创新实施管理。其次，组建协调创新的平台和机制。再次，创新管理旨在形成一种创新支持体系，以此与创新发生协同效应。该协同不仅表现在组成支持系统的各元素的相互协调，而且各个要素也要随之自主变化调整，时刻保持对创新的支持。创新的目标不仅是个人价值的发挥，还有为社会创造福利。这样不仅能促进社会经济发展，还会促进社会上公平与公正氛围的形成。最后，创新的完成必须有"协同"的参与，这是企业新型组织的要求。在人类社会不断发展与进步的过程中，"创新"也是时代的必然选择结果，是繁荣进步的必要前提。人类历史的发展历程就是一步一步地创新与发现的过程。

综上所述，创新管理是一种以机会为驱动、以创新为导向的管理活动和方式，不仅新建企业需要创新管理，现有企业也需要创新管理。有所不同的是，新企业的创新管理需要从机会导向向行为导向转变，即从机会管理、任务管理向对人的管理转变，开始追求效率和制度化、规范化；而现有企业的创新管理强调的创新，是机会管理和行为管理的结合，旨在发掘新的机会，进一步提高效率。

2. 全面创新管理

（1）全面创新管理的提出

随着企业创新管理研究的深入，人们必须从更广阔的视角来认识企业创新问题。创新管理的内在特性表现为跨学科性和多功能性。技术、市场和组织变革之间存在着互动关系，要实现创新过程的有效管理，必须应用整合方式来展开创新活动。企业创新管理的重点是企业创新系统内部信息和知识的联结更加具有效率，关键要素包括企业家精神、科学的研究和发展体系、完善的教育与技术培训、充沛的创新资金和完备的企业体制。

最初企业的创新管理只注意到对"技术"的创新与管理，即对技术创新的基础、决策、活动过程、要素，以及相关技术创新组织层面的管理。后来，随着企业的发展，企业家和管理者意识到，即使在现有企业或成熟企业里，由于竞争、产业演变，以及市场需求和环境的变化，企业仍需要不断地寻求新的增长机会，开发新的业务，只有兼具创新与创业精神的企业才具有活力和竞争力，这就需要企业调整战略思想和管理方式。因此，从理论上讲，创新管理不仅仅是新企业的事情，现有成熟企业也需要进行创新管理。

综上所述，全面创新管理应运而生。可以认为，在当前网络环境下若想快速满足顾客个性化需求，企业必须考虑到全要素、全员、全时空的创新，通过技术与非技术的协同创新，创造有效的创新方法和机制，激发员工的创新热情。只有在全面创新管理过程中有效整合企业内外部乃至全球资源，才能够更有效地为顾客创造新的价值，这是全面创新管理的目的。

（2）全面创新管理的方式

全面创新管理模式中采用最多、作用效果最明显的方法是"集成"。它是指将两个及以上的要素结合为一个有机整体的行为及过程。这些要素的集成是按相关集成手段以及模式进行的有机结合，并不是简单的要素组合。这种有机结合的最终目的是集成体整体功能的优化及提高和集成体目标的大量出现。

全面创新管理主要包括技术要素（产品和工艺）的创新及其协同机制、非技术要素（战略、组织、市场、文化和制度等）的创新及其协同机制，以及技术与非技术的协同创新机制。技术创新模式下，产品创新的重点在于重新配置、整合和优化创新过程的内部机制。例如，并行工程、多功能小组、先进工具和早期参与都可以使创新的产品符合未来发展的趋势。非技术创新模式下的工艺创新是指研究和采用新的或已有改进的生产方法，主要包括对生产装备的更新和对生产过程的重组。创新过程中需要对营销、设计和制造等企业经营职能进行集成，综合运用科学的管理手段以达到创新的最佳目标。集成包括技术集成、信息集成和管理集成。

（3）全面创新管理的方法

企业创新需要以一种挑剔的眼光审视企业的各方面和各层面工作，打破平衡，以推动事物的前进和发展，包括重新思考、重新组合、重新定序、重新定位、重新定量、重新指派和重新装备，简称"7R方法"。

第一，重新思考。重新思考关注的是隐藏于企业工作背后的理论基础和假设，也即"为什么"的问题，这样深层次的思考有利于解决企业的最根本问题。如果只关注事情的表面现象，对做法背后的基本假设视而不见，改变的往往是表面问题，这也是企业创新可能遇到的最大障碍。

第二，重新组合。重新组合涉及工作中的相应活动，目标是要从与"什么"相关联中寻找新的答案，重新组合是对创新核心的重组，例如，如何在源头实施质量管理，如何消除手工劳动与不具有附加价值的工作，并强化其他行业的最佳作业方式。

第三，重新定序。重新定序关心的是工作运行的时机和顺序，涉及的问题包括：如何预测未来的需求，以提高效率；如何同时处理多项活动，以减少所花的时间；如何把相互牵制与依赖的次数减到最少。

第四，重新定位。重新定位注重的是活动的位置，以及进行这些活动的实体基础结构在什么地方，即"哪里"等问题。例如，如何以模块化的方法提高弹性；活动是否可以搬到更接近顾客或供应商的地方，以改善工作的整体效率；活动是否可以搬到更接近相关活动的地方，以改善沟通的效率；缩短交通往返的时间和距离是否可以减少循环周期；如何构建虚拟组织，以减少对集中化实物资产的依赖；供应商如何帮助顾客储存货物。

第五，重新定量。重新定量涉及从事特定活动的频率，提出的问题包括：如何更有效地运用重要资源，是否有办法靠减少信息与控制来简化运营并提高效率，是否有办法靠增加信息来提高效率。

第六，重新指派。重新指派涉及执行工作和完成任务的人，即与"谁"相关的新的答案。如现行的活动和决策是否可以移入不同的组织；工作是否可以外包；活动是否可以调整为由顾客来执行，目前由顾客执行的活动是否可以改由组织来执行，或是否可以由供应商或合作伙伴来执行；企业结盟是否有助于形成规模经济；如何靠供应链的合伙关系降低成本。

第七，重新装备。重新装备涉及的问题包括地点、距离和实体基础设施，整体目标是要尽量拉近距离，并尽量加强人员在工作中的联系。经常提出的问题包括：科技是如何让工作转型的；如何运用资产或专长，以建立竞争优势；如何利用操作人员的高级技能、低级技能或多重技能来改善工作。

（二）创业管理和创新管理的区别

创业管理具有假设前提，即环境是动态变化与不确定的、环境的各个组成元素具备复杂性。创业管理的实现需要将发现与识别各种创业机会作为开始，其主要特点是讲求创新、超前的认知和行动，勇于冒险和承担各类未知风险。创业管理主要聚焦的对象是"新型事业的创建"，并将不同级别的创业指导作为主要研究内容。

其选择的工具是经济、管理、心理，以及社会学等理论，主要探讨方向是创业内容存在的内在规律和具备科学性特征的系统体系。

创新管理是通过对包括人、物、资本、知识和信息等在内的创新资源实施计划、组织、领导和控制等来提高组织生产效率与组织效率，以取得新的创新成果为目的，运用经济学、心理学和数学等多种学科的研究方法来研究组织运行规律的综合性学科。

传统的创新管理方式聚焦于商品，是技术导向型的，研发、设计、工程、大批量制造、市场规模化操作、自动化和专业化都是重要因素。

由此可见，两者之间存在一定的差异，具体表现为以下方面。

（1）它们的管理理论以及工具参考的前提存在差异。创新管理的相关理论将创新活动本身以及研发本身作为管理研究的主要对象；与之不同，创业管理的相关理论的主要研究对象则是处于不同层次的新建成的企业或者是新开展的创业类活动。

（2）创新管理注重的是结果；而创业管理则更强调管理过程的效率以及效益，即通过对机会的识别与发现快速获得管理上的成功。

（3）两者所采用的管理方式不同。创新管理讲求的是"管理"思维，即从"管理"定义本身出发，强调通过"计划、组织、领导及控制"的方式来研发或者生产出新产品或工艺。相比创新管理，创业管理是以还处于成长阶段的组织体制为前提，更倾向于借助"团队""创新"以及"冒险"来发展新型事业。创新创业是在创新基础上的创业活动，既不同于单纯的创新，也不同于单纯的创业。创新创业管理所涵盖的范围更大，包括了传统意义上的创新管理工作和创业工作。究其内涵，创新创业管理以创业为最终形式，以创新为手段，以创新与创业职能为工具，以研究创新创业领域的行为、规范、知识体系为主要内容，最终以创新创业主体实现创新创业为目的。

（三）新创企业管理和成熟企业管理的区别

在我国，创新是民族进步的灵魂，也是国家发展的不竭动力。因此，一家企业想要繁荣与发展必须依靠创新，这样才可以在竞争对手中脱颖而出并实现可持续发展。但是，企业的创新一定要是全方位、多视角的创新，要同时结合多种创新元素。从企业创新系统的宏观层面来看，企业的创新体系主要是由制度创新、技术创新、市场创新，以及管理创新等有机组成。但是，管理创新只是进行企业创新的前提。

（1）从企业生命周期的视角来看，企业作为有机的生命体，在不同的发展阶段，具有不同的特征，会遇到不同的问题，必须采用相应的管理模式和解决方案。创业管理对成熟企业来说，核心是创新；而对新创企业来说，核心是管理。现有的企业经过长时间的努力已经形成既定的管理模式与组织体系，由于组织惰性和路径依赖，成熟企业侧重于学习如何创新；新创企业则正处于由个人管理向组织理性转变的过程中，因而需要通过创业管理建立共同遵循的组织原则和制度，培育各司其职、分工协作的团队。总体而言，这种生命周期特性体现在创业管理中，成熟企业里原有的体制与成功是推行创业的主要障碍，而新创企业的主要障碍则在于缺乏团队约束。

（2）新创企业和成熟企业在追求创新的过程中采取不同的创业模式。在有效的营销管理和现金流管理的基础上，新创企业构建具有共同价值的高层管理团队，这是打造创业型组织的要点，以免创业活动仅仅停留在商业活动。成熟企业创业成功的关键在于处理好新业务与旧业务、新组织与旧组织的关系。既要构造有利于孕育创业活动、培养创业精神的组织，又要使具有不同成长规律的新组织在原有组织中得以发展。除此以外，企业更需要重视的是各种创业管理模式对创业的行为和投资与创业者之间关系的影响。经历过市场竞争而幸存下来的企业一般为成熟型企业，它们已经具备具有组织特性的制度与管理模式，这为企业的发展提供条件的同时，也带来了一定的风险。

（3）新创企业和成熟企业的管理具有不同的结构特征。新创企业的结构特征主要有两个：一是集权决策，在一个小组织内，通常是总经理做出有关公司经营的大多数决策。当经营规模足够小和简单时，一个人就能了解与决策制定相关的全部信息。二是非正式管理，创业型公司没有正式的程序、系统和结构。

成熟企业的管理是一种专业管理（一般管理），专业管理也具有两个主要特征：一是决策责任的分配。大公司规模复杂，个人不能做出公司全部的管理决策，因此总经理必须授权给下一级管理人员，这种授权方式既决定了公司的结构，又同时被公司的结构所决定。二是正式控制体制的使用。相对于决策责任的分配，公司采用了正式的体制。

因此，不论是对新创企业还是对成熟企业，创新创业管理都具有战略意义。创新是创业的前提，创业是对创新的实践。新创企业的创新创业管理不仅是价值的实践过程，也能体现出企业未来的发展潜力。而对于成熟企业，创新创业管理是提供价值的过程，创新是核心工作，是成熟企业发展、升级的动力。

第二节　创新创业教育的理论分析

一、创新教育分析

宏观上的创新教育其实是让人学会创新，运用所创新的东西。以人为本的创新才能更好地拓展思维、提升能力，这些方面的提高才能真正提高教育水平，这样的教育才可以被称为真正意义上的创新教育。各大高校是我国培育人才的基地，尤其是创新型人才，创新教育在让学生拥有更多探寻精神的同时，对其相关知识的实践能力也有很大的帮助。学校的创新教育不单是让学生知道先人的思想，而是包含着非常多的方面，比如让学生学会自主学习、不断改变自己的思维模式、喜欢思考等。一方面，真正的创新能力其实是一种综合技能，它主要是需要人们在创新过程中学会观察，同时懂得分析和应用，它所注重的是个人整体实践能力以及自身的提高与创新；另一方面，创新能力也不是一个人获得认识和实践便可以，它主要是一个人的自主创新能力和社会经济环境的相辅相成与相互促进。

创新教育是随着时代的变化而发展的，它是新时期的要求。高等教育也能在此情况下发展得更好，顺应历史潮流的发展是对原有教育模式进行变革。其中培养创新能力与创新精神是各大高校提倡的创新教育的中心。创新教育是给学生创造出一个可以提高学生兴趣、激发学生潜能与创造力的环境。高校可以通过制定更加完美与健全的教育体系和实践基地去发掘学生的各项潜力，挖掘出学生的创造力，让学生养成自主学习的习惯，同时学会学以致用。这个环境是当代各大高校对教育体系的改革和教育教学内容的改变。它是对教育价值体系的再探索，也是我国高等教育创新的指路明灯。

二、创业教育分析

创业教育存在广义以及狭义两个方面的概念。从广泛意义上而言，创业教育强调在当前环境之下造就更多创业人员，在此基础上培养出来的创业人员属于实际实践过的人员，他们比普通创业者存在更多的优势，比如创新与创造能力更佳、拥有非常自主的创新精神和很强的探险意识；从狭义看，创业教育所致力的是学生的基础教养与素质，比如创新思想与创新思维能力等，以这些基础素质为核心，使学生在离开校门走向社会以后可以有更好的机会去创业，同时有更好的创业基础，能够更快更好地做出成绩。它是从单纯地帮助学生找工作转变成为更多人创作工作岗位的教育，是一种整体而又综合的教育。因此，从大方面来观察会发现创新教育有非常多的优势：一方面可以直接拔高高校学生的整体创业素质与创新精神和各方面组织能力；另一方面创业教育也是如今解决大学生就业难的一个途径，很大程度上能缓解社会就业方面的压力。这一意义对于当代各大高校大学生而言非常重要，对于解决就业难问题也是同样重要。

虽然创业教育是随着当代经济发展所衍生出来的东西，但它是中国高等教育改变其固有模式的必然趋势，最主要的是它与当代信息时代步伐相一致。它提倡的不是简单地去创立一个企业就可以，也不是可以挣钱就是成功，创业教育使这些简单的思想已经逐渐演化成一种新的思想，提供的是人们生活与工作中所必需的一种思想。

三、创新创业教育分析

（一）创新创业教育的内涵

高校的创新创业教育必须要推陈出新。它是一种新的教育模式，一种各方面教育教学理念相结合的教育，需要针对全部的高校学生，同时符合当代经济发展的要求。它主要的目的不仅是培养高校学生的探索精神和创业能力，更是在提高高校学生创新思维的同时培养其自主意识。创新创业教育不同于传统意义上的教育，它让高校的教育和创业之间关系更加密切，从而提高高校学生的整体思维能力与创业素养，它与当代信息发展与经济环境相辅相成。还有非常重要的一点是，创新创业教育逐渐从单纯的教授知识转变成重视素质与创造力的培育，这为高校学生走向社会、走上创业之路打下了非常牢固的根基。

（二）创新创业教育的特性

创新创业教育提倡自主意识，而不是去等着让别人挑选，它所要求的是大学生们的自主创造力，同时也需要有相应的探索以及创新能力。只有这样，大学生才能在走出校园后去发现自己，自主地探索与创业。其实简单而言，它是让被动变为主动，通过简单的角色转换开发出新的思想。创新创业教育是基于传统教育方式演变而来的，它有很多特别的地方。

（1）传统的教育模式目的性相对不强，但是创新创业教育是以学校学生为对象，并且目的明确。创新创业教育不仅可以给高校学生提供更多的创业机会与创业建议，还可以让学生去相关企业实习，了解更多的管理思想。相对应的方式有创业进程设计、定期定点实践以及开展管理经营教学等。

（2）创新创业教育的核心是实践，通过各项实地实践可以最大限度地去激发高校学生的创业思维，比如设立一些和创业有关的活动或者竞赛等，还可以设立相关创新理念或创业能力方面的奖金等。成立相关的创业中心、创业协会、学校创业社团基地等也是非常可行的。这些可以使高校学生切实了解到创新创业教育的模式。

（3）创新创业教育需要有相应的依托。高校自行建立的创新创业基地可以很好地实现这一目的，能够给本校学生提供更多的创业课程以及管理理论知识。比如建立研究中心或者创新创业基地，都可以为学生提供一个很好的平台。

（三）创新教育与创业教育的关系

创新教育属于一种新式的教育模式，主要作用是培养高校学生的创新能力、创新意识以及创新精神，让学生各方面协同发展是其主要目的。创业教育具体而言是一种教育活动，主要是让高校学生有自主意识地进行创业，从而增加学生的创业能力，强调创业人员以及创业知识。虽然创新教育在一定程度上和创业教育存在重合点，但是它们之间并不可以相互代替，同时也不可以等同。

1. 创新教育与创业教育内容相通、目标一致且功能相同

创业教育和创新教育两者相辅相成、相互交融。创业是创新的基本。从广泛意义上：创业过程中的实践成果是说明创新或者创业是否成功的一个标杆；反而言之，创新最后所呈现出的形态便是创业。创业是否能成功，关键在于是否有一个好的措施来实施。创新教育是一种新式教育，它所提倡的是增强高校学生的探索创新能力，这也是其终极目标，使各方面共同发展是其主要目的。但是创业教育有所不同，它所强调的是高校学生要有创业思维与意识，从而增强创业能力，提倡对基础知识的普及。创业教育和创新教育两者之间有互相推动的作用，也有相互克制的地方。

创新教育如今不单是对以前教育方式的改变，而是再次对于教育所属的功能意义进行定位，它是一个全方位以及根源性的教育变革。当代新经济形式的发展对高等教育提出了新的要求，各大高校需要培育更有探索精神及创业思维的人才，提高他们的创业素质。因为在新时代经济迅猛发展的时候，只有具备这些高素质的人才方可跟上当代社会经济发展的步伐。

2. 创业教育是创新教育的深入与强化

创业其实也是一种新形式的创新，创新必然会在创业之中有所体现。总而言之，创新是创业的根基。社会经济主体在进行创业的时候需要有稳固的基础，这个基础是在创业的时候勇于冒险、勇于突破，具有创新与冒险思维，更为重要的一点是有绝佳的管理能力。因此想要成为创业者，必须具有各方面的能力，具备了这些能力才能做好管理方面的工作，以及扮演好此角色。这也是创新教育必须不断深入，从而逐渐演化成为具体的创业教育的原因，因此创业教育在各大高校中需要深入普及。

综上所述，对于创业教育而言，它与创新教育在相辅相成、相互克制的同时，也是相互融合又相互统一的。各大高校对学生实施创业教育，一定意义上是让学生可以

更好地完成创新教育。

第三节　创新创业教育的改革理论

创新创业教育不仅仅是以培育在校学生的创业意识、创新精神、创新创业能力为主的教育，而且是以培养具有创业基本素质和开创型个性的人才为目标的教育。它是要面向全社会，针对那些打算创业、已经创业、成功创业的创业群体，分阶段分层次地进行创新思维培养和创业能力锻炼的教育。创新创业教育本质上是一种实用教育。

创业被视为解决社会失业问题的有效方法之一，同时也是中小企业发展的基石，但创业本身具有较高的风险，需要创业者具备较高的综合素质。英美等国非常重视创新创业教育，他们通过提供有效的创新创业学习课程，并建立辅导机构来提高创业者的创业技能。

一、创业教育的功能

创新教育是以培养具有创新意识、创新精神、创新思维、创新能力的创新人才为目标的培养活动。相对于传统教育，它是一种新型的教育模式，是一种全新的以创新为先导的全方位改变的教育模式。创业教育是培养具有开创个性的人才，使学生富有创业精神、创业意识等综合素质，具备成为企业家的能力。高校通过改变教学课程及教学方式来培养大学生的创业能力，并使它成为大学生自身的素质，让学生在未来的道路上成为一个创业型人才。创新教育和创业教育相辅相成，缺一不可。创新创业教育就是通过新型的教育模式，开发和培养大学生的创新创业素质与能力，使大学生具备创新创业精神与能力，并使更多的大学毕业生能够从职位的谋求者变成岗位的创造者。

从素质要求来看，创业者与一般守成型的管理者在素质上的要求是不同的。创业者要求反应迅速、积极应对风险，其应具备在不确定性高和复杂性强的商业经营环境中识别与把握机会的能力、创新的能力，这就是我们常说的企业家精神。

二、创业教育的方法

创业教育与传统教育不同，传统教育的主要目标是传授知识，而创业教育除了传授创业知识之外，更重要的是培养创业精神和能力，因此创业教育的方法不同于传统教育，其方法包括鹰架学习、合作学习、情境学习等。

（一）鹰架学习理论

"鹰架"（scaffolding）原意是指建筑行业中搭的"脚手架"。"鹰架"观念源自苏联心理学家维果斯基著名的"潜在发展区①（Zone of Proximal Development，简称ZPD）"概念。他认为儿童的能力发展存在两种水平：第一种水平是"现有发展水平"，是儿童在独立解决问题的过程中所表现出来的能力水平；第二种水平是"潜在水平"，是儿童在别人（如教师）的帮助下或与同伴合作的情况下解决问题时可能达到的水平。"现有发展水平"与"潜在水平"之间的有待发展的区域被称为"潜在发展区"。② 教学应根植于儿童的"最近发展区"，应走在儿童发展的前面。如果教学能够接近儿童的"潜在发展区"，就能有效地帮助儿童从原有的发展水平提升到更高的发展水平，儿童的心理不断由低级向高级发展。这就是"鹰架"的理论依据。

学生在开始学习时教师应提供学习鹰架，在鹰架内学生能自己做部分工作，教师则给予协助，等到学生学习成熟时，再培养他们自我学习的能力，逐渐脱离鹰架的支援及他人的帮助，以建立自我独立性和自我学习能力。教师要提供恰当的学习鹰架，需要了解学生过去的发展状况以及未来的潜在能力，以决定其发展方向。依据鹰架理论进行教学，在实际教学活动中，教师应充当学习者能力发展的鹰架，给予学习者支持与帮助，支持的程度按照学习者目前的程度而调整，当学习者的能力增进时，其支持的力度随之递减，当学习难度高时其支持力度就增大一些。

建构主义者从维果斯基的理论出发，借用建筑行业中使用的"脚手架"作为形象化比喻，提出了"鹰架式教学"。它是一种以学生为中心，在整个教学过程中由教师起组织者、指导者、帮助者和促进者的作用，利用情境、协作、会话等学习环境要素充分发挥学生的主动性、积极性和首创精神，最终达到使学生有效地实现对当前所学知识的意义建构的目的的教学方法。

鹰架式教学应当为学习者建构对知识的理解提供一种概念框架。这种框架中的概念是为学习者对问题的进一步理解所需要的，因此，事先要把复杂的学习任务加以分解，以便于学习者对问题有更深入的理解。通过提供一套适当的概念框架来帮助学习者理解特定知识，通过其支撑作用，使学生的认知发展不断从实际水平提升到潜在水平，达到独立建构知识的境界。通过"鹰架"把管理学习的任务逐渐由教师转移给学生自己，然后撤去"鹰架"，让学生独立完成任务。"鹰架"支持以提高学生的自我学习能力为目标，逐渐使学生能够独立发现问题并及时解决问题。

---

① 潜在发展区，来自著名心理学家维果斯基的"文化—历史发展理论"，指的是介于学习者通过自身努力（自学）可以达到的水平与潜在水平之间的差距。

② 陈会朋. 基于最近发展区的初中历史问题驱动教学模式［J］. 中学历史教学，2021，（第10期）：9－11.

鹰架式教学的特点：一是鹰架式教学强调以学生为中心，不仅要求学生由外部刺激的被动接受者和知识的"灌输"对象转变为信息加工的主体、知识意义的主动建构者，而且要求教师也要由知识的传授者、灌输者转变为学生主动建构意义的帮助者、促进者。二是鹰架式教学的作用在于促进学生能力的发展。这就意味着教师应当在教学过程中采用全新的教学模式，彻底摒弃以教师为中心的教学模式，更多地关注学生个体经验。三是鹰架式教学具有暂时性和可调节性，即在教学过程中，根据学生的能力发展状况提出相应的"鹰架"。从整体上说，鹰架式教学的核心内容是"教—扶—放"，呈现的趋势是教师的引导逐步减少，学生的主动地位逐步提升，由此缩短了学生独立解决问题时的"现有发展水平"（第一个发展水平）和教师指导下解决问题时的"潜在水平"（第二个发展水平）之间的距离。

（二）合作学习理论

合作学习是组织和促进课堂教学的一系列方法的总称。学生之间在学习过程中的合作则是所有这些方法的基本特征。在课堂上，同伴之间的合作是通过组织学生在小组活动中实现的，小组通常由 3 ~ 5 人组成。小组充当社会组织单位，学生们在这里通过同伴之间的相互作用和交流展开学习，同样也通过个人研究进行学习。

从本质上讲，合作学习是一种教学形式，它要求学生们在一些由 2 ~ 6 人组成的异质性小组中一起从事学习活动，共同完成教师分配的学习任务。在每个小组中，学生们通常从事于各种需要合作和互相支持的学习活动。在合作学习中，有五个基本要素：积极的相互依赖——学生们知道他们不仅要对自己的学习负责，而且要对他们所在小组中其他同学的学习负责；小组及每个成员之间的责任感——小组成绩取决于小组总的任务完成情况，小组成绩将影响个人的成绩记录；面对面的建设性的相互交流——学生们有机会相互解释所学的东西，有机会相互帮助、理解和完成作业；小组合作技能——期望所有学生能进行有效的沟通，对小组的活动提供指导，建立并维护小组成员之间的相互信任，有效地解决组内冲突；小组的自我评估——各小组必须定期评价共同活动的情况是否良好，以及应怎样提高其有效性。合作学习的方式主要有同伴教学法、小组游戏竞赛、小组辅导个体和共学式等。

合作学习是目前世界各国普遍使用的课堂教学组织形式。合作学习以现代社会心理学为基础，以研究与利用课堂教学中的人际关系为基点，以目标设计为先导，以师生、生生、师师合作为基本动力，以小组活动为基本教学形式，以大面积提高学生的学习成绩、改善班级内的社会心理气氛、形成学生良好的心理品质和社会技能为根本目标，是一种极富创意和实效的教学理论与策略体系。

（三）情境学习理论

情境学习理论认为，学习不仅仅是一个个体性的意义建构的心理过程，更是一个社会性的、实践性的、以差异资源为中介的参与过程。知识学习的意义与学习者自身的意识和角色都是在学习者与学习情境的互动、学习者与学习者之间的互动过程中生成的，因此学习情境的创设就致力于将学习者的身份和角色意识、完整的生活经验以及认知性任务重新回归到真实的、融合的状态，由此力图解决传统学校学习的去自我、去情境的顽疾。

正是基于对知识的社会性和情境性的主张，情境学习理论告诉我们：学习的本质就是对话，在学习的过程中所经历的就是广泛的社会协商，而学习的快乐就是走向对话。

简单来说，情境学习是指在要学习的知识、技能的应用情境中进行学习的方式。也就是说，你要学习的东西将实际应用在什么情境中，那么你就应该在什么样的情境中学习这些东西。"在哪里用，就在哪里学。"譬如，你要学习做菜，就应该在厨房里学习，因为你以后炒菜基本都是在厨房里。再如，你要学习讨价还价的技巧，就应该在实际的销售场合中学习，因为这一技巧最终是用在销售场合的。

第二章　新常态下创新精神及其教育意蕴

第一节　创新精神的理解

创新的人性意义为创新的教育话语奠定了基础，有可能使教育使人成为人的表述在知识经济时代清晰为教育使人成为创新之人，而这将是通过创新精神培养来实现的。创新精神作为创新的内驱力，在创新要素中居于关键的位置，体现了创新的价值。作为一种时代精神，创新精神具有普遍的意义和教育目标价值。精神的后天性为学校教育培养创新精神提供了可能，培养创新精神与教育精神的共谋为双方的发展提供了共赢的机会。

一、创新精神的内涵

创新精神属于科学精神和科学思想范畴，是进行创新活动必须具备的一些心理特征，包括创新意识、创新兴趣、创新胆量、创新决心，以及相关的思维活动。创新精神是指能够综合运用已有的知识、信息、技能和方法，提出新方法、新观点的思维能力，以及进行发明创造和革新的意志、信心、勇气与智慧。创新精神是一个国家和民族发展的不竭动力，也是一个现代人应该具备的素质。创新精神包括以下要素。

（一）开拓精神

开拓精神是指勇于开辟新局面、拓展新领域的进取精神[1]。它既是一种品格，又是一种胆魄，还是一种才识，是三者的统一。

首先，开拓精神是一种怀疑精神和求实精神，充满自信心、好奇心，勤奋刻苦、坚忍不拔的品格。如果只相信传统、书本、权威，不脚踏实地，缺少自信，缺乏好奇心，懒散怕苦，不能持之以恒，就不可能有开拓的品格。

其次，开拓精神又是一种"敢说前人没有说过的话，敢走前人没有走过的路，敢

---

[1]　张亚勇，陈元元. 弘扬求实开拓精神 担当时代发展重任 [J]. 天津支部生活，2020，（第17期）：40－41.

创前人没有开创的新事业"的大无畏的胆略和气魄；如果畏首畏尾，缩手缩脚，不敢为天下先，只敢跟在别人屁股后边跑，不敢阐述自己的新见解，只敢讲已定论的东西，就不可能有开拓的胆魄。

再次，开拓创新精神还是一种才识，即才能、见识。它要求必须具有创造性思维和较强的从经验、事实、材料中提炼出自己思想的能力；如果思维僵化，缺乏创造性，拥有丰富的经验、事实、材料却就是提不出自己的思想，就不可能有开拓的才识。

要具备开拓精神，品格、胆魄与才识必须齐备，缺一不可。品格是基础，没有开拓创新的品格，就很难产生创新的愿望，即便偶尔产生，也会因缺乏动力支持而昙花一现；有胆魄而无才识，轻则不能成事，重则陷于蛮干而遭受重创；有才识而无胆魄，往往是明知某件事干了大有好处却就是不敢干，结果眼睁睁看着才不及己者屡获成功而春风得意，自己却身处窘境而懊丧不已。当然，如因循守旧，墨守成规，品格、胆魄与才识皆无，那更会一事无成。

（二）开放精神

开放精神就是一种海纳百川、有容乃大的精神。所谓开放就是营造一种至大兼容的环境。一个人、一个企业、一个国家都只有在自由开放的环境下才能更好地发展，只有具备胸襟开阔、兼容并蓄、来者不拒的开放精神，才能真正拥有创新精神，才能更快地进步。开放精神表现在，注重同外界的交流，注重努力吸取各方面的先进科学技术，注重借鉴各种新思想和新模式，善于博采众长。

开放式创新就是打破封闭式的创新模式，引入外部的创新能力。在开放式创新环境中，当期望发展新技术和开发新产品时，能够像使用内部研究能力一样借用外部的研究能力；当期望开拓新市场时，能够同时利用自身渠道和外部渠道来共同拓展新的市场。

（三）科学精神

科学精神是指人们在长期的科学实践活动中形成的关于科学的共同信念、价值标准和行为规范的总称[①]。科学精神，简单地说就是一种热爱科学、尊重科学，追求真理、服从真理的强烈情感和自觉意识，是贯穿于科学活动之中的基本的精神状态和思维方式，是在科学活动中指导和约束人们行为的思想或理念。

从结构来看，科学精神具有三个层次：认识论层次、社会关系层次、价值观层次。

认识论层次：主要表现为科学认识的逻辑一致性和实践的可检验性等规范，直接体现了科学的本质特征，构成了全部科学精神的基础。

社会关系层次：普遍性、公有性、无私利性和有条理的怀疑论，构成了科学精神

---

① 郑晓松. 科学精神的哲学解读 [J]. 商情，2020，（第 35 期）：259 - 261.

的基本内容。

价值观层次：科学通过求真可以达到求美、求善，科学把追求真善美的统一作为最高价值准则，构成了科学精神的最高层次。

科学精神具体表现在对科学的执着追求和赤诚热爱，也表现在努力探索、认识客观规律和尊重及利用客观规律，还表现在坚持求实的治学态度和严谨的治学方式，更表现在基于科学性的勇于开拓和善于创新的精神。

（四）学习精神

学习是通过接受教育或实践体验而获取知识和掌握技能的过程。学习精神就是重视学习、认真学习、刻苦学习的精神状态。学习精神具体表现在以下几个方面：

第一是坚持精神。在每个学习阶段之初，人们都想用优秀的成绩证明自己，刚开始都会努力地学习。可人都是有惰性的，因为耐心不足，努力了一段时间后不见成效就会松懈。这不仅是因为疲劳，更主要的是因为熟悉新的环境后失去了新鲜的感觉。学习的路很长，要充满热情地走下去，就必须学会坚持。

第二是钻研精神。它可以保证不至于浅尝辄止，在学习上有足够的深度。学习，是在一个不熟悉的地方探索，自然会碰到很多未知的东西。钻研并不是仅仅为了解答问题，更主要的是为了让自己养成深入思考的习惯，培养追根究底的精神。

第三是追求完美的精神。学习中要求自己能不出错的地方就尽量不要出错，也就是说要尽量避免粗心和随意。

二、创新精神的价值观

基于创新作为人的本质属性的综合表现，人的存在是一种精神性的存在，创新精神就是主动超越自我，在勇于创造中不断提升生命质量的人生信念。

这一创新精神的表述，可能会受到社会本位主义的质问，指责其近乎成了个人奋斗的精神。历史的本质是人的实践活动。社会发展终究是为了人的发展。创新精神同样是人们以自己的行动创造性地改变自然和社会的实践精神，而这，首先发生在人们自己的行动中。这些，并不是个人奋斗所能覆盖的。综合分析得出创新精神体现着以下一些价值观。

（一）超越自我

创新精神首先表现为超越自我的精神。这是创新精神的质的规定性。人的存在是一个不断超越自我的存在，且这一超越是自发的和主动的。任何创新都是从创新者超越自身开始的，可能有时候创新者并没有明显地意识到这一点——专注于特定的创新对象而忘我。不管是物质的创新，还是思想理论的创新，都需要建立在创新者已有的基础之上，或对基础的否定，或对基础的重构，本质上只能是一种超越——对自我价值观或知识或行为方式的超越。创新者如果封闭自我，丧失主体性和主观能动性，是不可能有所创新的。

超越自我的精神是一种人生精神，体现了人生的不断进取和提升。离开了人的发展本身，创新精神很容易异化为一种压迫性的精神。在以往的时代，人生也总是在超越的，但更多的是物质性的超越。创新精神作为知识经济时代的精神，一方面表示创新在人的生存属性中的主导作用，另一方面表示人的超越的深度和进度，亦即基于生存方式转型意义上的超越性存在。当创新精神立足于人的超越，成为驾驭物质、知识创新的精神时，创新者激发的才不是某种技能性的或某个时段的创新。

（二）提升生命质量

这是创新精神的目标指向，是创新精神指向成功和幸福人生的精神追求。创新精神是一种生活的精神。创新是每一个人的权利，自我实现的需要是每一个人的需要。如果说创造与创新有区别，创造是创新的表现之一的话，那么，创新导致的不仅仅是某个发明创造或由此带来的名利，创新导致的也不仅仅是超越的意愿或动机，它最终的目标是成功的人生，提升生存质量，提高生活品位，促进人的更全面、自由地发展。在这里，创新融于生命过程之中，成为生命质量提升的一个个节点。

这一提升体现了个体追求主观、客观世界统一的精神。创新精神体现了个体内在的自我超越，对主观世界的不断提升，对由创造性成果构成的客观世界的追求和超越，即对科技霸权主导下的创造性的物性化和人本主义思想下创造性泛化的超越，达到自我实现与外在成就的和谐。

（三）实践精神

创新精神表现为一种实践的精神。这是创新精神的前提和实现途径。创新精神不是纯粹意义上的思辨精神，只能是在实践中体现形上和形下的统一。离开了实践，创新既失去了意识的源泉，也失去了实现的可能。作为一种实践精神，需要社会发展提供整体环境和条件支持，并能体现在生产、生存活动中。如第一章中从时代出发对创新的考察，知识经济的生产方式为创新的实践提供了可能。正是在这一意义上，创新作为人本质属性的反映，在知识经济时代被垂青并担负起解放自我、发展自我的职责。实践的精神要求创新者自觉追求创新的自我实现价值与社会价值的统一，通过创新推动人的发展和社会进步。

三、企业文化与创新精神

一个企业要发展，其企业文化也应该与时俱进，崇尚创新，创新精神应该成为企业文化最核心的内涵之一。变革、发展、创新已经成为当今诸多知名企业的核心企业价值观，对很多初创企业来说，其更需要深刻地理解并融入这种价值观，才能在激烈的市场竞争中持续地发展。创新应该成为企业发展不竭的动力源泉，企业需要营造鼓励创新的企业文化氛围，将创新精神融入企业发展的血液，最终形成企业的核心竞争力，形成企业积极向上的氛围。

企业文化的核心是其价值观念，它决定着企业的制度执行，决定着员工的思维方式和行为方式。具有创新精神的企业文化能够激发员工的士气，充分发掘员工潜能。一个具有创新精神的企业文化氛围形成后，它所带来的是积极向上的进取精神，积极合作的团队协作精神，企业的创新和发展将拥有源源不断的精神动力。因此，企业文化建设要与企业的创新有机结合起来。我们可以看到，创新一旦成为一个企业的文化核心之一，将会为企业的长盛不衰打下坚实的基础。很多世界知名的百年企业发展至今，原因就在于其创新精神经久不衰，且将企业文化像基因一样植入企业的细胞。

四、创新精神的特征

（一）不人云亦云

大学是独立人生的开始。进入了大学，远离了父母的呵护，生活中的一切必须自己安排；除了老师课堂授课以外，学习主要靠自觉；大学犹如一个小社会，形形色色的人际关系需要处理，各种社团活动令人眼花缭乱。自由的空间大了，便可能产生各种新问题。眼观大学，往往是人云亦云者众，独立思考者寡；随波逐流者众，振臂高呼者寡。人云亦云者，往往不愿意或不善于独立思考，只是追求时髦，亦步亦趋，鹦鹉学舌，陈词滥调，不求创新和进取。

要学会独立思考，就必须学会做出合理判断，切不可人云亦云，随波逐流。做每一件事之前，都要仔细分析和思考，徒耗时间而没有积极意义的事情要坚决杜绝。当许许多多事情摆放在眼前时，就要分清轻重缓急。

（二）不墨守成规

阻止人们进步的最大障碍，并不是未知的东西，恰恰是已知的东西。因为过去的经验曾经带来过成功，所以容易成为诱人的陷阱和前进的羁绊。世上万物都不是一成不变的，成功的经验也需要不断地创新。尤其是现在，世界瞬息万变，总是恪守老经验、老方法是无法处理这些变化的问题的。

不墨守成规就要创新。创新在当今社会是不可或缺的武器。只有创新，才能有动力；有了动力，就会有成功的希望。只有创新才会使自己充满活力；只有创新才能使自己在各方面不断改进，以增加自我发展的优势。只有创新，学习才有方向，知识才有归宿，生活才有目标，前进才有动力。一个创新的人，才是一个勇敢的人，自信的人，坚强的人，从容的人；一个勇于创新的人，才有豪气，有志气，有成功的可能。

（三）能独立思考

所谓独立思考，就是拥有自己的思维方式，在面对某件事时，根据自己的思考成果应对之，而不被别人的言论所左右。当然某些时候借鉴别人的想法也是解决事情的好途径。对于别人的想法，是不假思索全盘复制，还是取其精华去其糟粕，同样能看出你是否具备独立思考的能力。如果你采用自己的思维方式，结果证明了你这次的想法是错误的，那么你至少可以总结经验，避免此类问题的再度发生。其中关键所在就是你的独立思考能力。

善于独立思考的人会独立生活。你会发现那些被人们夸奖很聪明的人常常是善于独立思考、有主见的人。这些人在生活中遇到麻烦时应对能力特别强，同时我们会发现这些人身上具有某种独特的魅力，因为在别人面对困难无能为力时，他们却有可能发挥自己独立思考的能力，找到一些独特的解决方式。

（四）能破旧立新

破旧立新的过程，是一个艰难困苦、考验意志的过程，是一个自我完善的过程，是一个凤凰涅槃、浴火重生的过程。

实践证明，一个地区发展上落后，总是与理念滞后相伴相随。理念领先，才能带动发展争先。要强化创新理念，坚决摒弃惯性思维，防止按老规矩、循惯例办事。谋发展要着力契合上面的新要求，善于借鉴外面的新做法，及时发现下面的新探索，不断拿出自己的新招数。要强化进取理念，坚决摒弃惰性思维，防止观望等待、被动无为。做事要敢向高处攀，敢与强者比，敢跟快者赛，迫使自己最大限度地发挥优势和潜能，把大事干成，把难事干好。要强化开放理念，坚决摒弃封闭思维，防止自以为是、故步自封。特别要抛弃虚幻的历史优越感，既登高望远、跳出一域观全局，又把握落点、立足全局抓一域，努力找到差距、找准定位，确立思路、确定举措，用力推进。

五、创新精神的功能

创新是一个民族进步的灵魂，是一个国家兴旺发达的不竭动力。因此，我们认为，提高民族创新意识，增强民族创新能力，关系到中华民族和整个社会主义事业的兴衰成败。科学技术是第一生产力，科技创新能力越来越成为综合国力竞争的决定性因素。我们可以推断，科学的本质就是创新，整个人类历史就是一个不断创新、不断进步的过程。没有创新就没有人类的进步和未来。创业精神具有重要的功能，主要表现在以下几个方面。

第一，人类社会的发展史既是一部人类艰苦奋斗的创业史，也是一部创新精神的展现历史。我们可以看到人类社会的一切文明成果，无一不是艰苦创业精神的结晶。艰苦创业精神不是某个时代所特有的精神，而是与人类社会发展同在的。在人类改造自然与社会的过程中，艰苦奋斗的创业精神逐渐积淀为一种崇高的美德，成为后人继往开来，创造更加辉煌灿烂的物质文明、政治文明、精神文明和生态文明的巨大动力。

第二，创新精神是人们成就事业必不可少的精神动力和崇高美德。不管是个人、组织还是国家，具有了创新精神就具有了前进的动力。在现阶段，我国正处于实现中国梦的关键阶段，更需要我们大力倡导和弘扬开拓创新精神。

第三，培养创新精神是知识经济时代发展的本质需要。知识经济是人类社会继农业经济、工业经济之后又一种崭新的经济形态。知识经济的基本特征，就是知识不断创新，高新技术迅速产业化。创新是知识经济时代的一个显著标志，它实现了从有形资产向无形资产的转变，从重视引进、模仿能力向强调创新能力的转变。知识经济形态的重点就是创新。为了使学生适应现代社会的需要，必须注重学生创造力的发展，培养学生的创新精神。

第四，培养创新精神是推动一个国家社会生产力发展的需要，也是社会发展的需要。创造性劳动是社会进步的决定性力量，创造性劳动是社会经济增长的动力。当今世界各国都在争先抢占科技、产业和经济的制高点，都在提升国民创造力，培养大量的创造性人才。当今世界经济竞争实际上是科学技术的竞争，也就是创造力的竞争。社会需要创造性人才，必须培养学生的创造思维、创造意识和创造精神。

第二节　创新精神的形成

创新精神的形成是一个极富挑战性的问题。精神的形成是后天的产物，是主体与环境、与他人互动的结果。

一、培育创新精神的意义

创新与创业对大学生而言，更重要的是通过创业教育培育创新精神，使创新创业成为大学生的一种精神追求和生存方式。

（一）创新精神是民族进步的动力

创新精神是一个民族进步的灵魂，是一个国家和民族发展的不竭动力。当今时代，国际竞争日趋激烈；各国之间的竞争说到底，是教育的竞争，是人才的竞争，更是创新的竞争。

一方面，提高创新能力是保证中国梦实现的基础，要实现中华民族的伟大复兴就要紧紧依靠科技进步和自主创新的有力支撑，要提高我国人均劳动生产率、附加值，就必须更加注重提高自主创新能力，加快科技进步，创造自主核心知识产权，创造自主世界著名品牌，提高制造产品的附加值、发展增值服务，鼓励发展跨国经营、具有国际竞争力的大企业集团。必须在发展劳动密集产业的同时，加快振兴装备制造业、高技术产业和以知识与创新为基础的现代服务业，加快实现由世界工厂向创造强国的跨越，提升我国在全球产业分工中的地位，大幅提升自主创新对我国经济增长的贡献率，提高节能环保水平，实现人均高生产率、高收益率和单位国内生产总值低物耗、低能耗、低排放，提高我国经济的整体素质和国际竞争力。

另一方面，提高创新能力是应对世界科技革命和提高我国竞争力的需要。国际竞争从根本上说是科技的竞争，特别是创新精神的竞争。当今世界，新科技革命迅猛发展，不断引发新的创新浪潮，科技成果转化和产业更新换代的周期越来越短，科技作为第一生产力的地位和作用越来越突出。世界各国尤其是发达国家纷纷把推动科技进步和创新作为国家战略，大幅度提高科技投入，加快科技事业发展，重视基础研究，重点发展战略高技术及其产业，加快科技成果向现实生产力转化，以利于为经济社会发展提供持久动力，在国际经济、科技竞争中争取主动权。在经济全球化进程中，企业面临着越来越激烈的国际竞争压力，坚持走中国特色自主创新道路、提高创新能力是根本出路。

（二）创新精神是创业成功的基础

创新精神是创业的基础。创新的成效，只有通过未来的创业实践来检验。创业是创新精神的载体和表现形式，创业的成败根本依仗创新教育的根基扎实程度。创新是对人的发展总体的把握，创业是对人的价值的具体体现。

创新与创业内容的相似，并不说明二者可以相互替代，因为仅仅具备创新精神是不够的，它只是为创业成功提供了可能性和必要的基础。如果脱离创新实践，缺乏一定的创新能力，创业也就成了无源之水、无本之木。创新精神所具有的意义，通过作用于创业实践活动有所体现，才有可能最终产生创业的成功。创业与创新二者目标同向、内容同质、功能同效、殊途同归。围绕创业实践，通过多种途径，创业与创新得以有机融合。

二、培养创新精神的障碍

（一）轻视"无用知识"

从小学到高等教育阶段，我国的教育体制多数是应试教育，大多数学生学习的功利性极强，常以考试为出发点，潜意识地将知识分为"有用的"和"无用的"。在学习过程中，很多学生都会沿袭这样的思维方式，以找工作为出发点，将课程分为"有用的"和"无用的"，有选择地学习。因此，理工科的学生多对文学、艺术、历史不甚了解，人文社会科学的学生则对自然科学几乎全然不知。许多考试成绩好的"优秀"学生，走上工作岗位后不能独立解决实际问题，创新能力更是缺乏。

针对以上问题，从对"无用知识"认识的角度，我们要摒弃传统知识本位和功利性的思想，克服狭隘的思维模式，站在更高视野来看待"无用知识的有用性"。短期无用知识很有可能成为长期有用的知识。

知识结构决定思维方式，而思维方式又是创新精神、创新能力最重要的来源。一个人知识背景越宽，视野就越开阔，举一反三能力就越强，创新的可能性就会越大。

（二）囿于思维定式

"思维定式"指在认知事物或解决问题时总是采用固定的思维方式或方法，循规蹈矩，不能摆脱旧框框的束缚。虽然思维定式在学生的认知活动中不总表现为障碍因素，在许多情况下有积极意义，但对于学生形成创新能力却往往成为消极力量。在遇到实际问题时，受到定势束缚的学生就像是走到了死胡同，死钻牛角尖，不知迂回，不知灵活地采用新的思维路径。表现为只善于分析，不善于综合；只会进行聚合思维，不能进行发散思维；只知道求异却忽视了求同。

思维缺乏变通性和灵活性，不能解决问题，不能得出见解，新的发展总与他们失之交臂。思维定式和形成归根结底与刻板的缺乏启发性的教育有关；教学中只重视传授知识，却忽视培养学生的思维能力，对学生的思维训练多做隐性处理，学生思维的活跃度十分缺乏，大多只是自发形成的一些经验，在碰到新问题时，只能用旧有模式去解决，舍此便无所适从。受到思维定式的束缚，学生将无从创新。

（三）惯性从众心理

惯性从众心理指学习过程中遵从多致人的见解，不假思索，人云亦云，丧失学习的个性。这是应试教育中"标准化"训练的结果，为应付考试而向学生灌输标准化答案，学生学会了机械地接受教材或参考资料提供的"正确"答案，最终形成盲目遵从老师和大多数同学的成见，不愿标新立异，不敢异想天开，害怕出错。尽管有时有新异的见解、不同的看法，也三缄其口；尽管发现多数同学的认识是错的，也随声附和；尽管自己根本就不了解某个问题，也滥竽充数，不愿深究。从众心理使学生泯灭个性，丧失创新的勇气和意识。

三、培养创新精神的途径

培养创新精神的途径主要有：社会层面、教育机构、学生个体。

（一）社会层面

1. 宣传创新精神

要发挥全社会各方面的作用努力推进对创新精神的宣传。将大力宣传创新精神作为政府和社会媒体的职责，只有政府和各级各类媒体统一思想、提高认识，坚持对创新精神的正面宣传，创新精神宣传才能取得实效。在互联网时代，积极宣传创新精神，还要开辟新战场，寻找新阵地。因此，在继续依靠传统媒体的同时，还应该发挥网络媒体的优势，以正面宣传引导网络舆论，积极构建全媒体宣传方式，让创新精神无处不在，形成强大的合力，推进宣传创新精神工作再上新高度。

2. 鼓励创新精神

创新精神是推动时代进步的强大动力，是一个民族进步的灵魂，是一个国家兴旺发达的不竭动力。增强创新能力关系到中华民族的兴衰存亡，科技创新能力已越来越成为综合国力竞争的决定性因素。从自主创新到科技创新，从制度创新到管理创新，"创新"已成为时代进步的代名词，引领社会发展的风向标。人们发自内心地呼唤创新、渴望创新、崇尚创新。创新精神已经成为人们推动时代向前发展的力量。

鼓励创新精神需要对创新文化的保护和支持。创新文化是孕育创新的母体，创新文化培育着创新精神的成长。只有形成勇于创新、支持创新、尊重创新、激励创新的文化氛围，才能更有利于创新成果的产出；只有具备敢于冒险、勤于探索、鼓励竞争、宽容失败的精神状态，才能使创新之花永开不败；也只有在全社会一致理解和支持的社会氛围里，建立适宜创造力不断涌现、创新活动自觉开展的文化基础，才能创造出更多的创新成果。

鼓励创新需要建立一套科学的激励机制，让创新型人才脱颖而出。创新意味着从无到有，总要伴随着风险，挫折、失败在所难免。人们往往期盼在最短的时间创造出更多的成果，但是过于浮躁、急功近利必将阻碍创新成果的产出。创新需要只争朝夕，更需要积淀和过程。在创新的艰难征途中，创新者的潜力和活力更需要悉心呵护。尊重人才、培养人才必然需要为人才的发展搭建一座宽阔的舞台，让他们在上面放心、放手、放胆施展才干。

（二）教育机构

1. 改变教育方式

改变教育方式主要是改变教学方式和学习方式。

（1）教学方式

首先，教师要转变传统的、单一的、以语言知识传授为主的"输入式"教学，代之以学生为活动主体的"输出式"教学。因为输入式方式的过多使用导致的直接结果就是学生被动接受、死记硬背、失去学习兴趣。要建立起平等交流的对话机制，要善于处理教材，选择进行对话的话题。只有平等的"对话"，才能实现智慧的撞击，变被动接受为主动学习，从而真正达到"意义建构"的目的。其次，就是要改变过去直接呈现或讲授结论、结果、定理、公式、法则、定律等，再要求学生进行理解、记忆、练习、运用的教学方式，要根据教学内容适当设计问题情境，让学生经历从问题的提出到自主设计方案解决问题获取结论的过程，在经历知识的发生、发展过程中，掌握科学方法，培养科学精神。再次，就是要改变单一的教学方式，关注学生学习方式、思维方式的差异，要着力研究学生的学法分层，要根据教学内容的不同和学生的不同，采取启发性讲授、引导学生质疑问难、动手实践、调查探究、交流辩论、自主合作等多种方式，甚至走出课堂、走出学校、走向社会，让学生在经历多种多样的教学方式中，选择、形成自己的学习方式。

（2）学习方式

现代学习方式的基本特征是：主动性、独立性、独特性、体验性、问题性。根据教育心理学的知识，学生的学习方式有接受和发现两种。两种学习方式都有其合理性和存在价值，彼此也是相辅相成的关系，但是由于过去过分强调接受和掌握，冷落甚至忽视发现和探索，因此，现在所要转变的也不是完全抛弃接受性学习，而是变机械的接受性学习为有意义的接受性学习。同时，把学习过程中的发现、探索、研讨等认识活动凸现出来，使学习过程更多地成为学生发现问题、提出问题、分析问题、解决问题的过程，通过研究性学习、参与性学习、体验性学习和实践性学习等，实现学习方式的多样化，实现由被动接受性学习向自主学习、合作学习、探究学习等学习方式多样化的转变。

2. 改变评价方式

对学生的评价不再局限于成绩的高低，而是要注重多元性、整体性和过程性。

多元性。要充分调动不同的评价主体开展评价活动，尊重每个学生的不同意见，鼓励学生有创见的思想，特别是在有争议的问题上更要培养学生多元的思维能力，促进创新精神的形成和发展。

整体性。评价要关注学生整体、全面的发展，不能仅仅关注学生学业成绩。每个学生都有其优势和弱势，教学就要长其长、短其短。

过程性。评价贯穿于教学活动的始终，教师和学生要形成过程性和动态性评价的意识与能力，在教学活动中自觉地开展评价，发挥评价的作用。

（三）学生个体

1. 激发好奇心理

在一个信息爆炸的年代，一个人要敢于不知道。但是，这并不等于没有好奇心，相反，对于自己投身的领域，要有足够的好奇心。

创新意识是一种发现问题，积极探求的心理取向。好奇是学生的天性，好奇心是创新的潜在力，是创新意识的萌芽。在教学中要爱护、激发学生的好奇心，这是培养创新型人才的起点。

2. 保持怀疑态度

为什么要保持怀疑态度呢？因为只有怀疑，才能提出问题；只有提出了问题，才能展开观察、实验和逻辑分析，直到解决问题，形成新的认识，创造新的事物。也可以说，创新从怀疑开始。反过来，如果总是因循成见、人云亦云，就是问题成堆也不会被发现，也就谈不上任何证实或证伪，更谈不到新思想的形成、新事物的创造。

要始终保持怀疑态度，因为事物不仅是复杂的、多面的、普遍联系的，而且不断发展变化，人们需要不断适应新情况，更新原来的认识；如果没有持续怀疑的态度，思想凝固、老化，创新就中止了。

一切伟大的科学家都具有怀疑精神。如果不怀疑地心说，就不可能有日心说；如果不怀疑牛顿力学，就没有爱因斯坦的相对论。所以马克思的格言是"怀疑一切"，所谓一切，囊括了全部时空，这是彻底的唯物主义精神。

3. 寻求非常规方案

创新精神固然表现为探索，但这种探索不是随心所欲的行为；相反，它是在尊重事实、尊重客观规律的前提下进行的。探索的实质是"求是"。"求是"的目标是发现事物的内在规律。探索不能凭主观表面，不能凭一时的冲动，也不能凭教科书上的说教。实事求是是探索的基础，不尊重客观规律的想法是错误的，反科学的。

创新精神固然表现为求异，但这种求异不是形式上的追求，闪光的未必都是金子，新的未必都可以称得上创造。创造的实质是求佳求优，寻求非常规方案，求异仅仅是求优求佳的手段。

4. 持续探索实践

一个人的创新精神，首先在于他的持续探索实践精神，这是创新精神的标志。具有这种精神的人，从不满足于已知，乐于探索实践，把发现、创造看作自己神圣的天职。他们或立志揭开大自然的奥秘，或努力钻研社会现象的本质，在探明真理方面，有很强的内驱力。凡具有创新精神的人绝不守旧，他们迷恋于创新，不停地进行创造性思考，力求为社会提供新产品、新观念、新办法。

第三节　创新精神的教育价值

创新精神是知识经济时代使人成为创新之人的精神，是人不断解放自己，追求自我实现的精神。这一精神及其培养的提出，预示着人们对自身认识的提高，人处于更高阶段的觉醒水平上。同时也是为人成长，使人成为人做出了新的预设。这些表述，对教育者来说，是时代的教育话语，是知识经济时代教育追求的境界。

创新精神是教育的时代精神的集中体现，创新精神与教育，其实存在着天然的联系，这并不完全是因为教育附着于社会，而是教育本身就有精神教育的传统，更因时代的要求，使创新精神成为当下教育的精神。

一、教育本身是一种精神教育

（一）教育作为精神教育的传统

真正的教育总是追求对灵魂和精神的拓展与深入。学校教育起初是作为一种知识和精神传递，而不是一种技能培训的场所而产生的，尽管所传递的精神并不一定都是进步的精神。人类社会初期，简单的生产劳动技能不需要在学校中完成，学校主要是向学生讲授先人的著作或讲课者个人的思想，培养社会理想中的"绅士"。我国古代孔子式的教育即为典型的使人成圣的精神教育，师生之间对话的目的就是形成儒家价值观或精神。在苏格拉底式的教育中，师生处于平等的关系中，通过"催产术"式的教育，唤醒学生的内在潜力，促使学生从内部产生一种自动的力量，以探索发掘真理而不是传递真理，更是以一种精神引发另一种精神的教育。中国直至清朝的科举考试主要是对"四书五经"等文化历史性知识和传统价值的考核。到了工业时代，教育中的技能教育才逐步占据主体地位，并形成机械复制的功能。18世纪的产业革命是用机器去代替和加强人类的肌体功能。可与这种产业革命和最初的机器时代相比的是，科学与技术革命同时还征服了人类的精神世界。这也正是当代教育反思中最为引人关注的焦点，即教育中价值和人文精神的缺失及缺憾。教育与任何显性化、工具化的东西是无缘的，教育直指人的精神世界，教育的功能就是一种文化功能，是一种思想性的把握人的功能。如果说这一观点还有些理想主义的话，至少这应当是教育应有的情怀，尽管技能教育仍然占有一席之地，但教育的本质应是精神教育。

（二）对教育作为精神教育的呼唤

教育本质上是一种精神教育，既是教育的必要，也是教育的可能。

说其必要，正是学校教育产生的必要。人类的存在是一种文化的存在、精神的存在，人类的传递是一种精神的传递，而不是生命肉体的延续。动物复制的是生命，而只有人类才会复制并发展生命的意义。说其可能，是人自身精神成长的潜能及其提供的可塑性和发展可能性为教育的存在提供了可能，但在实际教育生活中，人们把这一"可能性"膨胀了。包括精神潜能、身体潜能及技能潜能等在内的人的发展可能性——只是一种可能性，并且这种可能性最终要由主体自己与外部互动来完成，这使得教育不可能成为一种全能的教育，更有可能成为一种精神教育，而不是一种能穷尽的技能教育。应然中的教育可能性更具教育的常识性，但常常被生活常识所左右，教育背上了过多的"可能性包袱"。其重要原因在很大程度上亦是因为对人的发展的可能性的过度"信赖"，成为教育的一种特权，甚至到了滥用职权的地步，使"可能性"成为由教育赋予的、发现的、培训的产物。

从无教科书的对话到教科书、教辅资料的齐全，教育的效率空前提高，同时也使教育实现了教学标准与教学效果检测之间的连接，教育日益具备了可量化、可测评的生产特征，学生的考试分数和教师的教学评估分数的出现，不知是教育的悲哀还是教育的进步？与经济结构和生产需求对应的培养模式激励着教育向知识教育和技能教育不断攀附，精神教育被边缘化。但实际上，事实可能会与教育者（或教育管理者）的愿望相违背。其一，教育所提供的"菜单"就是学生所需要的？这种近乎一个标准化的制作方法和一个口味的菜单充其量说满足了一部分人的可能性需求，同时也掩盖或阻碍了另一部分人的可能性需求，换句话说，既选择了一部分人，也无理地、无情地淘汰了另一部分人。其二，从社会发展来看，技能式教育越来越难以胜任。退一步说，即使在工业社会早期，生产者需要掌握的技能还比较简单，技能教育可以比较轻松地满足生产的需要，容易造就单向度的人，但教育凭什么如此决定一个人的生存方式甚至是命运呢？在工业社会后期，尤其是知识经济社会里，人所面临的选择性是史无前例的，期望通过教育的技能培训（实际上是培训，而不是教育）来满足个体职业性的需要，教育已经感到力不从心了，终身教育、学习型社会的出现一方面说明了教育的重要，另一方面实质上也隐喻了忽视精神教育的教育的局限性。

针对教育的精神价值失落，今天学校的任务更为明确了，就是创建学校的目的，是将历史上人类的精神内涵转化为当下生气勃勃的精神，并通过这一精神引导所有学生掌握知识和技术。

二、创新精神作为教育的时代精神

如同时代精神是时代的精神之精华，教育的时代精神可谓时代教育的主导精神和灵魂。在不占主导位置的教育精神之中，创新精神作为教育的传统，其实一直存在着。雅斯贝尔斯把教育的基本类型分为经院式教育、师徒式教育和苏格拉底式的教育。在经院式教育中，学生到学校去"归属于一个可以栖身其中的观念体系，而泯灭自己鲜活的个性"；在师徒式教育中，学生对教师有着绝对的服务。只有在苏格拉底式的教育中，"学生的敬畏心情表现在精神的无限性上，在这种无限的精神内，每个人要负起超越自身存在的责任"。① 这三种形式未考虑其社会和历史背景，实际上即使在今天，这三种形式仍不同程度地存在着。这也同时意味着，教育的最初历史时期就存在着对人的创新精神的重视，这可以说是教育的永恒使命，但由于社会现实提供的条件有限和需求的客观制约，教育精神中的创新精神被遮蔽了、暗淡了，教育获得了世俗的掌声，失去了理想之光。

在知识经济时代，创新精神为教育精神的找寻和回归提供了可能。如果说教育精神历史中对创新精神的追求体现了一种应然意义上的努力，那么，知识经济时代则为这一"应然"走向实然提供了可能。这种可能性成立的基础是马克思主义的实践论。知识经济的本质是创新，创新精神成为时代精神，这不仅向教育提出了同样的要求，更为主要的是，为创新精神的孕育营造了社会氛围和文化环境。教育总是与社会实践和生产劳动相结合，如果说此前时代的创新是少数人的创新，那么，当下的创新是"有组织的"普遍性的要求，体现在社会导向机制和选择性机制中。对教育来说，主动促进也好，被动适应跟随也好，都要高举创新精神的时代旗帜，这已不是由教育一厢情愿的事情了。在我国，一方面在观念上，我们必须转变那种妨碍学生创新精神和创新能力发展的教育观念、教育模式，特别是由教师单向灌输知识，以考试分数作为衡量教育成果的唯一标准，以及过于划一呆板的教育教学制度，另一方面，教育发展本身亦已呈现了这一趋势。随着教育自身事业的发展，高等教育入学率的提高，如我国近几年来高等教育入学率接近翻了一倍，基础教育中优质教育资源覆盖率的提高，这些使得教育为人的发展所提供的"菜单"加长加宽了，促进了普遍性的人的自身素质的提高——人类追求精神生活的"物质基础"得到超过任何一个时代的改善。

同时，在教育生活中，信息技术的引进，远程教育的发展，教科书的多元化，"决定命运"的考试机会的增加或取消，都使学生选择教育的机会和可能极大地增强了。这在客观上有助于学生可能性发展的平台变得开阔和相对自由。

---

① 丛培业．雅斯贝尔斯：本真的教育与回归［J］．快乐阅读，2021，（第24期）：16-19.

创新精神成为教育的时代精神，从根本上来说，来自教育自身发展的内在需要。在现代社会，教育如果只是固守传承知识，不仅从量上来说是难以做到的，从成效上来看，也是低能的。知识更新的速度使学校教育的传统职能难以实现。学校教育是否能培养具有创新精神的人才，事实上关系到学校教育存在的合法性。社会的发展从来没有像知识经济时代这样从经济发展和人的发展出发共同提出创新的要求，并努力使两者达到和谐与平衡。创新能力培养第一原则，是教育的本义。

第四节　培养创新精神需要创新的教育

一、创新精神与教育的联系

培养创新精神的教育应是创新的教育。创新的教育是培养创新精神的前提。创新精神对于教育不只是预示着一个革新的技术问题，还是一个理念问题，涉及若干教育理论。就创新创业教育来看，也不仅仅是教育方法的改革或是教育内容的增减，而是教育功能的重新定位，是带有全局性、结构性的教育革新和教育发展的价值追求，开展创新创业教育是当代中国教育的又一次革命性飞跃，它也必将使我国教育发生革命性变化。正是在这些意义上，创新精神有理由成为教育精神的集中体现，教育生活应当是灿烂的生命创造活动。

教育生活是解放和自由的生活，校园是快乐之家。尽管人有维持性存在和创新性存在，尽管学校传递的精神多种多样，如爱国主义精神、科学精神等，但创新精神是作为当代学校精神的代表而存在的。学校作为正在成长中的人集中居住的地方，创新是其首要的生存特征，创新精神是其基本精神。要使创新精神成为校园生活的灵魂，学校应当成为"解放"和"自由"的场所。在这里，教育不是为了知识的填充，而是为了身心的敞开；不是为了规训，而是为了发展。在这里，学习成为解放之旅——释放潜能，解放因未知、无知、迟知而带来的羞怯、恐惧之感。在这里，成功和失败同享自由。

教育生活是诗性—批判性生活。校园生活是一种文化建构。海德格尔从批判现代技术的框架作用对人的压迫出发，将精神理解为"诗与思"。[①] 创新的自由前提和精神的自由本质，创新精神对自由的依赖，都需要校园成为一个具有浪漫、幻想气息的地方。同时，创新精神的一个重要特征——区别于其他精神，如勤奋刻苦的精神、节约

---

① 元美林.海德格尔的美学思想［J］.读书文摘（下半月），2021，（第2期）.

的精神。创新精神是一种不断打破平衡的精神，这种精神最终导致的常常不是为了求证既定教育教学目标，而恰恰会推翻某一教育教学结论。因而，这种精神对创新主体来说是一种风险。这往往是平庸教育所不能容忍的。这就特别需要校园里洋溢着对批判的宽容和期待。

学校是建构师生精神生活，克服功利性、弘扬理想性的场所。现实教育生活中，存在着教育的功利性负担与理想性寄托的矛盾，升学→应试→求职是一条明线，唯智→识记→谋生是一条暗线，这两条线实质上体现了现实教育的困境。这两条线的背后是一种功利性的价值观在支撑着。教育的理想性被挤压得暗淡无光。在这种场景中，创新精神即使有，也是为功利服务的。创新精神是对教育工具性价值的悬置。创新精神是一种素质、一种状态，而不是一种技能技艺，而精神的存在具有弥散性，作用具有基础性，技能则具有具体的指称和确定的范围。把创新精神视为创新能力，容易过早地使人的创新本性局限于某方面或某一领域。作为一种价值，创新精神是不可计量和测算的，任何对创新精神的度量都会使创新精神矮化。正因如此，创新精神不是知识传授，在某种意义上，与智力无关（尽管智力可能会带来精神展示的先后或幅域变化），与唯心主义精神的抽象本原论不同的是，创新精神的培养体现于主体的实践体验中。精神是后天的，需要主体内在体验和外在体验。因而这种实践是精神、主体与具体活动合一的实践，是学生自主的实践。压迫性的实践可能也会产生一种精神，但那是顺从的精神。

实际上，要赋予教育生活如此丰富的特征，教育生活本身即需要为创新的生活，即为创新精神生长的地方。学校应成为培养创新精神的先行者，而不是结合服务的被动色彩，给人有外置和学校只是作为配角的感觉。学校应成为创新精神最早最好的生成地，只不过这些"最"主要是因为组织化程度最高所致。不是只有在学校里才会产生创新精神，而应是因为有了学生的创新潜能，因为培养了学生的创新精神，学校才成其为学校。因此，创新精神的培养应体现于学校一切生活中，不可能在学校生活中被割裂为若干适用的区域。专门性的创造技能课只能使创新精神窄化和物化，并不能说明创新精神的质性。创新精神的培养横跨所有的课程，而不仅仅是某一学科或某一学科群。在学校的所有学科教学中，在所有的教育和管理活动中，创新精神都存在于其程序、方式、判断和奖惩里。

二、学校教育重创新意识的培养

（一）培养独立意识

培养创新意识时要注意对自身独立意识的培养。培养自己独立的人格，发展独立获取知识、钻研问题的能力，不依赖别人，不盲从他人。独立意识包括两个方面的内容：一是思想方面的独立性，即独立思考和判断的能力；二是实践方面的独立性，即学习工作、社会交往等方面独立处理问题或事情的行为能力及生活上的独立自理能力。个体的创造性是在后天的实践中形成的，其发挥也受到多种因素的影响和制约，最关键的就是独立性。具备独立性并非就一定具备创造性，但没有独立性绝不可能有创造性。创造性与独立性等非智力因素比智力因素更能决定一个人的成败，在这一点上独立性比创造性更重要。培养独立意识是培养创新意识的前提。

1. 大学生要加强自身的知识储备，培养自立、自强精神

在学习过程中要开阔视野，储备知识，力求融会贯通，将所学知识转化为独立解决问题的能力。当遇到困难时，自觉地从头脑的知识储备中过滤出需要的信息，进而找到解决问题的方法和途径。还要注重对最新理论，最新技术和最新信息的了解，不断探求新的知识，努力掌握社会、文化、科技发展的新动向。自立是指立足于自身奋斗，不依赖他人；自强是指不安于现状，勤奋、独立、自主的精神状态，是一种强烈的、改变自我状态的向上驱动力。

2. 大学生要融入同辈的独立群体之中

同辈群体又称同龄群体，是由一些年龄、兴趣、爱好、态度、价值观、社会地位等方面较为接近的人所组成的一种非正式初级群体。大学生中的同辈群体交往频繁，时常聚集，彼此间有着很大的影响。大学生要充分利用同伴的影响作用，在生活和学习上多与独立性较强的同学、朋友沟通和交流，将他们的行为作为评定自己行为的参照，从同伴对自己的反应中发现自我、认识自我，进而完善自我。

（二）培养独立思考的习惯

要真正实现创新，在理论和实践上获得首创与突破，就要敢于对现有研究成果产生怀疑，敢于否定和超越。

（1）大学生在学习过程中，要养成随时收集、记录生活学习过程中产生的疑问的习惯。每天抽出时间整理疑难问题，针对问题进行思考，或者请教老师和同学，并记录下来；同时还要经常给自己和别人提问题。

（2）加强学习，具备一定的知识和智力水平，掌握一定的创造性思维方法，从不同角度提出有价值的问题。要充分重视别人解决问题的方法，探讨别人处理问题的途径，善于从比较中学习，从而纠正自己的错误，发现问题的缘由。

（3）要有坚持真理、挑战权威的勇气。只要有疑问，就要敢于怀疑。有了怀疑，再去求证。即使错了，也会获得经验。在疑问的过程中，可以展开争论，激发自己的灵感，发挥集体的智慧，相互启发。

（三）培养合作意识

要进行创新，光靠个人的力量很难完成，必须相互协作。合作是指两个或两个以上的个体为了实现共同目标（共同利益）而自愿地结合在一起，通过相互之间的配合与协调（包括言语和行为）而实现共同目标，最终个人利益也获得满足的一种社会交往活动。培养学生之间的合作精神，能促进大学生学习能力的提高。合作意识很难通过讲座或讨论形式得到培养。

（四）发展全面思维的品质

思维品质是人的思维的个性特征，反映了每个个体智力或思维水平的差异。

（1）发展思维的广阔性：指能全面而细致地考虑问题。考虑问题的整体和细节，考虑问题的本质和相关的其他条件。思维的广阔性以丰富的知识为依据，从事物的不同方面和不同联系上考虑问题，从而避免片面性和狭隘性。

（2）发展思维的批判性：指能使自己的思维受到已知客观事物的充分检验。思维批判性以广阔性为基础，是一种既善于从实际出发，又善于独立思考的思维品质。

（3）发展思维的深刻性：指能深入事物的本质去考虑问题。思维的深刻性是以批判性为前提的。只有通过客观事物的充分检验，丢掉不符合实际的假设，保留符合实际并能真正解决问题的假设，才能为思维的深刻性创造必要的条件。

（4）发展思维的灵活性：指一个人的思维活动能根据客观情况的变化而变化，即能根据所发现的新事实，及时修改自己原来的想法，使思维从成见和教条中解放出来。

（5）发展思维的敏捷性：指能在很快的时间内提出解决问题的正确意见。也就是说，人在解决问题时，能够当机立断，不徘徊、不犹豫。思维敏捷性是思维其他品质发展的结果，是所有优良思维品质的集中表现。

第三章　创新教育与创业教育的内在契合机制

第一节　创新教育与创业教育的契合关系

一、创新教育与创业教育的特点

创新即建立一种新的生产模式，即把新的生产水平和与之配套的生产要素引入生产活动中，其作为人类生活中在认知与行动方面的能力表现，是人类能动性较高级的表达形式，也是国家进步与民族兴盛的动力。创业有两种意义上的区别：第一种创业在一般意义上是指重新创建一个全新公司；第二种通常意义上指创造新产业的一个过程。创新是创业的必要条件和源头，也是其中心环节，是创业的标杆归宿；而创业是创新的表达形式和强大摇篮，是创新的目的和最终目标，所以创业的不断发展反之也会推动创新的继续升温。创新与创业既存在着区别又有着联系，创新更多的是在思维层面的推陈出新、勇于尝试、锐意进取、精神和态度的大胆开拓；创业更多表现在行动上，在社会政治、经济、文化等相关领域里发展新企业和新事业、开展新业务，从而实现新服务或新商品的机会被识别和挖掘出来，实现他人或社会缔造、产出新财富与新价值的全过程。

（一）创新教育的特征

探究性。创新教育不能缺少对矛盾的深刻理解。在实际生活当中，如果缺少对矛盾的讨论，就不可能有学生的积极活动和学生对各方面能力的调动。综上来说，没有讨论就不会产生创造性的活动。所以讨论探究是进行创新教育的关键部分。要学会鼓励学生进行独立能力的发展，同时也要运用各种有利途径来培养学生的创新性思考习惯和创新性学习能力的品格。

1. 开放性

总体来说创新教育不是故步自封的活动，因而不能只局限于学校、限制在书本中、束缚在教师的命令的范围内。要敢于鼓励学生放开眼界，发挥出创造的潜能。若按传统做法即以自我为中心的方式，充其量只是按照老师的要求去记住课本知识，不会有学生独立的创新。要想实现创新，教育就必须注重生动形象地联系学生实际的现实生活，联系生活百态，关注政治经济等有广度的事物。不仅要吸收新知识、新信息，让教育内容反映学科的最新动态，还要不断地消化与吸收。另外还要引导学生运用知识与现实生活的能力，使学生从中获得深刻的实践知识。学生在学习研究上的开放，对创新来说至关重要，应当激励和引导学生打破传统教学魔镜，根据自己的实际情况，通过课外读书和参与课外活动来扩充自己的能力和开阔自己的眼界。

2. 民主性

创新要求有民主的气息，让学生感到自己像鸟儿一样的无拘无束，才会自由自在地讨论、思考，提出大胆的理论设想，大胆地发表自己的意见，才会独立实践，才有可能创新，实现事物的新发展。如果没有民主，学生会感到没有安全感，不能独立思考，甚至于过分依赖于老师，个人的才智与激情都会被限制，只能表现出迟钝的表情与思想，这将与民主完全不相符合，所以民主性是创新教育不可或缺的重要因素。

3. 超越性

就目前看来，创新教育核心上是鼓励和引导学生在教育的基础上不断发展。它包含超越遭遇的障碍、困难去获得新事物，并超越令人不满的现状去改变客观物质世界，建设一个新的理想世界并超越现实的自我行为方式，使自己的综合素质获得提高。如果老师的教学与教育一味地恪守常规、按书本教学，不能满怀热情地引导学生往正确的方向走，并没有对其一系列的积极行为进行创新，就绝对不可能有进步创新。如果想要获得胜利还要敢于直面改变现实生活中的种种矛盾，更重要的是不要故步自封，而是要完善个人水平提高自身各种能力。重视矛盾的两个方面，促进学生直面自我，并不断积极向上使之树立人生的正确价值观，从而实现人生的价值，实现自己的理想。

4. 全面性

可以这样说，创新教育的提出是要引导学生掌握大量的信息，以此来挖掘学生各方面的才能，使学生在各方面得到长足的进步，这是学生得以创新的基石或者说是源头。要尽可能地开拓学生的知识面，以多取胜，而不是从一而终，要使他们懂得对知识的渴望。在生活上，不可重视一个方面，而忽视精神上的培养；在认知上，又不可单看重意识程度上这方面的问题，而忽视认知结构等能力的培养；在思维上，也不可只单看重其逻辑能力，或是侧重以形象意识为基石的发散思维。创新不能只靠某一两种素质，而要靠综合素质来将一个人的全部能力武装起来，用于解决矛盾，才能真正得到发展。全面性指的并非全部要点，而要立足实际。

综上所述，创新是一个民族的精神砥柱，也是国家兴盛发达的源泉动力，创新与创新教育从未像当今如此重要地被社会和国家重视。大学生应挑起大梁，在培育培养创新性人才和民族创新精神方面努力，重新创造中华民族的辉煌。

（二）创业教育的特征

创新性。我国高校创新教育是在国内外愈发激烈的竞争态势下产生并发展起来的，是时代发展到一定程度上应运而生的产物，其上层建筑体制机制需要不断探索、创新和持续讨论。创业教育面临的矛盾也对人才培养模式的改革和高等教育的改革提出创新要求，并不断增加新的研究方向。对这一新领域的研究和探索也需要在各种形式上进行体制创新。

1. 教育性

这是一个非常重要的特征，创业教育的目标虽是教育学生在复杂的环境中开创和获得未来工作事业的能力，很明显带有强烈的实践、社会性等特点，但仍然需通过不断推陈出新的手段来实现促成，要通过一系列的教科书内容和教育手段，同时要对其完成对形式内容的创新，才能实现一定的教育目的。

2. 科学性

创业教育需要遵循客观规律，遵循教育科学的程序，采用科学、合理的方法，有规律地传授给学生创业的方法论，从而有规律地开展创业活动，避免创业中出现的矛盾从而规避风险。

3. 实践性

创业教育是具有一定的实践性的，它不能单单停留在意识层面上，而是在学习的同时，还要与创业实践活动相结合，通过合适的方法论和手段，使学生慢慢积累实践经验。由于创业教育的最终目的还是要用于实践，因而在加强理论教学同时，应注重实践性中的一些课程，着重提高学生的操作能力。学生跟随老师的步伐，一方面可以实现创业教育的目标，以开展独立的工作教育活动，另一方面也能通过社会生活，为有实践想法的人提供更加人性化的舞台。

社会性。创业教育当然离不开社会，社会环境是创业教育的主要矛盾，创业教育要受制于社会大环境的多种因素重重影响。例如，其受政府在经济、科技、宏观调控方面的政策影响，当然也需要企业和其他社会有关方面的支持。此外，创业教育也具有重要的跨时代意义，它不仅可以创造更多的就业机会，在经济上提供支持，实现科技创新，减轻社会就业压力，还能帮助国家更好地发展经济，同时也为社会带来更多的福利。

总而言之，创业教育是在新的社会、经济、科技、就业环境应运而生的，它显现出当今国家的主要矛盾，是对国家政策的一个新要求。创业教育不同于其他类型的教育，它是以社会新阶段为母体在当今时代发展而来的，因此，创业教育有着他自身的时代特征。

二、创新教育与创业教育的关系

创新教育与创业教育两者间的关系至关重要，创新教育是基于培养学生创新的综合素质以培养创新型人才为目的的一种教育实践。创业教育是指培育学生思维和技能的一种教育活动，主要表现在教会学生发挥主观能动性的途径和方法。创新教育与创业教育二者的方向相同，都是为了培养学生的创新精神和实践能力，总体把握对人的素质分析，但创业教育更突出如何实现人生自我价值。这两种不同理念，尽管在提出问题时存在一些矛盾，但两者所表现出的这一历史性的课题在新时代备受关注，印证了我国正大力推进并开展的素质教育方向是完全正确的。创业教育与创新教育在目标取向等多个方面存在着密切联系，两者既息息相通互为共生关系又辩证统一，创业教育以创新教育为最终目标，其目标是培养具有创新意识和创新精神的人。注重素质教育最终成为创新型人才，这是适应国家的社会经济发展和效益的瓶颈所在。

创新教育与创业教育是辩证统一的关系。创业教育必须以创新为依托，创业教育是创新教育的多方位表达形式，而且也强调了对人才的多方位的培养。教育为创业之母，而创业教育的目标是要培养学生的各方面的综合能力，创业教育实际上就是创新教育的延伸与实用化，也是一种更高层次的素质教育。创新教育和创业教育是相互依存的关系，同退同进，其在整体培养目标上和时代精神上都有内在一致性。当然，两者也存在着差别，创新教育注重的是对人的素质发展的总体把握，而创业教育是培养开拓人，更注重自我价值的提升。

（一）创新教育与创业教育的内在一致性

整体培养目标上的一致性。创新教育的目标是要实现社会发展所要求的创新型人才，因此，培养学生独立自主的创业基本素质，需要的不仅是毕业生之后的就业与创业，还需要一些独立自主的社会适应能力。创新创业教育的中心环节是培养具有开拓创新的人才，创业教育和创新教育与以往的教育模式不同，其更看重对精神和意识领域的教育，两者在培养人才的能力要求上互通有无，在培养的总体目标上也是一样。

时代精神体现上的一致性。知识经济不断发展，使得意识资源被摆到了前所未有的高度，知识效应链条展现出强大动力。处在知识经济时代的人想有所作为，就必须要具备创新意识和能力，想在未来社会拥有更强的生存技能，就要具备开拓和创业精神，掌握综合学习技能的能力，这不仅是当今大学生的机会也是对他们的要求。创新教育和创业教育两者都是人类创造力的展开，实现为国家的利益进行奉献，为未来打下良好的基础，最终实现人类社会的繁荣，被赋予了深刻的时代意义，同时也反映出教育对于时代和社会变革所做出的贡献。因而要把教育眼光放高，展望未来，这样的话其对时代的把握也非常清晰，创新教育与创业教育的一致性就表现在时代性。

对人的本质追求上的一致性。尊重学生的个性发展是创新教育和创业教育的很好诠释，都是在帮助学生的发展并为其提供相应的物质保障，属于方法论意义上的指示，从对不同方面的强化中可以看出两者都是重点培养学生的自我发展和终身学习的能力，是向关注学生在现实能力基础上对潜力源头挖掘上的靠拢，塑造个体内心的精神原动力及独立的个性品质，都属于对现实教育的一种反思。在师生观上树立良好的师生关系，对学生的各种感情给以应有的重视，教育的基本作用，比任何时候都关注保证人人享有为充分表达自己的才能和尽可能掌握自己的命运而需要的思想、感性和想象、判断方面的自由。创新教育和创业教育的目的都在于实现人类社会的发展，实现人的自由而全面地发展，都是对教育真谛的演绎。

（二）创新教育与创业教育的区别

人才培养要求不同。创新教育的初衷是培养学生实践水平和实践能力，从而使得其根据自身特点实现充分发展，而创业教育则以学生的创业精神与能力为基础，帮助其在创新领域获得成功。因此，实施素质教育就要开展创新教育，使得素质教育与时代要求相呼应。

展现的用途不同。创业教育不能取代创新教育。第一，文化继承发展中越来越得到人们的重视；第二，表现在更加注重对人才创新的重视和服务的意识。创业教育要协调各方有序结合，并不是创业教育优于创新教育，而是要培养大学生的创新意识，力争对传统教育实现取其精华，去其糟粕。

实现的途径不同。创新教育其新型的指导思想，需要有舞台去实现自身的创新，只有完善包括创业特点、创业思维、创业知识和创业能力等方面的课程体系，在实践方面的一些学科课程、参与活动课程、关于创业实践的课程、创业环境课程等，才能使创新教育更好地涉及诸多应用类学科。

综上所述，创新教育和创业教育二者属于矛盾的两个方面，显示出了两者辩证统一的关系和自身特性。创新教育和创业教育都是对以往教育的总结，是完善教育的一种措施手段，二者都是在历史新阶段中提出来的，是适应时代潮流的必由之路。这种必然选择充分彰显了时代气息，也是对人的发展在针对教育方面的一种客观要求，创新教育是创业教育之母，素质教育新的出发点就是创业教育。由此观之，把创新教育与创业教育的充分结合作为创新素质培养的基石，能够更加彰显创业教育的时代价值，以此来提升学生的各种创业能力，让教育与社会现实有机统一，从而更好地为我国的经济、科学技术水平贡献力量。

第二节 创新教育与创业教育契合条件

创业教育以创新教育为基石，创业教育首要任务是要培育学生的各项创新能力并不断提高创新意识与思维结构，形成有创新思想的学生，另外，还需要教给学生知识与技能，锻炼培养其创业心理品质，训练其在社会市场上的发展运营技能。创业教育是创新教育的社会实现和实用化，反映了经济社会发展对当代人才的新要求，创业教育的成功实践通过创业提高社会就业率，可以转变大学生的就业观，为社会稳定做出贡献，但两者也存在着差别。创新教育注重的是对人发展的总体把握，其更偏向于对创新思维的培育。而创业教育则更看重如何获得人的自我价值，侧重于社会实践能力的培养。但两者的共性要大于其个性。

创新教育与创业教育是两个辩证统一的教育理念，你中有我，我中有你，从创新教育与创业教育两者的矛盾关系中可以看出，二者的目标取向具有一致性，都是为了培养学生的创新精神与实践技能，都是为了促进新时代的发展，都是大力推动实施素质教育的核心和关键内容。创新创业教育是一个统一且完整的系统。为实现两者的契合，需要做到以下几个方面：

一、清晰定位创新创业教育学科

评估教育程度就必须对其进行学科定位，这是一个重要的衡量标尺。大学教育的一个重要内容就是进行创新创业教育，其在学科地位上是至高无上的。但目前现有企业管理、技术和经济科技或是从事创新创业教育在很多学校中，没有把创新创业能力即创造力和开创性当成高等教育的主流，这造成了很不好的局面，没有重视在教学管理方面存在的一些问题，创新创业教育瓶颈也使其更加边缘化。由于学科地位远离了实践，许多高校对大学生创新创业教育目标定位也渐渐地模糊了起来。

大学生在创新创业教育中表现出来的"学生老板"情况很普遍，一个个学生老板是在企业家成长的教育活动中开展大学生创业教育活动中逐渐形成的，这是一种不符合可持续发展的现象，无法满足经济发展中的供求关系。高校的创业教育与生活上单纯为了经济问题的就业培训不同，不应该是快速让他们当老板，而是需要着眼于人才的可持续发展战略。

大多数人认为创新创业教育仅仅局限于技术创新，在我国自主创新这一伟大进程下，国内高等院校也开始行动起来培养技术创新的新型高技术人才，那么在谈到大学生创业教育时，虽然会想到技术创新和高新技术方面，但却忽视了社会创新。我国实施的科教兴国战略需要技术创新，而且技术创新目前也确实成为大学生创业的火种，但高校大学生要把握市场创新不能单单关注技术创新，还要有思想和各方面的创新。

二、承认创新创业教育

创新创业教育覆盖面较窄。就目前来看，部分学生在高校的创新创业教育虽得到了部分收益，但未形成大学生创业整体受益。我国高校的创业教育开展于具有高级意义上的创业大赛，一小部分学生的优秀创业竞赛成绩才是学校的关注所在。但这些竞赛只是少数人参加的活动，如果把握不好，会产生极强的精英化印记，会在不经意间让大部分学生失望，使得其成为旁观者。学校设立的大学生创业俱乐部，如"创业社团"，这些都是具有很高的门槛，是那些极少数优秀学生才可以加入的机构，另外的大多数学生会因为先天不足而被排除在外。

创新创业教育认识不清。有大量的资料表明，大学生是社会中拥有专业知识和创新能力的主力军。但是，大学生往往都表现出创业能力和经验不足，人际关系协调能力欠缺，抗压能力不强。因而，这样的学生在离开校园后最好不要去创办企业或者公司，不然就有失败的可能。反之，那些具有较强心理素质和一定工作经验的人去建立企业，不敢说完全成功，但至少失败率相较前者来看是很低的。

由此可见，大学创新创业教育不应该是只针对少数创办企业或公司的学生的针对技能性教育，而是需要面向全体学生的综合发展而设定的综合性素质教育。

三、完善创新创业教育的政策

近些年来，各级行政机关和教育机关都相继出台了扶持大学生创业的优惠体系，并为他们提供了有力保障。然而经过斟酌损益，还是能发现现行政策存在着这样或那样的诸多矛盾。

政策的制定不合适。实际上，大学生创业是一个庞大的有机整体，是一个系统性的工作，不能以偏概全地想当然，其也需要来自全社会的援助，更需要行政部门担负起主要责任。目前除了社保系统、教育系统、人事系统、公安系统以外，其他的系统例如经济方面的一些系统等，都还没出台相应的支持大学生创业的政策优惠。由于国内的市场准入标准过高，毕业生在进入市场后市场竞争规则不尽如人意，而且创业环境也过于恶劣，创业成果和知识产权也得不到妥善保护，创业的火种会瞬间熄灭，这些因素都会在大学生创业的体制机制中受到国家重点讨论和支持。

政策的执行力度不强。在大学生创业这个论题上，国家也出台很多政策，表示支持和扶持大学生创业，但具体落实到地方政府层面及有关单位，包括高校内部都没有严格贯彻执行。原因当然是多方面的，其中最重要的一点就是各级主管部门对支持大学生创业这个课题认识不足，也没有去认真学习国家的创业政策，更不能领会其意，制定相应的政策来完善与跟进了。总之，各有各的理由，不能一概而论，落实到具体层面就是支持大学生创业这个呼声很高，也喊了很多年，但截至目前，也就是喊喊口号而已，变成了一纸空文，没有落实到位。

创业就意味着开创新的事业，需要勇气与胆识。但由于我国高校长期以来教学采用的还是传统模式，即老师教学生学，各级政府和各个高校也是把就业与守业作为培养人才的目标，而忽略了对学生创新创业能力的培养。导致现在社会的现状是学历越高的人创业的越少，大部分在社会上开创自己的事业，有自己的公司与企业的都是那些受教育程度不太高的人，好像这部分人由于学历不高，就业不能达到预期目标，被迫自己干得多。一度呈现"成绩一流的给二流的打工"的奇特景观。纵观社会现实，很多高校培养出来的高级人才毕业后都不敢去创业，顾虑很多，即便政府提供再好的创业政策，还是不敢去尝试。分析原因也就是他们缺乏对市场的敏锐度以及勇气与决心。反倒是国外的大学生来中国创业的比较多，他们也是看到了中国人口众多，市场潜力巨大的优势。我国创业研究中心副主任清华大学教授高建也对我国的创业类型做了分析，他认为我国的创业类型是以生存型为主的而不是以机会型为主的。以上观点说明我国的高校教育出了问题，接受几年高校教育出来后，学生开拓创新的勇气和胆量都越发缺乏了。

四、依托社会实业界实现创新创业教育契合

由于创业存在一定风险，俗话说"万事开头难"，特别是在创业初期，会很煎熬，可能要面临很多困难，各种考验。大学生本身刚出校门，社会阅历尚浅，经验不足，所以创业面临很大风险，不如找份工作来得轻松。再者，目前针对大学生创业的社会环境也不利，虽然对创新创业的教育理念宣传很广，但缺乏有效引导，还有各级政府对大学生创业的经济环境也没有给予足够的尊重与支持。创业资金的取得就是一个大问题，中小企业融资难的问题普遍存在，税收政策也没有优惠，工商行政管理部门对中小企业的设立门槛也不降反升。创业光有吃苦耐劳的精神是远远不够的，还要有勇挑重担，抗压受挫，开拓创新，承担风险这些奋斗精神，很明显当代大学生中的大部分人在这些方面还是欠缺的。

第三节　创新教育与创业教育契合路径

要想改变高校教育的这些困境就要有合适的路径，需先定目标，然后寻找并制定

出符合形势发展的方法和途径。这种合适的路径就是以提高和增强创新创业大学生的素质与能力为目标，设立行动方式和手段。高校要想设立出行之有效的创新创业教育路径，需要从三方面入手，包括学校、各级政府、大学生自身这些因素要完美结合形成一种合力。只有这三方面有力结合，互相沟通、协调，形成合作力量才能更好地完成目标。当然高校的创新创业教育不是一刀切，让每个学生都去创业，而是因材施教，鼓励那些有创新创业精神的大学生敢于尝试，勇于尝试，积极投身于创业大潮中，做时代的弄潮儿。同时培养大学生具备创新精神对他们以后的人生道路都有益处，不管去不去创业，即便去就业，具有这种素质的人也会在其工作岗位上很快崭露头角，成为主力。现在的大学生就是未来的接班人，祖国未来的希望，各个行业的领军人物，培养具有创新创业意识的大学生对我国高校在未来国际上竞争能力的提升也是很有必要的。

由此可见，高校和各级政府一定要制定全方位的战略目标，改变高校培养就业性人才的惯性，转而培养具有创新精神能自主创业的新型人才。高校管理层必须率先转变思路；高校老师也需要转变教学内容与形式，树立创新的观念；各级政府和社会其他保障机制也要加强创新与转型；学生思想观念也应转变，不再把毕业找好工作当作第一目标，而要有自己去创新，自己去创造就业岗位的思想。

一、转变教育理念正确认识创新创业教育

以培养全面发展的人为创新创业人才培养的目标。从高校的人才培养方面来看，呈金字塔形状，我国高校都热衷于培养高端人才，把大部分精力都用在培养金字塔尖的人才上。但从现今社会就业来看，一般企业所需人才都是以金字塔中底部的人才为主，所需岗位也都是一线工人居多，所以出现了就业岗位与实际培养的人才不匹配的现状。高校轻视金字塔中底部人才的培养也不是一朝一夕，高校教育重理论轻实践也已是不争的事实。由于长久以来大多数高校都不注重学生的开拓创新精神和为人处事方面的培养，更没有实训和操练，轻视创业型人才的培养，而是偏重于研究型和被动就业型人才的培养，致使培养出来的大学生动手能力弱，缺乏创新精神，不愿冒风险，不敢去创业，缺乏斗志与奋斗精神，走上社会后为人处世的能力也不足，到用人单位也是高不成低不就的，形成一种比较尴尬的局面。

解决以上困境的方法就是，让刚毕业的大学生先到基层岗位历练一段时间，锻炼一下意志力，经受些许磨炼，为以后走上更重要的工作岗位打好基础。如果自主创业，也要从底层做起，增加工作经验，打造专业基础知识，增强动手能力，在经历了实践、认识、再实践、再认识之后，大学生也要有把自己向具有创新创业精神的新型人才培养的决心。

一个优秀的具有创业精神的人才必须具备的东西，除了最基本的知识及技能外，还要有积极乐观、勇于向上的拼搏精神，自信的心态，顽强的意志，勇往直前的干劲，坚定的决心等。高校培养这种人才需要从以下几个方面着手：首先要以人为本，强调人的主观能动性，深挖每个学生的潜能；其次是培养学生的综合能力，把每个学生都培养成复合型人才，全面发展的四美新人；最后以培养学生的开创能力为主导，培养学生的事业心，进取心，多鼓励那些有创新创业意识的学生，并对他们的这种意识加以保护。

高校的培养目标要着眼于基层，以人才市场提供的大部分就业岗位为参考，多培养金字塔中底部的实用型人才，把这些人才打造成敬业爱岗、诚实守信、勇于创新、敢于开创并且专业理论知识也学得好，外语流利，计算机操作熟练，在为人处事方面也不差的创新创业性人才。新时期的大学就应该重视基础知识的教育，拓宽口径，提高素质，善于创新，以培养能够自主创业、有个性有特色的人才为新的目标方向，争取建设一批高质量高素质的新型高校。

明确创新创业人才的知识结构与能力结构。创新创业人才的知识结构，主要体现在下面这些方面：职业知识的具备、相关专业的学习、经营管理能力的培养以及其他综合性知识的学习。其中职业和专业知识是大学生将来从事具体工作或相应的职业所必须具备的知识，与其所学专业、所从事的职业密切相关。经营管理能力是其将来从事经营管理工作所应有的知识储备。综合性知识是其以后走上社会，发展社会关系，处理各种事情的需要，包括下面这些知识内容：行政管理法规、国家制定的政策、工商管理、金融、税务、保险、人际关系及公共关系等方面的知识。与经营管理能力及综合能力一样，创新创业知识结构属于基础知识结构，而综合性知识和经营管理知识属于比较高层面并且价值重要的知识，这些知识结构具有社会关系运筹和内部资源配置的特征，多种知识必须结合使用，才能共同发挥作用。

在创新创业人才需具备的能力结构中，包含专业能力、职业能力、经营管理能力以及综合能力。其中专业和职业能力是一个人从事某一特定行业必须具备的专业技能，也是他在职业生涯中能够长盛不衰的生存必需，是维持生存与发展的最基本的谋生手段。并且这种专业知识与技能的高低也对其未来发展起到关键性作用，决定着他事业的成败。而一个人的经营管理水平是一个人综合能力的体现，是由时间、空间以及人、财、物所构成的合力组合，以及如何科学地运筹和更好地配置优化结合在一起所引起的一种心理能量的显示，这是一种要求具有较高思维层次的创新创业能力。此外，综合性能力所包括的范围更广，有思维能力、观察能力、学习能力、社会组织能力、整体把控能力、处理和加工信息的能力、利用与创造机会的能力、是否擅于收集有用信息，并能综合利用这些信息的能力以及利用、适应、驾驭变化的能力，决策与用人的能力，关于交往、社会活动、公关能力等等。综合能力是所具有的创新创业能力中最高层次的能力，综合能力能够在更高层次上对工作的效率和成败产生重要影响。

改革高校中"封闭式"的人才培养模式。高校封闭式人才培养管理模式比较明显，缺少与外界交流。自己"闭门造车"也不了解用人单位到底需要什么样的人才，以及学生的实际需要，就按固有的模式盲目地进行专业课程的设计，没去人才市场进行调研也不管学校是否有上新专业的能力，就自己学校几个领导商量拍板，商定增加新专业就增加新专业。在教学模式上，还是采用旧传统，老师在上面教，学生在下面学，"填鸭式"教学。这种完全脱离社会实际的培养人才模式对社会需要培养拥有创新创业意识的新型人才的需求大相径庭，和新形势下新的办学模式极不相符。以后高校要实行"开放式"教学模式，改变以前的封闭状态。所谓的"开放式"教学，就是让高校打开校门办学，首先学校对外开放，与其他同行和社会各界加强沟通交流与合作，吸取众家之长，形成一种合力，为培养新时代的创新创业型人才服务；其次，高校自己内部各院系之间，教职工之间，师生之间，也要加强沟通与交流合作，实现高校内部的开放。

在全球经济与科学技术以及教育竞争愈发激烈的时期，我国社会主义市场经济体制变革和发展时期，我国高校要有市场观念，办学理念应和实际需求相符，放眼国际，放眼未来，理论联系实际，冲破守旧的壁垒，推倒人设的"围墙"，用开放的眼光实行开放式办学，为高校提高国际竞争力树立新的办学理念。

确立以活动建构为本的学生发展观。开展创新教育就要树立科学的理念，正确处理好教师讲授和学生接收与活动构建之间的关系，确立以活动建构为本的学生发展观。

传统的教学模式都是以教师讲课为主、学生听讲为主的教学模式，这种模式有利于学生在课堂教学中接受大量知识，适应了"接收教育"的需要，但对学生课堂积极性的调动和学生主体地位的落实相当不利，同时也不利于对学生创新能力的培养。因此，确立以学生活动构建为主的教学模式就显得相当重要。以学生活动构建为主的教学模式，能够充分体现学生的生命力和丰富的个性，对学生自身个性的发展特别重要，也有利于学生主体地位的活动构建的充分落实。在一定程度上来说，教育是一项关乎人文关乎生命科学的大事，是一项崇高的事业，其中创新技能最是核心中的核心，活动建构更是实现这一核心价值的重要手段。

二、整合校内资源构建创新创业教育的实现机制

构建以创新创业过程作为核心的课程体系。高校进行创新创业教育，重要目标是为了培养具有创新和冒险精神以及具备开创精神，能够自己创业，独立工作，兼具社交、管理、专业技能的新型人才。为了我国创新创业教育的全面持续发展，需要从科学的角度认识创新创业教育的意义，进而对整个社会创业起到带动作用，构建出适应

我国国情的创新创业教育课程体系。依照创新创业教育的定义以及其本身的实践特征，其主要核心内容包含以下四个方面：首要方面是创业理论，是对创业的经过和创业活动本身进行研究和分析，并使参与创业者学习并掌握创业的技巧及其有关的基本理论，借此了解创业的产生及发展规律；其次是创新能力，有创新才能有创业，创新是创业的初期萌动，是创业的核心内容；再者是创业精神，创业精神的重点是培养创业者在创业的过程中所要具备的非智力因素；最后是创业技能，通过对创业过程必须经历的过程和使用的方法进行分析研究，以此提高实践能力，积累必要的经验。以上四点就是构成创新创业教育体系的最基本框架，四者缺一不可。假如每一个有志于创业的人都可以接受这种创新创业教育，就会对整个社会创业的全面发展起到推动作用，会使创业者少走很多弯路，从而使创业之路走得更顺畅，也能提高创业者的激情与动力。对创新创业教育课程体系的构建中，要遵照创新和实用相结合的原则，关注学科与学科之间的交叉与渗透性。在学习先进结合自身的基础上，还需要做好以下几点：第一，增加基础课程的设置，适当减少专业课程的数量，并加强通识教育；第二，综合课程酌情增加，应该包含那些跨学科以及跨专业的课程，其中既要包含文科、理科和工科有机结合的课程，促使学生能够形成综合知识结构；第三，要建立相对完善的选修制度及学分制度，应该开设足够多的各种类型的选修课程供学生选修，给那些有余力跨学科、跨专业以及跨系选修课程的学生创造便利的条件，通过这些措施的实施，就能使学生在具有以专业知识结构为基础的同时又可以具备综合性知识结构；第四，创新创业课程需要独立开设，并且要有针对性地开设，不需要面面俱到。

大力加强产学研三方合作教育。由于创新创业课程具有很强的社会实践性，这就决定了一定要依靠外界的一些社会力量，不是仅仅依靠高校的封闭教育就能获得硕果的，要多与社会上企事业单位进行合作，设立教育实践培训基地，为创新创业教育搭建一个实践的平台，这也是我国高校从国外其他高校的创新创业教育里面受到的启发。实行创新创业教育，要走生产、学习、科研一体化的道路，不能单纯对学生进行说教，要为学生的创新创业提供示范性教育实践基地。高校走生产、教学、科研一体化的道路，是对未来创新教育的需要，是教育改革的重要组成部分。这里所说的"产"是指高等院校在搞知识创新的同时要学会把知识转换成生产力。这就需要通过推行导师制、科研训练计划以及科技孵化政策，"学"和"研"是要直接参与到经济建设之中的，理论与实践相结合，才能更好地为学生的创新创业活动提供非常良好的实验田。在进行实践活动的过程中，高校应该多聘请创业成功的企业家到学校进行演说，传授成功经验，必要的时候可以聘请这些社会上的成功人士担任学校的兼职教授，以便能更好、更及时、更准确地为同学们提供学术和科研方面的创业指导，最好拿他们创办企业的所属领域作为研究课题或用企业的一种产品进行合作开发，这样可以调动企业的积极性，也可以通过这些渠道为高校筹得科研经费，同时高校老师和同学们也得到了锻炼，学到了知识，增加了实践技能练习。同时，在创新创业实践方面，在校学生在和企业家的接触过程中，也为致力于以后创业的同学钩织了一张很大的创业关系网，对这些同学来说将是一笔巨大的财富。

深化创新创业教育教学改革。创业教育不光在内容上，同时也体现在形式上，与传统的应试教育及传统就业的教育有很大区别。因此就要求国内高校的创业教育在学习国外高校先进经验的同时，还要进行学科创新，对创新创业教育改革要逐步深化，建设具备中国特色适合中国国情的创新创业教育特色。在开展教学实践中，也应该不光局限于行业和专业的课程，要让知识结构丰盛起来，对涉及专业也要尽量拓宽，使学生组建起适合自己个性的知识架构，依据自身需求自主选择学习内容。同时在教学知识及所学课程知识丰满的基础上，也要借鉴国外高校的成功经验，学习他们在创新创业教育实践中的一些新的有用的内容。国外高校的教学模式，是以短期讲学的方式上课，经常会邀请一些业界具有丰富实践经验的知名人士参与大学的创新创业教育项目。通过他们的授课，使学生们学到了很多在课堂上学不到的知识，也为学校的创新创业教育提供了独有的思维模式，注入了新鲜的血液，对课堂内容的丰盛大有裨益。国外高校创新创业教育在教学形式上，课内除传统的教授讲课外，更鼓励采用小组讨论，让学生扮演其中角色，通过典型案例分析，进行一些商业游戏，邀请企业家开座谈会的方式用在课堂上。课堂气氛非常活跃，学生可以更直观更生动地学习到优秀企业家的创业精神、方法、过程和规律。课外，应用具体的创业案例进行教学，定期开展创业计划大赛，进行创业技术交流，开设创业教育专家讲座等多姿多彩的教学模式进行创新创业教育。同时，邀请创业成功人士直接与学生进行面对面的对话，还可定期举办对话交流论坛，对学生们在学习过程中和实际创业中的疑问进行解答。此外，学校还为学生举办很多形式多样的创业实践活动，比如在校内让学生参与各院系学生刊物的策划，提出自己的创意，对校内举行的大型公共活动进行设计与组织，设立很多学生社团，交由学生自己组织和管理，法律实践或金融实践的模拟，科研或学术研究的起草与申请等等，促使各个不同院系和具有不同专业特长的学生都可以为未来的创业积累更多有益的经验。建立创业活动中心，引导学生参加其中，独立进行科技创新，创业活动设计。深入推进大学生科技创新活动，鼓励并资助学生在公开刊物上发表论文、积极申报各种奖项。

搭建创业实践平台。从某种意义上来讲，创新创业教育是对全面发展的人才的进一步促进，是对其思维思路的进一步扩展和延伸。对于创新创业教育的社会实践来说，单纯依靠课堂上对学生进行创业理论的传授和邀请企业家进行专题讲座，对学生创业意识的激发是不够的，更重要的是让学生在具体实践中获得真实的体验。因此学校应该更为积极主动地给学生的创业过程提供支持，尤其要发挥学校的指导和管理及服务功能，并进一步扩大学校和企业的合作，让学生有更多的到企事业单位实习的机会，与企事业单位共同创建创业教育实践基地，并要鼓励学生积极地组建创业团队，为学生的创业搭建好的平台。学校方面也要多多举办创业竞赛活动，可以开展虚拟创业活动，模拟创业，并对创新实验计划加大推进力度，以训练学生创新创业的思维能力，并且促进学生良好的意志品质以及道德素质的形成，进一步推动创业教育的深入开展，努力培养学生创业能力，进而促使学生开创性思维能力的养成。

三、优化校外环境发挥政府与社会协同力量

仅仅依靠高校自身的力量对于高等院校创新创业教育的落实及其发展来说是远远不够的，还需要社会各界的大力支持。另外，各级政府部门要在社会支持力量中起到主导性的作用。因此，我国高校在发展创新创业教育的过程中，要进一步强化政府部门的责任，同时利用好市场机制的积极作用。在此过程中，政府部门的力量不能小觑，因为政府部门有权动用相关的政策、采用相关的对策和措施来对妨碍社会和谐发展的趋势或现象施加干预，政府部门是社会公共权利的绝对拥有者。事实上，各个高校在很多地方都受制于政府的干预，包括大学生的就业与创业方面，有时候对高校创新创业教育的发展也产生了不利的影响。所以，高等职业学校和政府部门是一个密不可分的整体，他们之间是相互依存，相互促进的关系。基于此种原因，应该从下面的几个方面来强化政府部门在高等职业学校创新创业教育中的重要职责：

落实和完善国家创新创业的政策。最近几年来，党和政府鼓励全民参与创业的呼声很高，国家也大力提倡构建和谐社会，各级地方政府也都争相推出了相应的创新创业政策，同时还制定了许多鼓励创新创业的优惠政策。针对在校大学生创新创业能力的培养方面，地方政府应在创新创业政策服务方面做好以下三点：第一，各级政府推出的各项有利大学生创业的政策，要让大学生更好地去了解，诸如怎样提供创新创业援助、如何减免税收、创业贷款资金的支持以及其他的社会保障等政策，要对其进行全面的收集与整理，并汇编成册，免费发放给大学生；第二，要教会大学生如何才能更好地利用好相关政策，应该举办创业政策宣讲大会，以及创业形势报告会或分析会，帮助具有创新创业想法的大学生更深入了解创新创业政策；第三，针对大学生不清楚某些创新创业政策的，要积极帮助他们去争取创新创业的优惠政策，政府教育部门也应该出台相关针对创新创业的大学生的政策，例如采用把创新创业课的成绩计入学分的办法，推行弹性学分制，鼓励大学生自主创业，还要制定出为在校就读期间的大学生去进行创业的允许其申请办理休学并为其保留学籍的政策。另一方面，地方各级政府则需要制定与完善市场经济的竞争规则，努力优化社会创新创业环境，同时对在政府部门工作的公务员要规范其工作行为，坚决制止扰乱创新创业市场发展的一切违法乱纪行为。

建立政府及社会各界多元化的融资渠道。在经费的投入上，政府部门是高校教育

经费的主要来源之一，为了更好完成高校入学就读率，政府要增加对高校教育的资金投入。政府在给高校拨付款项时，应当引入竞争机制，要适当向发展和科技创新水平更高的高校倾斜，对那些主要从事基础理论研究的高校也要重点扶持，以显示公平原则和体现效率优先的原则。还有那些能够适应国家经济发展需要但其自身适应市场能力较弱、社会公众在认识上不足的高校或专业，国家也要给予重点支持。为了使其能够非常顺利地迈出创业的第一步，帮助有创业想法的大学生缓解筹资压力，单凭政府设立的创新创业基金是远远不够的，需要各级地方政府加大创新创业基金的投入。另外可以借鉴国外发达国家的经验，通过设立有一定资金规模与数量的"大学生创新创业基金"，通过政府投入、社会募集以及银行放贷这三种主要渠道来争取创新创业基金。在多年的实践中也从中寻出另外几种筹集资金的方法，其一是通过政府或企业和学校提供担保的方法，取得贴息贷款。这种方法对大学生在创业过程中出现资金不足的那部分筹款比较有用，这样做的同时可以让银行减息让利；其二是采用信用担保贷款。这种方法适用于那些表现优秀的大学生，比如学校向社会企业推荐的优秀大学毕业生，以及通过学校或者企业评选出的校园创业之星等，都可以视为有良好信用记录的典范，用其信用作为无形资产为其提供担保向银行进行贷款；其三是由政府出面组织建设一个高科技创新创业园区，积极向有创业意图的大学生提供创新创业实践的平台以及"孵化器"，甚至还可以向政府提出申请，申请用政府设立的高新技术开发区作为大学生的创新创业园区，准入门槛对创新创业的大学生适当降低，通过免除一定时期的场地租金或保证金等费用；其四是进行创新创业的大学生准入条件适当降低，如同等条件下减少公司注册资金，减免工商税务等部门的办理证件的费用等，以体现政府对进行创新创业行动的大学生的激励。

政府应给予高校更多的办学自主权。从当今社会发展的总体趋势来看，在进行宏观管理高等院校的过程中，政府要始终以人为本，始终站在人民群众的根本利益上。根据高等院校提出的相关要求，为了防止政府限制办学的自主权，政府不能直接参与管理，甚至于想要控制或限制高校内部的教学和生活，并且不能在学术界行使其行政的命令，从而影响学校的正常教学。这不仅要使政府职能在高等院校体系内部的宏观调控，同时更要体现政府职能对在高等教育事业方面的推动作用。总之，政府职能的重点应该放在对教育的整体规划、经费的管理与控制以及教育质量的评估与监督等方面。只有在这些方面进行管理并落实到位，才能够实现国家所有权与高等院校办学自主权这两者之间的合理性。政府需要清楚地知道，只有规定高校的自主权，这样才可以让高校以正当且合法化地去行使属于自己的权利，同时政府也只可以在法律许可的范围内，以合法的方式监督高等院校的教学和日常活动。但是由于高校在获取办学自主权上，与政府职能的转变又有着非常紧密的关系。因此，高校要想有真正获得自主权的可能性，是以政府真正地转变其职能为基础作条件的。高校所应拥有和获得的自主权包括以下几个方面：招生办法权、学校设置的专业权、评审教师职称权、学费制定权等。

完善政府自身的服务体系。与一些发达国家已经拥有的较为完备的青年创新创业的服务系统不同，国家的各级地方政府需要以基础环节作为工作的切入点，逐渐加强与完善以下六项服务。第一项服务是向广大社会发布创业信息。例如可以通过电视、报纸以及互联网等传播媒介，向大学生创业者发布最新的创业消息。各级政府在发布相关创业项目的同时，提供创业信息的咨询服务系统；第二项服务是建立相关的创业项目负责机制。行政管理部门要对创业项目进行具体的指导以及追踪服务，并且应该定期组织专职的创业指导教师进行指导；第三项服务是创建"大学生创业超市"。通过"大学生创业超市"，从而实现资源的共享，以此将大学生的创业项目和信息整合起来，从而使创业大学生在进行创业选择时可以择优选取；第四项服务是成立专门针对大学生的法律援助中心。法律援助中心的责任，主要是向大学生创业者提供法律咨询以及维权的服务；第五项服务是修订大学生创业者就业创业联合会议的制度。政府每年定期举办相关的重要会议，研究并探讨如何去解决大学生创新创业过程中所发现和面临的实际困难以及其他诸多问题；第六项服务是制定奖惩政策。各级地方政府应该利用自身的优势整合好社会资源，以此来鼓舞各级企事业单位积极地接纳刚毕业的大学生到单位实习或者见习工作。同时要调动社会上的一切积极因素，落实好对大学生创业者在创业能力的培养服务，以及帮助大学生健康成长的服务。为了正确地处理好政府与高校两者之间的关系，政府同高等院校在高等教育事业的发展以及建设过程中，两者各自所承担的责任是不能相互替代的，应该要让这两者的工作合二为一。与此同时，必须要从转变政府职能作为切入点，改变以前政府在高等教育管理过程中大包大揽的行为，扩大高等院校的自主权，强化政府对高等教育选取宏观调控的职能和政府的服务职能，从而真正建立起既符合我国基本国情的，同时又能够促进高等教育迅速、持续、健康发展的管理机制。

四、提高大学生自身素质增强其创新创业能力

实质上，高等院校对大学生创新创业能力的培养不是一蹴而就的，而是一个系统工程，不只是地方政府需要努力，同时高校也应下大力气加强对学生的创新创业教育。

对大学生的心理障碍进行辅导。大学生创业的最主要障碍，并不是外在条件的影响，而是来自内心对创业的恐惧，主要表现在没有社会经历，缺乏自信心，担心自己不能处理复杂的事情。为了解决这样的心理障碍，无论是在日常教学中，还是在课外的社会实践中，高校必须要加强对大学生创业人格心理的教育以及训练，一定要注重培养大学生的自信心。而从另外一个方面来讲，大学生自身才是解决心理障碍源头，应该转变心态，积极配合学校和教师的心理辅导，从而激发对创业的热情和无限潜能。

有一些心态消极的大学生，对做任何事都缺乏自信，有时甚至会用怀疑的眼光去看待周围的一切事物，经常用消极被动的心态去思考问题。当谈及创业时候，他们也总认为是遥不可及的事，认为自己根本干不来，还没开始就已经在大脑中"否定"了几遍，因此对创业也没任何奢望了，创业这件事自然而然也就被放弃了。其实，现实生活之中的创业，并没有想的那么难，只要善于思考并能细心观察生活，能够时刻保持着积极向上的心态，勇于行动，肯定能够成功。大学生作为创新创业的主力军，从一篇篇的优秀论文中，从一个个的发明创造中，从一个个的创业项目中，从一次次的精彩活动中，从一个个新组成的团队中……透过这些很小的东西，就可以全方位地展示大学生的能力，同时也凝结着当代大学生的汗水与智慧。"我一定能创业"和"创业就在你我身边"，以上的心声都应该是当代大学生创业所具备的积极心态。其实每个人的潜能都是不可估量的，每个人一生的时间所开发的潜能仅仅发挥出了很小部分的作用，如果借用冰山作为比喻，发挥出大脑平时作用的那一部分就像是冰山露出海平面那一小部分，只占整个冰山小小的一部分，而那些深藏在海底深处的很大部分的冰山，就是还远未能够察觉到的、未能非常充分地开发出来的那部分潜能。在现实中有很多学历并不高的人在创业上都有所作为，作为21世纪接受过高等教育的大学毕业生具有更好的创业条件。

　　培养大学生的自主学习能力。自主学习的能力要求人们按照一定的个人以及社会的价值需求，主动把握生命发展过程中所需要的一切事物。自主学习能力有如下几个特征：第一个是自主性。指的是个体生命不是在被强迫着去学习，知道学习的重要性，能够自觉且自愿地去学习；第二个是能动性。指的是生命主体即能积极而又能够创造性地去学习，并且懂得如何消化知识，不单单是对知识以及信息进行简单接受，同时还要善于将其转化成生命所需的精神能量；第三个是创造性。学习的最终目的必定是吐故纳新、推陈出新，面对现实条件能够应对自如，甚至创新和创造新的知识，而不是"读死书，死读书，读书死"的状态。在知识大爆炸的今天，掌握自主学习能力是大学生立足于社会的根本，对一个人和集体的成长具有举足轻重的作用与意义。对大学生来说，要珍惜在学校的时代，努力养成良好的学习和生活习惯，并能做到热爱学习，学会学习、学会生活、学会生存、学会工作、学会如何思考以及学会如何创新。总而言之一句话，不断地训练和提高学习能力，这比在学校做任何事情都要有意义，它会使你的一生受益无穷。同样的道理，如若一个组织的所有成员都具备不断的自主学习能力，那么这个组织极有可能收获成功，并且继续创造辉煌。其能够收获成功的秘密就在于，首先这个组织能够以最快的速度习得新知识，并且能够获得最新信息，其次组织领导层需要与时俱进，这意味着也要不断地提高自我学习能力，使该组织成为学习型的组织，并能调动以及发挥成员的积极性，最后就是要以最快的速度和最短的时间把所习得的新知识与新信息及新技术应用到企业以及个人的变革与创新中去，使得自身更加具有竞争力。

　　带动大学生积极参加校内创业活动。大学时期校园生活内容丰富，可支配的时间是充裕的，创新创业会让课外生活变得丰富多彩且更有活力。只有不断地创新，校园丰富多彩的文化才能具有持续不断的魅力。大学生创新创业经历是一笔宝贵财富，毕业后最忘不掉的也许就是那些富有创新创业精神的老师以及同学，而最令人永生怀念的可能是亲身参与过的那些具有创新色彩的活动以及生活的种种情景。大学生身处创新创业的校园大环境，参与许多有意义的活动，把握住锻炼能力的机会，让自身融入其中，并从中获得在其他途径得不到的磨炼。参与课外创新创业实践活动是培养与锻炼学生的创新精神以及创业能力的"第二课堂"，同时也是生命快乐的"第二课堂"，这里可以展现大学生个人的创新创业才华。例如积极地为组织活动献计献策，为组织奉献力量，争取参加学校的青年创业者协会社团组织，并且协助协会组织好丰富多彩的活动，并且能够大胆地提出创业计划，撰写创业计划书报名参加校内外组织的学生创新创业计划大奖赛等活动。

　　鼓励大学生积极投身社会创业实践活动。对于大学生的创新创业能力培育，有一种非常重要的实际训练方式，那就是参与到校外的创新创业实践活动中去。让大学生用自己的实践去了解观察社会，从校园走出去，认识这个社会，同时要调查剖析社会，从而让自己更好地立足于社会，通过这些锻炼，必定能够提升自己的创新创业能力。机会对于每个人都是一样的，需要双眼去发现，同时也需要竞争的勇气，更需要实际行动。鼓励大学生充分利用课余时间以及休息日等空闲时间去做市场调研，以此来发现社会的实际需求，同时尽量争取到创新创业的营业部门去打工，寻找商业机会也还能够利用课余时间或者休息日，在体验生活的同时还能磨炼意志，也能学习到创办实体企业的实际管理技巧与方法，从而一举多得。引导学生学以致用，做到理论联系实际，并且在实践中学习，使大学生更好地融入政府及学校倡导的创新创业发展计划当中去，在学习的过程中也要积极实践，让生命之树在社会实践中常青，让生命的律动在实践中闪烁出耀眼的光芒。

第四章　创新创业教育的改革创新

第一节　创业教育面临的机遇与挑战

近年来，高校创新创业教育不断加强，取得了积极进展，对提高高等教育质量、促进学生全面发展、推动毕业生创业就业、服务国家现代化建设发挥了重要作用。目前大学生创业教育既面临机遇又面临新的挑战。

一、大学生创业教育面临的机遇

（一）国家创业政策为创业教育带来新机遇

首先，国家创新驱动发展的经济转型为大学生创业提供机遇。我国提出了国家创新驱动发展战略，我国的经济发展开始了以创新创业为导向的新转型。当前，我国正在加快经济结构改革，大力推进创新驱动型新兴产业的发展。国家要积极发展那些创新驱动强、自主研发能力强的新产业。这种战略为大学生创业者带来了难得的大好机遇，时代发展会使大学生创办的新兴企业获得更多的政府支持。政府对创业扶持政策，给那些拥有创业想法和创意，而创业成本少、创业资金缺乏的大学生们的创业带来了新机遇。因此，可以说，国家创新驱动发展的经济转型为大学生创业教育提供了良好的发展机遇。

我国提出要引导劳动者转变就业观念，鼓励多渠道多形式就业，促进创业带动就业的指针，为创业教育指引了方向，从此创业教育得到了各级政府部门的高度重视。各级政府为推动大众创业、万众创新的发展出台了许多有利于创业教育发展的相关激励政策，创业教育工作抓得好坏也成为评估政府工作的重要指标，这就给大学生创业教育带来了良好的发展机遇，为大学生创业教育发展提供了有力的政策和制度保障。

（二）大学生就业意识转变推动创业教育发展

随着我国社会经济的不断发展，全新的经济发展形势给大学生创业提供了更多的条件和更大的发展空间。特别是互联网的快速发展和众创空间的不断涌现，激发了大学生对传统的就业观念和传统行业挑战的信心及欲望，让大学生冲破了传统就业观念的束缚，拥有了敢做创业勇士的创新意识和创业精神，这种创业意识成为大学生积极参与创业实践活动的动力源泉，也成为大学生通过不断努力而取得创业成功的强有力的精神支撑。积极的创业意识对大学生创业教育的发展起着推动作用。在全国大众创业创新实践活动的影响下，一些大学生开始了他们创业的艰辛历程。大学生创业教育理论来源于如火如荼的创业实践，大学生创新创业活动的不断发展，为大学生创业教育的发展提供不竭的动力和源泉。

（三）众创空间的不断涌现为创业教育提供新环境

首先，众创空间为大学生创业教育提供了全新的环境。众创空间作为创新服务机构，不仅可以为大学生创办企业和个人创业提供成本低、要素全、使用便捷的创业服务平台，还可以帮助大学生通过创客空间、创业咖啡、创新工厂、科技媒体等途径，获得更多的创业资源。大学生可以借助众创空间所提供的全新的市场化、专业化、集成化和网络化的运营模式去创办自己的小微企业，并通过众创空间促进其健康成长。大学生在创业过程可以充分利用众创空间来减少创业投入成本，实现众创空间资源的共享。众创空间为大学生创新创业提供了新型的创业服务平台，使创业者个体能够成为产业资源的组织配置者，并且可以通过众创空间综合服务平台把自己的创意变成产品和服务。

其次，众创空间为大学生创业教育提供了全新的便利条件。众创空间的核心价值在于其能够及时向创业者提供创业综合性服务平台，可以通过不同的方式向创业者提供类别多样、程度各异的基础性服务。众创空间不仅能够为创业者提供创业培训服务、融资服务、活动沙龙服务及财务法务顾问服务，还能够为创业者提供有关政策申请、注册及工商等方面的服务。这些都为大学生创业教育提供了全新的便利条件。

再次，众创空间为大学生创业教育构建了全新的主客关系。众创空间可以向创业者提供在创业初期的种种便利，比如金融服务、法律法务、补贴政策申请等，更好地帮助创业者所创办的小微企业健康而快速地成长。众创空间可以通过为创业者提供创新创业活动所必需的材料、设备和设施，为创业者提供创业初期必需的各种物质保障。创业者可以在众创空间中与其他创业者一起参与创新产品方面的构思、设计、制造，也可以与其他创业者之间进行有关产品的创意、体验及个性需求等方面的交流和探讨。众创空间不仅可以为创业者提供全新的融资模式，还可以通过优化资源配置，让智力资源、产业资源和社会资本更加自由化流动，便于创业者有效借助众创空间来实现自己的创业梦想。

二、大学生创业教育面临的挑战

（一）大学生创业的社会经济环境影响

虽然我国出台了一系列促进大学生创业的宏观政策，但大学生创业的经济环境还不容乐观，大学生创业还会面临着成本、信贷和税收调整方面的诸多矛盾，创业的经济环境还有待于逐步改善。我国的创业投融资渠道还比较狭窄，对大学生创业投资的主渠道还不能够满足大多数大学生创业者的创业需要。创业投资引导基金不足，发挥多层次资本市场作用的力度不够，创业板等资本市场改革较慢。

此外，一些地方和高校重视不够，创新创业教育理念滞后，与专业教育结合不紧，与实践脱节；教师开展创新创业教育的意识和能力欠缺，教学方式方法单一，针对性、实效性不强；实践平台短缺，指导帮扶不到位，创新创业教育体系亟待健全。这些因素都对大学生创业教育发展提出了新的挑战，是大学生创业教育健康发展急需解决的问题。

（二）大学生自身因素的影响

大学生在创业过程中往往因为自身创业社会经验不足，容易抱有盲目乐观的态度，没有应对创业风险的充分心理准备，一旦创业中遇到了挫折和失败，一些创业者就会感到创业无望，导致对创业失去信心。还有，大学生在创业过程中往往会急于求成，一些大学生创业者缺乏市场意识以及商业管理经验，对市场营销缺乏足够的认识，这些因素也会严重阻碍大学生创业活动的顺利开展。此外，大学生创业需要必备的资金保障，但有些大学生由于创业后期的资金严重不足，同时又缺乏融资能力，融资渠道甚少，往往会导致创业前功尽弃，失去创业的勇气。这些因素成为大学生创业教育必须解决的重要问题，也给大学生创业教育健康发展提出了挑战。

（三）众创空间发展的新形势

众创空间作为"互联网＋"时代下的创业服务机构和孵化器，它除了能够为创业者提供可以参与的创客空间、创业咖啡、创新工厂等形式外，还能为创新者提供开放的环境，带来宽广的创业视野和有利的创业机会，可以帮助创业者消除创业障碍、打破原有的各种不利框架，既能为创业者提供办公设备和投资人，还能为创业者们提供一种不局限于线下也不局限于地域的彼此交流和思维碰撞的便利场所。众创空间作为一种创业文化，强调的是一种综合服务能力，包括法制、文化、市场环境以及社会生活的服务。众创空间作为一种创新创业孵化及众创活动支撑平台，以用户创新、大众创新、开放创新、协同创新为核心理念，引领创业者在设计制造、创新创业领域不断健康成长。比如深圳的柴火创客空间、南京创客空间等不仅让很多创业者走向了成功，还带动了一大批新的创业者步入了创新创业领域中来。这对于传统的大学生创业教育而言，确实是一种新挑战，这就要求教育者们应该不断改变大学生创业教育模式，以适应新时代的发展。

第二节 创新创业教育观念的创新

一、创新创业教育的改进

（一）立足观念革新

在经济新常态下，创新创业已经成为时代的主题，高校创业教育也随之快速发展。大数据对高校的创新创业教育提出了新要求，它迫切需要高校创业教育根据新形势变化，推进深层变革和建立适应发展的新思路。长久以来，我国高校创业教育是在市场需求的基础上建立和发展起来的。虽然高校也认识到社会和市场对于创业模式有多样化的要求，也不断丰富创业教育模式的种类来适应这种变化，但这种依托于"需求产生发现市场—引导进入市场"的传统思维模式制定的创业教育往往存在滞后性，造成创业一窝蜂、模式单一的问题。因此，高校创业教育不仅要培养大学生创业者时刻关注当下经济热点和商机资源的意识，更需要培养大学生具备发展的眼光，敏锐地洞察市场前景，及早地预见需求—创造市场，提升高校创业教育的活力，激发大学生创业的主动性，树立开放自由、多样发展、创新创造的创业教育理念。在尊重教育规律、遵循科学的教育方法的基础上，高校大力推动创业教育从传统的社会本位走向社会本位和主体本位相结合的道路上来。

目前，部分国外发达国家的创业教育依托高新技术的引领，深入社会发展的各个领域，改变了人们的消费方式和生活理念。相比之下，我国的创业教育对高新技术的依赖程度低，信息化、智能化、网络化、服务化和协同化的产业生态链尚未形成，所以要进一步呼吁高校创业教育充分利用互联网资源，突破观念和思维创新，依托技术创新和人才培养，大力促进高新技术的转化，以市场需求和社会发展为导向，构建高层次、多维度、立体式的创业体系新格局。

（二）立足专业教育

创业教育和专业教育的融合，既是高校素质教育的内部要求，也是社会发展所需人才的外部需求，两者相互促进、相互作用。大学生自身所学的专业知识和实践技能在一定程度上决定了个人的知识结构与思维模式，并不可避免地影响到其创业方向，特别是初期创业的发展方向。从推动创业教育的社会需求来看，拥有专业背景的创业型人才更加具备成为未来企业家的能力，创业教育和专业教育的融合更能有效地帮助大学生实现专业领域的创业。

专业教育仍是高校人才培养的主要模式和方法，并为社会推送和培养各领域的技能人才。在新时代背景下，高校创业教育的本质不是颠覆专业教育，而是结合专业教育促进高校人才在知识结构、创新创业能力方面的深度优化，注重大学生专业水平和创业能力的双提升。高校的创业教育和专业教育的深度融合，要求高校从顶层设计开始，成立专门负责创业教育的组织机构，保障创业教育和研究工作的开展与落实。高校要将创业教育体系全面辐射和融合到专业教育的培养过程中，根据院系和专业的不同开展不同程度的创业教育，设立院系专业特色的创新创业课程、教学资源和相关基地，全方位地将创业教育落实到专业教育、教学计划、教学活动和技术产出等各方面，扩大创业教育与专业教育之间的融合深度及广度；构建开放互动的教学方式，打造多元分层的课程体系，将不同领域、学科的教师和学生集中到创业教育的课程中来，开拓学生的知识领域，激发学生的创造思维，整体优化创业教育的质量和成效。

（三）完善平台立新

高校大学生的创业教育是多层次、多维度、多元化的一个系统，依赖于互联网组合的各种创业资源，包括课程建设、场地经费和优秀师资力量等，并通过各种创新平台推动创新实践和创业教育的协同发展，包括创新创业竞赛平台、创新创业项目训练平台、大学生创业实践基地和孵化园的教育实践平台等。高校通过改善课堂教学方式，引入慕课、微课等技术手段，精细化教学设计和内容，深化"第二课堂"的育人效果，加强与政府、社会和企业的合作，推动"全员育人、全社会育人"的理念更上新台阶。

高校在把握新时代的新机遇、新问题和新途径的同时，要不断拓展创业教育的领域，坚持开放的教育理念，组建研究团队，组织大学生走出校园，勇于实践，邀请社会知名专家、企业家、创业导师开办讲座、沙龙，近距离向学生传授创业经验和知识，满足大学生创业过程中个性化和多样化的需要，解决实际问题。

（四）加强政策出新

高校创业教育的重点内容之一是帮助大学生掌握创业相关的法律知识，提高大学生的创业安全意识。学校的相关负责机构统筹协调相关部门的职责，提供政策、经费保障，建立科学合理的评估制度，促进创业教育与专业教育的深度融合和长久开展。同时，高校还要确保各项支持大学生创业的优惠政策能落实到位。比如，在大学生创业过程中，政府可以提供法律支持、工商登记和减免税收的相关服务，设立创业启动基金、风险投资基金，在大创园、科技园等场所建立免费或者优惠的场所。高校应向创业学生提供更加高品质的服务。例如，高校不断优化创业就业等信息网的建设和维护，利用各种新媒体、新媒介手段推送及时高效的信息资源，动态精准地掌握学生的创业情况和需求，切实降低学生创业的成本和风险。高校在内可以深挖校园资源，鼓励和吸引学生与学校合作，开设校内企业、发掘名产品等，在外可以通过学校影响力和校友资源，争取政府、社会以及企业的支持与合作，为大学生创业项目走出校园、走向社会寻找助力。

　　总之，无论是应用型还是研究型人才的培养，归根结底在于创新意识、创新精神、创业能力和创业素质的积累凝练。在高等教育大众化的今天，大学生个性化的创新能力正日趋薄弱，缺乏创新思维和持久毅力的大学生，往往茫然于自己的社会定位和价值取向。在互联网背景下，大学生创新教育就是一种个性化协同的创新机制，是以充分尊重大学生为创新主体的一种人本主义创新理论，具体指在导师引导下，让大学生成为创新创造的主体，培养大学生自主创新、独立发现、主动探索的能力，以及主动完成创造创新的过程，正因如此，社会就对大学生的创新教育发展过程中的各要素提出了更高的要求。

　　各高校不断挖掘和充实各类专业课程的创新教育资源，明确创新教育导向，有机融合专业教育、实践教育和创业教育，加大实践教学环节的设置比重，增强设计性、综合性、创新性，丰富课程内容，将最新的知识和理念引入课堂教学中，将最新的科学技术和研究成果应用于实践教学中，教学内容体现时代性、开放性、多元性和全面性。但在如何开设研究性学习课程，强化优质课程信息化建设，开发线上线下相结合的实用性课程，建设云课堂创业课程库，增强创新教育的针对性和学生获取新知识的自主性方面，各高校还需要进一步探索。

二、树立创新创业教育的新理念

　　创新创业教育理念是对创新创业教育的本质及其发展规律的理性认识和客观要求，是创新创业教育的指导思想。从宏观层面来说，它是指创新创业教育的宗旨和理想，指它在高等教育中主要解决什么问题。创新创业教育人才培养的目标就是提高大学生的创新创业能力。从微观层面来说，它是指创新创业教育的方法、途径、载体和要求。创新创业教育要实现创新发展，首先要实现理念创新。

（一）创新创业教育的目标定位

　　创新创业教育首先要解决目标定位这个根本性的问题，即培养什么人和怎么培养人的问题，这决定了创新创业教育的理论架构和实践方式。与美国、英国等发达国家相比，我国的创业教育起步较晚，尚处于探索阶段。我国在探索的过程中对创业教育主要形成了窄化和泛化两种定位倾向。

窄化就是把创业教育定位为企业家教育。这种定位是以培养企业创办者为主要目的，面向极少数有创业热情的学生提供教育培训、项目孵化和政策资金支持等。这种企业家教育不是我们创新创业教育的全部，真正的创业教育应该是为未来几代人设定的"创业遗传代码"。创业教育是培养具有开创性的个人，它对于拿薪水的人同样重要，因为用人机构或个人除了要求雇用者在事业上有所成就外，正在越来越重视受雇者的首创、冒险精神，创业和独立工作的能力，以及技术、社交和管理技能。

泛化是把创业教育定位为素质教育。这种定位主张创业教育面向全体学生，以培养学生的创业精神、创业意识、创业知识和创业能力为主要目的，要求把创业教育融入素质教育之中。这种定位力图克服企业家教育的弊端，但在实践过程中却陷入空泛化的误区，把创业教育等同于素质教育。素质教育是一种以提高受教育者诸方面素质为目的的教育模式，它重视培养人的思想道德素质，倡导人的全面发展。创新创业教育是大学生素质教育、创新教育的深化和具体化，侧重于培养大学生的创新创业精神和创新创业实践能力。

高校创新创业教育还存在一个认识误区，就是把创新创业教育等同于就业教育或职业教育。创业属于高质量的就业，可以带动就业。创业不仅能增加就业机会，还能创造新的就业岗位。因此，创新创业教育在提升大学生就业能力和缓解大学生就业压力方面具有积极意义。许多高校把创新创业教育仅仅看作解决就业问题的权宜之计，把创新创业教育工作纳入学校学生工作部门或就业部门的工作范畴，而在教学部门工作范畴，学校缺乏顶层的战略发展规划，缺乏机关部处和教学单位之间的协同配合，造成学校学生工作部门和就业部门单兵作战，出现以讲座报告代替课程教学、以竞赛实践代替创新创业教育的现象。

高等教育的基本使命和首要功能是人才培养，高校创新创业教育应该定位于创新创业型人才的培养。创新创业型人才是指具有较强创新意识、创新精神和创新创业能力，进行创新性劳动并对社会做出贡献的人。创新型创业人才是国家创新驱动的第一资源。高校要把创新创业教育融入高校人才培养的全过程，以培养创新创业型人才为核心目标，把创新创业能力视为大学生的核心能力，把创新创业教育质量纳入衡量高校办学水平的重要指标。

（二）创新创业教育的方法要求

一是创新教育与创业教育相融合。根据经济学家熊彼特的创新理论，创新是生产要素和生产条件的一种全新组合。创业包括创新、未曾尝试过的技术以及建立新组织。创新是创业的动力和源泉，创业是创新的价值实现。创新引领创业，创业促进创新。

创新与创业密不可分，创新教育与创业教育也密不可分、融为一体。创业活动可以把知识创新、制度创新和技术创新等体现在社会经济与文化的发展中，创业让创新成为发展的驱动力。虽然许多地方高校以培养应用型人才为办学目标，但创新创业能力也是应用型人才的核心能力，创新不是双一流高校的专利。高校创新创业教育，要瞄准知识前沿、科技进步、社会需求和产业变革，强化与地方和企业的合作，搭建协同创新的体系和协同育人的平台，以创新推动创业。

二是创新创业教育与专业教育相融合。创新创业狭义理解是以创新精神创业；广义理解是以创新精神就业，在本职岗位上创立事业。大学教育是按专业来设计和实施人才培养方案的，创新创业教育也应该面向全体学生，结合专业实施分层分类培养，既要做好广谱式的教育，也要为具有创业梦想和创业潜质的大学生提供精英化的教育。如中国人民大学制订的学生创新创业能力培养计划，将学生的创新创业能力培养分为四个层次，以满足学生的不同需求：面向全体学生的普及教育、面向有创业意向学生的系统教育、面向有创业目标学生的重点教育和面向创业实践学生的实践教育。创新创业能力是大学生成就事业的核心能力之一。高校要把创新创业教育纳入人才培养体系，融入专业培养目标和方案，与专业教育深度融合。

三是科学精神培养与人文素养提升相结合。麦可思研究院基于2022年度大学毕业生跟踪数据撰写的《2022年中国大学生就业报告》（就业蓝皮书）于2022年6月13日发布。这是该机构连续第14年发布大学生就业状况年度报告。数据显示，在当前严峻的就业形势下，大学毕业生的薪资增速在放缓，选择考研、考公的比例在持续上升，本科毕业生脱产备考公务员的比例5年翻了一番。

就业蓝皮书提出，疫情影响下，大学生的薪资增速在放缓。2020～2021届本科生毕业半年后月收入起薪平均涨幅为4%，低于疫情前的2018～2019届起薪平均涨幅7%。2021届本科毕业生平均月收入为5833元，均明显高于城镇居民2021年月均可支配收入3951元。

分行业看，2021届本科毕业生在信息传输/软件和信息技术服务业就业月收入持续较高，为6781元。但他们的起薪涨幅为5%，低于全国平均的7%。分专业看，本科计算机类的月收入较高。2021届本科计算机类专业毕业生月收入为6886元，但是其起薪涨幅较小，较2020届的起薪涨幅1%。此外，本科食品科学与工程类、材料类、矿业类、电气类专业较2020届的起薪涨幅分别为9.0%、8.8%、8.5%、8.0%，月收入增长较快。2021届本科毕业生月收入较高的前10个专业是：信息安全、软件工程、信息工程、计算机科学与技术、网络工程、物联网工程、电子科学与技术、微电子科学与工程、信息管理与信息系统、自动化。可见，大学毕业生的创业质量在提高。我们应该更加关注大学生的持续发展力，更要让大学生认识到学好大学基础知识和基本技能、培养意志品格和创新创业实践能力的重要性。创新创业教育不是局限于教学生如何创办企业，也不完全等同于素质教育，它以增强学生的创新精神、创业意识和创新创业能力为教育目标，通过创新创业教育的有效实施来提高大学生的创新力和创造力，为社会经济发展注入源源不断的活力。创新创业教育既要强调经济价值，也要强调社会价值和文化价值；既要强调培养学生的创新创业能力，更要强调培养学生的社会责任感。各高校要通过创新创业教育，努力培养大学生的科学精神和人文化素养。

四是课程教育与实践教学相结合。课程教学是高校实施创新创业教育最基本、最重要的载体之一。我国多数高校的创业教育课程体系还不够健全，开设的创业课程非常有限。因思想观念和师资力量等原因的限制，高校结合专业课程而展开的创新创业教育也只是停留于口号。创新创业教育具有很强的实践性，必须特别重视实践环节的设置和开展。创新创业能力更多关注怎么做而非是什么，这种能力不能靠讲授型的教学来传授，而必须通过探究型、实践型的教学来获得。这就要求我们的教师要经常走进企业，并改变"教师讲，学生听"的这种传统教学模式。同时，教师也要积极鼓励学生参加科技竞赛、创业大赛、社团活动和社会实践等各类创新创业的实践活动。

五是互联网技术和互联网思维相结合。互联网创新发展不仅仅是一次技术的革命，更是一场思维的革命。互联网改变了我们的生活方式，也颠覆了我们的思维方式。在互联网的时代背景下，高校要将互联网的创新成果深度融合于经济社会各领域，包括高等教育的领导方面。互联网推动创新要素和创业资源的聚集、开放和共享，成为创新驱动发展的先导力量和促进大众创业、万众创新的新平台。在互联网背景下，高校创新创业教育也必须从理念、方法和载体等诸多方面进行创新发展。我们不仅仅要把互联网看作技术、平台，更要看作一种观念和思维方式。我们既要利用互联网技术手段和信息平台开展创新创业教育，又要通过创新创业教育培养互联网的思维和开放、平等、协作、分享的互联网精神。对于处于发展阶段的高校创新创业教育来说，开发好网络教育资源、加强线上教育资源的共享，是解决学校创新创业教育师资力量缺乏、教学形式单一、专业水准不高的有效途径。中国高校创新创业教育联盟、全国大学生创新创业联盟、全国大学生创新创业实践联盟相继成立，这也充分反映了高校创新创业教育协作发展的诉求。

第三节　创新创业教育机制的创新

机制是指整体中各部分之间的相互联系及其运行方式。一个整体是由具有不同性能的部分构成的，这些不同的部分通过一定的联系结合在一起，这些联系指的就是机制。通过各机制内部相互之间的良性运行，整体才能得以进步与发展。

一、主体性机制

主体性是人作为主体的内在规定性，人的主体性发展贯穿于整个生命过程中，其主要表现为主体活动的自主性、能动性和创造性。主体性机制是指主体的思维方式与实践活动不依赖于他人，而是靠自己的经验与想法创造出不同于之前的新的主体机制，即创意的意念、创造性的思维方式的转变，达到一种革故鼎新的主体性机制的独特性。在创新创业的活动中，大学生群体是核心队伍，所以加强大学生自身的主体性机制即可开拓更为广阔的创新思维。学生主体性创新创业的主体性机制发展主要包括两个方面，首先是理论渗透的渐变影响。在主体接触创新创业理论课程的同时，引导其开拓思维、发散想象力、发挥创意概念，这样即奠定了未来创新创业的良好基础。其次是实践行为的实施。在主体已经在一定层次上达到了该有的理论知识储备的前提下，实践行为的引导就显得颇为重要，因为只有将理论付诸实践，才能更好地将理论变为主体的经验，且更能深层次地理解理论的作用。

自主性有三个特征：独立做出判断、批判性地反思以及依据这些独立的、反思的判断将信念与行为整合起来的倾向。在新时代背景下，在创新创业的行为过程中，主体对于自主性的特征有一些表现形式，如对于创新创业产业型的选择、创新创业众创空间的选择、创新创业领导团队以及合作伙伴的选择等。这些在创新创业过程中可能会面临一系列的问题，这都需要主体性机制的运转去判断并找到解决方法。有学者提出：以探索和求新为特征的创造性是主体性发展的最高层次，是建立在对自我认知能力了解的基础上的，是现代社会进步发展的动力源泉。每个人在社会中都可以发挥其创造力，然而最主要的是在自我认知的基础上，实现主体机制力量的最大化。整个社会的进步并不是一种历史的必然性，而是人类在实践行为的主观能动性之上所探索并激发出的创新力量，只有创新才是社会进步的最大推动力，而创新本身是一个活动，活动就需要主体去实施，这个主体就是社会当中的人。

创新创业主体性机制特征愈加突出的同时，高校创新创业教育对于此种能力的培养也视为一个潜能激发的通关秘钥，只有主体充分发挥其主体性机制所拥有的特殊性创造潜力以及与创新创业实践活动相结合，才可以潜移默化地加强学生的主体性地位、主体自身的创造能力和主体在实践过程中对于自身价值清晰的定位以及深度的辨析，最终促进创新创业的主体性机制的发展。

二、社会化功能机制

社会化就是指个人学习知识、技能和规范，取得社会生活的资格，发展自己的社会性的过程。社会化原先是一个社会学概念，是指个人从自然人向社会人转化的过程，后来逐渐被借用到管理学领域。创业者职业发展要比创业社会化含义更加宽泛，是一个长期社会化经历的集合，而且创业社会化应该是新创业者职业生涯发展必须经历的一个阶段。

社会化功能机制的培养与塑造是创业过程中较为重要的一个方面，创新创业社会化的主体功能主要是基于与发轫于社会需要，而其社会功能的实现则要以个体功能的实现为基础。这种社会的需要主要来源于主体所承担的一种社会责任感，且无论是互联网还是个体的人，都必须具有社会属性，并且在社会当中创造出价值。在社会化的定义中，功能有两个较为清晰的表述，第一是使个体形成共性，即获得参与社会生活所必需的品质，成为被社会所接受的人。此共性主要意味着在创新创业当中，作为一个无论是拥有普通民众身份属性的创客，还是高端专业人才身份的创客，所承担的社会责任感以及对于社会的归属感性质是同一的，无论创业成功与否，社会化意识形态的塑造是不可忽视的。第二是使个体"发展个性"，即使个体的个性得到发展并逐渐生成，形成个体拥有独特性的一面。这一功能在创新创业领域中的功效日益明显。所谓独特性，就是在普遍性中包含着特殊性，即创新。

在新时代背景下，中小型企业的竞争日益激烈，制胜的关键与公司的长远利益都需要不断地创新，需要随着社会大众日常生活的行为轨迹来寻求创新意识，寻求对公司未来发展理念上与实践中的升华与裂变。在高校的创新创业实践活动当中，社会化功能机制的建立是必不可少的，因为高校的创新创业团队所创造出的成果必然要经历社会的考验与见证。在创意成果未步入社会之前，需要充分认识其产品的社会定位，了解该产品适应的社会人群，以及是否满足了该产品的社会需要。如某高校的创新创业团体曾经研发出一款关于网络购物筛选的手机软件，该成果创意值得赞赏，因为它可以对网络购物添加进购物车的物品进行一个分类，并且还可以筛选顾客所钟爱的不同种类的商品。在软件推出之前，研发团队就根据其社会定位，做了广泛的社会调查，并且对社会需要的认知程度也有一个较为清晰的梳理，充分发挥了社会化功能机制，产品在推出后大受好评。所以，构建创新创业的社会化功能机制，在创业当中任何不同的层面都具有自身独特的意义与作用。

三、多方协同育人机制

所谓协同就是齐心协力、共同工作，或者说是协调两个或者两个以上的不同资源或者个体，协同一致地完成某一目标的过程或能力。协同育人是育人的一种方式，更是育人的一种观念。要培养出素质高、全面发展、有个性、有特色的学生，学校、家庭、社会及受教育者这四个要素必须进行科学的整合。完善协同育人机制、吸引更多社会资源投入人才培养，是高校创新人才培养机制的重要方式，也是提高人才培养质量的有效途径。高校创新创业教育是一项系统工程，要高度重视创新创业资源与要素的集聚，推进政府、企业等社会力量与学校创新创业教育的协同育人机制，从创新创业的教育引导、课程建设、项目孵化和成果转化等多方面开展深入的产学研合作，并不断完善创新创业指导服务、资金支持和政策保障体系。

创新创业教育是高校的整体工作，不是教学线或学工线单一的工作，所以要充分整合校内优质资源，明确学校各职能部门和专业学院在创新创业教育中的职能边界，形成既各司其职又团结协作的齐抓共管格局，形成共同关心、支持创新创业教育和学生创新创业的良好生态环境。高校实施创新创业教育工作"一把手工程"，成立由学校主要领导担任组长，教务处、学工部、团委、科技处、实验室管理处、社会合作处和校友联络处等相关职能部门组成的创新创业领导小组，就是为了加强全校各部门的统筹协调和资源整合。

第四节　创新创业教育平台的创新

一、从创客到众创空间

所谓创客，指敢于大胆创新，努力将自己的创造成果、创意设计理念变为现实的人。在当今的中国，创客最直接的联系就是与大众创业、万众创新共同构造出新时代的特殊形态。对于创客本身的特质来说，随意性、活泼性、能动性构成了创客主体的价值属性，其运用创新思维、创造能力制作出创意成果，从而达到满足社会大众需求的目的。一旦社会反响热烈，创客就必然会形成一种商业模式，以此来奠定一个创业的良好基础。

随着互联网时代的到来，社会对创客的需求自然不言而喻。个人的创意无法避免局限性、狭窄性，需要与志同道合的合作伙伴一起不断设计完善并推出产品，因此创客的凝聚也显得尤为重要。在互联网的平台之上，众多的创客参与创造、创新，发挥自己的创意，这是一个企业生生不息的强劲生命力。创客能为新时代提供连绵不绝的创意，也是中国未来社会发展的坚实支柱。相对于高校而言，连年的就业压力使毕业生苦不堪言，找工作更是难上加难，而互联网时代的到来，为广大高校毕业生开启了一扇机遇之门。高校不断挖掘创客资源，举办各种创意成果展览，使学生近距离接触创新创业，发挥自身最大限度的能动性。中国的未来在高校，而高校的核心是学生。换而言之，中国的未来即是千千万万的青年学生。在北京的某些创业基地，一些学生毕业后以开发互联网软件为主导，拥有了自己的品牌并注册了公司。他们谈起成功经历都会提到曾经也是创客中的一员。年轻的血液在相互的激烈碰撞之下终于撞出了火花，以创客为核心的创新主体在天时、地利、人和的社会条件之下成功必然指日可待。

创客的出现，顺应了时代发展的趋势，体现了年轻一代改造客观世界的先进能力。创客是互联网背景下诞生的特殊群体，他们注定要在世界的视域中书写豪迈的篇章。

在创业生态系统中，居于核心的必然是由创客凝聚而成的众创空间，它象征着创新意识的聚拢、创业人才的诞生。而在众创空间正式提出之前，中国已经十分重视"互联网＋"创新创业的问题，积极探索创新创业的专业人才培养模式。众创空间作为核心要素发挥着巨大的作用，它承载着整个互联网的精神动力与智能保障。众创空间是线上线下、虚拟与现实产业完美融合的焦点。在"互联网＋"生态系统中，想要和谐有序地运转，必然以创客为主导，以众创空间为焦点和载体，这样才能提高创新创业的高效性、持续性。

国家已经推行政策建立了一批众创空间，加大"互联网＋"创新创业的普及力度，为创客提供良好的创新创业空间。众创空间的建立象征着创新创业的潜力将无限制地被挖掘出来，作为焦点生态要素，其作用将发挥到极致。

二、从众包到众筹

众包指的是企事业单位、机构乃至个人把过去由员工执行的工作任务，以自由自愿的形式外包给非特定的社会大众群体解决或承担的做法。众包的实质是消费者参与企业价值的创造和创新过程。在众包概念提出的当前，新时代的背景下，创新者主体性特征愈加明显，创新者主体的范围正在由专业人才的发掘转变为一种社会大众的普适性，消费者的身份不仅仅被局限于消费范围之内，亦可参与企业的价值创造。因为互联网时代就是以消费者为主体，以消费者在生活中的痛点为创新创业的切入点。所谓痛点，是指人们在现实的工作和生活中（或者顾客在使用产品或服务时）抱怨的、不满的、感到痛苦的接触点。在找到痛点的前提下，利用大数据分析，抓住时机。大数据思维指的是大数据时代中人们寻找创新机遇，最重要的是对数据"先知先觉"。

与此同时，中国也有众包的案例。如凯翼汽车集团宣布开启"众包造车"的项目，打造一款 A 级 Cross 车型。这种车型是汽车行业中首款采取众包造车并逐步实现量产的车型。"凯翼众包"是根据目标人群的需求，由凯翼汽车牵头发起，通过互联网思维，以客户需求为中心，激发社会大众的创意和灵感而打造的一场"众包造车"行动。①

此事件深刻地体现出众包在创新创业中贯穿的主线以及以消费者为核心的服务宗旨。一些企业还在互联网上搭建众包平台，使消费者亲身体验企业的操作流程以及创造过程，引导消费者提出完善的想法或者建议，以供企业借鉴，为日后企业的发展打

---

① 张杰夫. 互联网＋给教育带来五大革命性影响［J］. 人民教育，2015，（第13期）：72－75.

下一个扎实的基础。众包的产生让人体会到创新创业的新气象。我们也可以借机延伸出众筹。众筹是在众包的基础上演变而来的，也可以说是众包的升级版、强化版。

三、从众筹到众创

所谓众筹，是指大众通过互联网沟通并紧密联系，汇集资金支持由其他组织和个人发起的集体活动。创新创业者或中小型企业等项目发起人（筹资人）通过中介机构（众筹平台）审核身份后，在众筹平台的网站上建立属于自己的页面，用来向公众（出资人）介绍项目情况，并向公众募集小额资金或寻求其他物质支持。最初所筹的资金由众筹平台掌握，并不直接到筹资人手中。项目若在目标期限内达到募资金额，则项目筹资成功，所筹资金被众筹平台划拨到筹资人账户。等到项目成功实施后，筹资人将项目实施的物质或非物质成果反馈给出资人，众筹平台从所筹资金中抽取一定比例的服务费作为收益。如果在目标期限内未达到募资金额，所筹资金就会被众筹平台退回给出资人。项目发起人则需要开始新一轮的筹资活动或宣告筹资失败。众筹发源于美国，种类涵盖股权众筹、债券众筹、产品众筹和公益众筹等。后几种在国内已有了尝试。股权众筹已经有某些机构偷偷试水，但并未成气候。然而关于股权众筹监管的意见即将出台，创新创业也将迎来多元化的融资阶段。

当前的众筹平台不仅可以使创新创业的范围扩大，而且能使互联网企业与社会民众之间的联系愈加紧密，筹资活动的效率比往常更高，对象的网络一体化趋势也更为明显。如在一些众筹的网络平台中，家庭困难且孩子得了极度严重的疾病而无力承担医药费的事情比比皆是，但是以个人之力终究无法达到期望的结果，向社会求助只能通过媒体的渠道，但毕竟媒体有其自身的局限性，不可能方方面面都顾及，且筹款过程较为烦琐，信息的真实性也无法得到证实，曾经好多次曝光接收捐助的家庭拿着筹款治病的款项享受其他的物质生活，这即是筹款过程中的漏洞与缺憾。而网络众筹平台的建构，一方面促使筹款信息更加真实，准确性较高，另一方面手机互联网的普及使更多的人能看到求助信息，从而为那些弱势群体贡献出自己的一份力量。筹款的过程也更加精细，不需要耗费人力资源，只需要通过互联网、大数据、云计算、终端设备即可轻松便捷、省时高效地完成筹款的过程。但是，中国众筹的发展处在起步阶段，由于缺乏相关法律法规，众筹曾经一度徘徊于不合法的边缘。

国内知名视频网站乐视网牵手众筹网发起世界杯互联网体育季活动，并上线首个众筹项目——"我签 C 罗你做主"，只要在规定期限内，集齐 1 万人支持（每人投资 1 元），项目就宣告成功，乐视网就会签约 C 罗作为世界杯代言人。届时，所有支持者也会成为乐视网免费会员，并有机会参与一系列的后续活动。这可能是国内第一次用众筹方式邀请明星。

这次众筹项目的意义在于开创了企业利用众筹模式进行营销的先河。首先，利用了众筹模式潜在的用户调研功能。乐视网此次敢于发布签约 C 罗的项目，相信乐视网就早已准备好了要跟 C 罗签约世界杯，通过此次与众筹网联合，可以让乐视网在正式签约之前，进行一次用户调研。

其次，乐视网通过与众筹网的联合，给签约 C 罗代言世界杯活动进行了预热。乐视网充分利用了众筹潜在的社交和媒体属性，在世界杯还没到来的时候就做出了充分的预热。最后，乐视网可以接触此次活动拉动世界杯的收视，并且为正式签约 C 罗之后的活动积累到用户。

乐视网的这一创举一方面让众筹网越来越多地进入大家的视线，另一方面也给整个众筹行业起到了带动作用。但隐藏在活动背后，值得其他有相同想法的企业思考的是，通过众筹网，企业还可以怎么玩。这体现出众筹平台建立和完善的速度让人惊叹。这主要归功于互联网时代势不可当的前进趋势以及线上线下融合渗透日益频繁的互动性，这即是创新创业所体现出的一种新转变。

众创是指在现代互联网背景之下的一种新型创新模式，一方面，热爱创新的大众（创新者）基于由企业搭建的或者自发形成的互联网平台实施创新活动，并且通过互联网进行创新成果的展示或出售；另一方面，其他企业或个人（需求者）通过互联网搜寻和获取创新成果并加以利用。众创主要可以分为企业主导式众创和大众主导式众创。企业主导式众创是指大众在企业创新需求的主导下，识别机会并参与企业创新的过程。企业是创新的主导方和发起者。大众主导式众创是指在没有明确的创新需求的情况下，大众主动获取创新机会，实施创新和将其商业化的过程。大众创业、万众创新的提出更加标志着这种大众性平台延伸所带来的一系列连锁反应。新型模式的众创不仅使创新创业变得平民化，也将互联网的众创升华到了新的高度。众创在高校有卓越的优势，对于社会中的一些"创客"来讲也是施展创新才华的好机会。中国民间的创客团体正如雨后春笋般崛起，主要形成了以北京创客空间、深圳柴火、上海新车间为三大中心的创客生态圈。但是，众创空间在一定程度上不可能拥有所有互联网上用于共享的资源和服务的能力，必须要和第三方进行合作。所以在众创的前提下，合作共赢、生态共享就成了互联网时代中主客体之间的相处模式。

在高校的创新创业实践活动中，创客团体的建立更加具有大众性平台的特征。无论高校的创新创业主体是否有创新思维或者创业意识，只要他们有创新创业的热情，都可以加入高校的众创空间，因为每个独特的个体都是推动新时代发展的暗能量，并且在与创业团队的相处与磨合中发展自身，建立自己的创新创业生长系统，从而将大众性平台的优势发挥到极致。

四、从大学生创业园到大学科技园

大学生创业园即大学生创业孵化器，是高校建立或依托政府与企业建立的，为大学生提供创新创业指导和服务，是帮助大学生创新创业项目孵化的实践平台，是高校开展大学生创新创业教育和创新创业服务的重要载体及有效途径。国外大学生创业园源于20世纪50年代德国职业学校的"模拟公司"，它们通过模拟经济活动的环境，为大学生创新创业实践提供场所。21世纪初，我国第一个大学生创业园——西部大学生创业园在成都奠基。多年来，随着创新创业教育的不断推进，我国许多高校纷纷建立了大学生文化创意创业园、电子商务创业园和科技创业园等各种类型的大学生创业园。根据投资主体的不同，有高校独家经营型、学校企业合作型和学校政府共建型。如果说"创业计划大赛"是我国高校开展创新创业教育的模拟实践，那么设立大学生创业园是我国高校开展创新创业教育的落地实践。大学生创业园的建立，满足了大学生创业的实践需要，使原先的创新创业从"纸上谈兵"转入"真枪真刀"的实战。

但是，与我国高校创新创业教育的整体状况一样，大学生创业园也普遍存在功能定位不清楚、管理制度不完善、融资能力欠缺、科技水平不高、导师力量不足和孵化功能不强等问题。许多大学生创业园缺乏对创业政策的了解，并且没有市场经验丰富的管理队伍，没有专职的管理人员，而只是由学工线或就业线的教师兼任。许多大学生创业园除了减免场租和水电费外，缺乏支持资源来吸引大学生创业团队入驻。许多高校的大学生创业园建设还不成熟，有的变成了大学生集市，成为大学生练摊的场所；有的变成了大学生创新创业教育成果展示区，成为仅供参观的场所。应该说，加强大学生创业园的建设是高校推进创新创业教育的重要工作内容。

高校大学生创业园可采取"项目化入驻、企业化管理、市场化运作"的方式，建立科学规范的运营机制；可联合地方政府和企业在大学生创业园建立功能齐全的服务体系，为大学生创业团队提供集风险评估、融资对接、法律咨询、工商登记和财务管理等"一站式"的服务，提供注册、融资、贷款和纳税的绿色通道；要加强大学生创业园服务设施建设，让大学生创业园成为大学生创客云集地和创业大学生的加油站，发挥好孵化器、加速器的作用，将孵化成功的学生创业企业向社会众创空间、政府科技城和大学科技园转移；要加强创业文化建设，让大学生创业园成为更多高校展示创新创业典型、宣扬创新创业精神和传播创新创业文化的重要阵地。

大学科技园以大学为依托，将大学的综合智力资源优势与其他社会优势资源相结合，为高校科技成果转化、高新技术企业孵化、创新创业人才培养和产学研结合提供支撑的平台和服务的机构。20世纪30年代，美国斯坦福大学工学院院长弗雷得里克·特曼教授出资538美元资助两名研究生利特和帕卡德创立了"硅谷鼻祖"——惠普公司。20世纪50年代，美国斯坦福大学建立了世界上第一个大学科技园。受美国的影响，日本、法国、英国等国家也纷纷建立科技园区。20世纪80年代，东北工学院（现在的东北大学）在沈阳高新技术开发区建立了我国第一个大学科技园。21世纪初，国家科技部和教育部联合启动大学科技园建设，清华大学科技园、北京大学科技园等几十个不同类型的大学科技园成为首批国家级大学科技园。现在已认定的国家级大学科技园有百所之多。大学科技园在服务经济社会发展和创新型国家建设中发挥着重要作用，成为一流大学的重要标志之一。

国家科技部和教育部联合启动的大学科技园"高校学生科技创业实习基地"的建设工作。其初衷是为了应对国际金融危机对大学生就业的影响，落实以创业带动就业的指导精神，建立大学生创业孵化基地，并以此引导大学生投身创业实践。随着高校创新创业教育的开展，大学科技园逐渐成为大学生创新创业教育十分重要的教育平台和载体，在落实创业政策、培养教育师资、营造文化氛围和推进协同创新等方面发挥着重要的作用。

第五节　创新创业教育模式的创新

教育模式是对教育进行有效实践而采取的一种教育策略的集合体系，其特点主要是体现出一定的程序。高校创新创业教育模式从宏观角度来讲，主要指创新创业教育的工作体系构建。从微观角度来讲，主要指创新创业教育的课程设置、教学实施、师资组成和实践活动等方面。

一、创新创业教育模式的选择原则

虽然我国高校的创新创业教育起步较晚，对用什么方法开展大学生创新创业教育也有不同的理念，但各地高校围绕人才培养目标、任务，积极主动地实施创新创业教育，走出了各具特色的发展道路，也形成了许多共识。高校创新创业教育应遵循下列原则。

（一）全体性原则

创新创业教育不是局限于教有创新创业意愿的学生如何创办企业，它是以增强学生的创新精神、创业意识和创新创业能力为目标的教育。要牢固树立先进的创新创业教育理念，注重由单纯面向有创新创业意愿的学生向全体学生的转变。面向全体就是要做到创新创业教育全覆盖，针对全体学生开展课程教育和实践教学，将创新创业教育贯穿育人的全过程。

（二）主体性原则

人才培养是高校的首要任务，高校应营造以学生发展需求为导向，以学生利益为中心的人才培养环境。高校创新创业教育必须要考虑受教育主体的差异性，要根据学生的不同情况，结合专业，分层分类推进，既要做好面向全体学生的广普式教育，也要做好面向有创业潜质学生的精英化教育，通过个性化的创新创业教育充分调动学生的主动性、积极性和创造性。

（三）特色性原则

虽然每所高校在办学层次、办学水平和办学体制等方面不同，但每所高校都有办学定位、办学方向和办学特色的追求。创新创业教育也应结合高校的学科优势、专业特色和学生特点，走出一条特色发展之路。双一流高校创新创业教育重在加强科技创新能力，倡导创新引领下的创业；普通地方本科高校要与应用型人才培养相结合，以服务地方经济发展来实施创新创业教育；高职院校要结合职业教育，走出一条保障型创业之路。虽然学者对这三种类型的分类有不同的观点，但他们普遍认同高校要采取分类施教、因校制宜的创新创业教育模式。

总之，高校实施创新创业教育必须坚持面向全体、结合专业、分类推进的原则，走特色化、差异化发展之路，不能简单照搬照抄。

二、构建多方协同育人的工作体系

高校创新创业教育是一项系统工程，是高校提升人才培养质量的改革举措。高校需要通过各种途径构建多方协同育人的工作体系。

（一）加强校内外资源整合

高校内部要通过成立创业学院等方式建立专门的创新创业教育管理、科研和教学机构，协调校内不同部门和学院，统筹全校创新创业教育工作。浙江省几乎所有高校都成立了创业学院。创业学院成为高校推进创新创业教育工作的重要载体和途径，许多高校由校领导担任创业学院的院长，这样更加有利于加强校内力量的整合。创业学院的教育对象是全校学生。当前，高校创新创业教育还存在着师资力量、实践平台和扶植资金等不足的问题，还要高度重视加强与地方政府和企业等社会力量的合作。特别是地方高校，其主要任务是培养应用型人才，必须紧密结合地方经济社会发展的实际需求来设计和实施人才培养方案；要针对创新创业教育重在实践教育的特点，加强与地方政府、企业、社会组织和风险投资机构开展产学研合作，建立孵化基地和实践基地等创新创业平台。

（二）加强第一课堂和第二课堂的联动

高校创新创业教育第一课堂的重点是做好分层次的课程教学工作，抓好课程建设和教学模式改革，高校要根据创新创业型人才培养的要求，构建"必修+选修""通识平台课+嵌入式专业课+行业精英课"三层级、多向融合的创新创业教育课程体系，并将其纳入人才培养方案，实行学分制管理。具体来说，也就是高校要面向全校学生开设《创业教育》基础课程，激发学生的创新创业意识；结合专业教育开展"嵌入式"创新创业教育，培养学生的创新创业精神；面向创业实践的学生开设"创业精英班"，提升学生的创新创业实践能力。第二课堂的重点是打造创新创业教育实践平台、竞赛平台和孵化平台，强化对学生的创业实践训练，指导学生社团组织开展创业教育活动，组织学生参加"互联网＋"大学生创新创业大赛等各类竞赛。

（三）加强"双师型"教师队伍建设

"双师型"教师是指既具备理论教学素质又能进行实践教学的教师。教师是教学工作的主体，教师教学水平的高低是教学质量高低的决定因素。高校要建立一支专兼职相结合的创新创业教育教师队伍；要坚持"内培外训"，努力提升教师创新创业能力；依托教师教学发展中心实施创新创业导师培训项目，加强与企业的合作，实施中青年教师"入企、入园实践工程"，高校还要从政府、社会和企业聘请校外大学生创业导师，为创新创业教育的开展提供专业的指导。

三、职业教育与创业教育相融合

（一）职业教育的发展成就

职业教育是国民教育体系和人力资源开发的重要组成部分，是广大青年打开通往成功成才大门的重要途径，肩负着培养多样化人才、传承技术技能、促进就业创业的重要职责，一直受到党中央和国务院的高度重视。

职业教育大有可为，也应当大有作为。要着力提高人才培养质量，培养数以亿计的高素质劳动者和技术技能人才。职业教育要牢牢把握服务发展、促进就业的办学方向，深化体制机制改革，创新各层次各类型职业教育模式，要走校企结合、产教融合、突出实战和应用的办学路子，依托企业、贴近需求，建设和加强教学实训基地，打造具有鲜明职教特点、教练型的师资队伍。职业教育要把提高职业技能和培养职业精神高度融合，不仅要培养大批怀有一技之长的劳动者，而且要让受教育者牢固树立敬业守信、精益求精等职业精神，让千千万万拥有较强能力的人才进入劳动大军，使中国职业教育形成新优势，迈上新台阶。

作为教育投入的重点倾斜领域，职业教育获得了财政资金的全方位支持，促进了学校基础设施建设和教师素质提升，家庭困难学生也得到了及时资助。

"五个"对接（即专业设置与产业需求对接、课程内容与职业标准对接、教学过程与生产过程对接、毕业证书与职业资格证书对接、职业教育与终身学习对接）持续推进，职业教育办学特色更加彰显。中国梦宣传教育活动、"文明风采"竞赛、"劳模进职校"等活动促进了职业技能、职业精神的培养和融合。

在产教结合、校企合作的快速推进下，高校毕业生技能迅速提升，企业也获得了高素质人才。每年一度的高校职业技能大赛成为促进校企合作的平台、职教成果展示和国际交流的窗口，每年都有几十个国家和地区组团参与。在全国各地，促进校企合作的地方性法规或文件纷纷出台。多地通过以奖代补、购买服务等方式，支持校企共建技术工艺和产品开发中心、技能大师工作室等，推动技术技能的积累。

一个完善的职业教育体系不仅改变了我国工人的技能含量，也让学生的就业创业之路更为通畅。全国高校基本遍及每个地级市，使更多青年实现了在家门口上大学。高校毕业生就业质量持续提高。

在我国制造业升级过程中，相关领域内的企业对于人才的培训教育将会越来越重视，这就势必要求培训教育业先行发展。

（二）职业教育和创业教育融合发展之路

1. 职业教育具有培养创业人才的先天优势

第一，职业教育注重应用型技术人才的培养。创业不是纸上谈兵，而是提供实实在在的产品或服务，并且被市场接受，这就要求创业者具有专业的技术水平和丰富的实践经验。职业教育以专业技术、技能的培养为主，基础文化知识的教育为辅，更加注重学生的实践技能和实际工作能力，这与对创业者的素质要求不谋而合。

第二，职业教育与企业的联系密切。应用技术的学习、实践能力的培养不能脱离市场的需求，因此职业教育紧跟当地产业的发展，校企合作频繁密切。职业教育的专家为企业员工提供培训和技术指导，企业为学校提供实验场所、实习基地，双方形成双赢的合作关系。这样的模式让学生真正走进企业，学习前沿的技术、了解市场的需求，为创新、创业打下一定的基础。

第三，职业教育的教师有企业工作或实习的经验。职业教育要求教师不仅要有理论知识，还要有较强的实践能力，部分教师曾在企业从业多年，是某个领域的专家。职业教育要求教师必须每年深入企业学习，其实践经历和经验能为学生创业实践或创业活动学习提供可靠指导。

第四，职业教育下的学生创业意愿较强。经过职业教育的学生具有更强烈的创业意识，这为高校培养创业人才提供了先天的有利条件。

2. 职业教育对接大众创业的不足

在国家政策的指导和支持下，部分院校迅速投入到"大众创业、万众创新"的实施中，举办各类创业讲座、比赛等。但整体来讲，高校的创业教育仍流于粗放，缺乏合理、有序的创业生态系统。

第一，缺乏完整的创业课程体系。当前创业课程存在三种情形：认为创业课程可有可无，将创业课程融入就业指导课或思想教育课中，对创业教育完全不重视；将创业课程定位为大众素质教育课程，即强调学生的创新创业的意识和精神的培养，忽视了与专业学科教育的紧密结合，导致创业课程停留在创业理论层面，缺乏对创业实践的指导；主要对少数有创业意识和创业行动的同学提供培训与指导，而且创业教育所需的师资力量不足。由于部分院校对创业教育的重视程度不够，导致创业教育处于边缘地带，即使学校非常重视创业教育，现实的师资也不能满足创业教育的需要。学校的部分教师有企业从业经验，但是大多缺乏创业经验，从而在教授创业课程、指导创业实践时显得力不从心。

第二，创业服务水平不足。有些高校并没有专门的创业指导部门，创业活动多为学生自发行为而没有得到学校的帮助和扶持，导致大量创业没能渡过"孵化期"。有些对创业活动的支持力度不够，没有或仅有少量的资金、场所支持；创业活动的开展形式有限，举办创业大赛等简单形式居多，实际的创业活动较少。

高校促进创业是一项系统工程，需要成立专业的创业指导部门进行总体规划和协调，从而建立完整的创业生态体系。

（三）实施职业教育创业教育的途径

1. 更新职业教育的办学观念

更新职业教育观念，全面推进素质教育，是当前职业教育改革的重中之重。只有从思想上解决对创业教育认识不够的问题，才能高度重视创业教育。应对教育价值观和人才观有新的认识，以往人们认为教育主要具有为社会输送合格人才的社会功能，而现在人们已逐渐认识到教育还具备适应人的发展需求的功能。因此，教育除了按社会需求有目的、有计划地将大学生培养成各类人才外，还应使大学生在德、智、体、美、劳诸方面得到和谐的发展。

创业教育的特点是因人制宜，尊重人的个性，从实际出发为学生提供充分发展的机遇，在创业教育中树立全面地教育价值观有助于创业教育的实施。人才观是指对人才知识、能力、素质的评价，其核心是人才评价标准。过去，高校通常以学习成绩作为考核学生的主要依据，而实践证明，以考试分数作为主要指标的人才评价体系，不仅从理论上不尽科学，而且在实际操作中亦存在片面性。学校教育往往重理论、轻实践，教育与生产实际存在着一定的脱节。创业教育注重理论与实践相结合，更多地从实际出发，倡导以实际业绩与社会效果为主的人才评价体系。所以，树立科学的人才观有利于创业教育的开展。

2. 积极推行岗位职业资格证书制度

随着我国改革开放的不断深入，国民经济正逐步从劳动密集型向技术密集型转化，经济体制转轨、产业结构调整和高新技术发展的步伐也在加快。因此，必须加快职业教育中对学生的专业技术及技能的培养，通过开展职业技能培训和职业资格鉴定，进一步拓宽学生的职业技能基础，强化职业素质教育，适应社会发展和市场变化的需要，提高学生的技术开发、创新与应用能力，促进生产与技术创新同步发展，促进我国经济的可持续发展。

我国应积极推行职业教育学生的职业资格准入制度。所谓准入制就是让学生在进入社会前接受职业培训，掌握操作技能和要领，由国家以职业资格准入（预备）证的形式予以确认。随着社会的发展和劳动力市场的客观导向，目前存在的单纯强调学历文凭的观念将逐步改变，而学历、技能并重的观念会逐渐被社会认可。

因此，在创业教育中积极推行大学生职业资格证书制度，实行学历证书与职业资格证书并重的制度，是培养创业型人才的重要举措。职业资格证书制度将对完善人才的知识—能力结构的评价起到日益重要的作用，它正成为现代社会规范专业人才、劳动者职业行为的标准，同时也将成为规范和评价教育与教学是否适应经济、社会及市场发展的重要尺度。由于产业结构的变化及新行业、新工种的不断涌现，社会对专业技术人才的培养提出了新的要求，这必将促使专业结构亦随之调整。所以，应将行业科技发展前沿的新知识、新技术和职业技能的有关培训等及时纳入大学生专业技术教学计划，使之更符合行业、企业的实际需要。高校实行职业资格证书制度，可在政府劳动和社会保障部门的统筹与领导下，由职业资格鉴定机构、职业技能培训机构、高校和社会共同参与，通过试点后全面展开。

3. 加强学生社会实践，组织学生挂职锻炼

社会实践是大学生知识深化和能力强化的实践基地，对拓宽专业口径和就业渠道，适应社会需求具有积极的作用。学校应有目的、有计划地组织学生参加社会实践，如参与工程项目、商务促销、社区服务、结对扶贫、模拟创业等形式的锻炼，对原有的专业实习的定向范围进行全方位的扩充，使他们将在学校学到的书本知识和实验技能切实地运用到实际中去，进而增强创业的真本领、硬功夫。因此，学校应建立一批社会实践基地，为大学生的创业实践提供训练和演习的场地，并可将毕业设计或研究课题与实际项目结合起来，这样既能培养学生的创新与应用能力，又可为社会提供优秀人才。

4. 导入创业教育，培育学生创业能力和素质

创业教育单凭少数学生自我培养和自我实践锻炼，缺乏一定的科学指导，是难以形成职业教育中学生自主创业的规模和气候，并朝正确的方向健康发展的。因此，学校除了举办阶段性、局部性的创业大赛外，还应导入创业教育，培育大学生的创业能力和品质。

与创业有关的知识和能力主要有：创新知识与能力，包括创造性思维、创造技法、发明与革新、适应与求变等；决策知识与能力，包括信息获取、情报检索、预测决策、反馈调节等；经营管理知识与能力，包括领导科学、组织管理、市场营销、电子商务等；社会活动知识与能力，包括人际交往、合作共事、公共关系、社情民意调查分

析等。

与创业有关的道德和品质主要有：思想品质，包括理想与抱负、事业心、奋斗精神、开拓精神、奉献精神、悟性和洞察力等；心理素质，包括意志与毅力、兴趣与爱好、自信心、钻研精神、心理承受能力等。此外，可采用创业案例进行教学，因为创业案例能够体现出成功创业者的创业方法、过程和规律等，并能够充分表现出他们的创业精神，所以其教育效果更直观、生动，更能启发创业者的思路、拓宽创业者的视野。

5. 政府政策扶持，社会各方参与

只有政策积极扶持，社会大力支持大学生的创业教育，才能优化创业教育的环境，确保创业教育的顺利进行。因此，政府、社会、企业和院校应共同努力，为学生创业教育积极创造有利条件。

从政府、社会和企业的角度出发，首先，政府要鼓励毕业生独立创办或与他人合伙创办小企业，在有关政策方面予以支持，如在户口、档案、土地使用权等方面给予帮扶。其次，政府有关部门及企业应对大学生的创业给予资金扶持，如按照国际惯例给予他们风险投资基金，与其共谋发展，支持他们的创业实践和事业发展。政府的支持、社会的关心和企业的支持将为学生创业教育创造良好的环境与氛围。

从学校的角度出发，首先，学校应制定相关政策引导并鼓励学生多开展创业方面的思考与实践，如设立创造发明成果奖、实行学分制、允许学生停学或休学办企业、给予校内企业的政策优惠等。其次，学校应建立大学科技园，形成知识、技术、智力、资金的密集场所，使其成为高科技成果的孵化器和高科技产业的发源地。大学科技园既是学生创业教育的课堂，又是创业实践的基地，是将创业教育转化为创业实践并检验其效果的广阔舞台。若能在科技园区设立配套的风险投资基金，必定会更有效地促进创业教育的发展。

21世纪创业教育在我国的教育发展中任重道远，这一新生事物还需要我们进一步研究、探索、实践和不断完善。

第五章 创业型大学的构建与实现探索

第一节 创新创业教育改革的长效机制

一、创新创业教育的动力激发机制

创新创业教育的动力决定了机制建设的结构和相互关系，以及期间发生的各种变化。尤其是在作用主体和外部条件改变促使的内部相关结构的变化，是创新创业教育机制运转的动力，也是创新创业教育机制建设的实质要件，具有指引性、基础性功能，对创新创业教育推进机制有决定性意义。

（一）创新创业教育的内生动力激发机制

从整个人类的进化过程来看，人总是自觉按照追求自由的方向前进的，正是人类对自身的不断要求，通过不断地改造世界和自我，造就了色彩斑斓的世界。按照认识论的观点，主观主义强调认知是一个创造过程，是个体在自己特定的经验基础上与环境相互作用建构出来的主观产物，具有个人性、情境性、动态性等特征。自觉参与创新是人的本性。随着工业革命对人类体力劳动的释放，尤其是信息时代对人自由本性的释放，创新的速度前所未有。追求自由的本性也在新一代学习者中得到充分印证，他们渴望更少的束缚，更多的人渴望通过自主创新创业，实现思想和行为上的自由。

在创新创业教育推进机制中，要实现学习者主动参与到创新创业教育中来，理解创新创业对国家、社会和个人的重要意义，首先要激发学习者参与创新创业的积极性。其次，学习者在参与创新创业教育的过程中，需要将内在的创造激情转化为学习动力。创新创业动力只是初始的兴趣，但初始的兴趣不能保证学习者的持续参与，因而更多地需要从内生的自我情感驱动下，对个人化现象、多元化对象和创新创业的价值进行有意识地引导，将兴趣转化为改变世界、改变社会、改变自我的价值支持和终极意义感。当然，这种价值支持和终极意义感很难通过特定的教育内容来激发。借用杜威的思想，教育者需要提供一种让兴趣"不期而至"的环境。一般来说，广泛的兴趣、扎实的基础、丰富的经历、持续的好奇心是创新创业的基础。因此，创新创业参与的热情，需要从通识教育、校园文化和专业价值指向等方面着手，营造能激发学习者参与创新创业兴趣的环境，进而主动寻求创新创业教育作为自身构建创新创业能力的支撑，将被动变为主动。

（二）创新创业教育的外生动力激发机制

如果说学习者自主参与创新创业教育的动力是主观的，那么创新创业教育的外生动力则是客观的。这种客观性主要体现在以下方面：

第一，学习型社会的客观需求。可以将社会形态分为生产型社会、服务型社会和学习型社会。生产型社会是指社会靠生产驱动，全力生产仅能满足基本生活需求的社会形态；服务型社会是指少量人从事生产即可满足社会物质需求，服务消费成为主流的社会形态；学习型社会是指科技成为第一生产力，自主创新成为社会主流的社会形态。按照这种形态划分，我国正处于服务型社会，并向学习型社会迈进。要实现社会转型，需要提升自身的创新能力。

第二，国家政策对创新创业体系构建的要求。国家结合现行创新创业教育体系的弊病，密集发布相关文件，提出一揽子政策。可以说，培育创新精神，提升创业能力，推动"大众创新、万众创业"势态的形成，这种要求蕴含了教育体系重塑人才培养的理念、方式和评价机制，将创新创业教育的推进由以往的"特色打造"向"日常规范"转变。

第三，家长对人才培养观念的转变。新中国成立初期，进入党、军、政系统被认为是成才的标志；改革开放以来，进入跨国企业成为家长对孩子的理想要求，进入跨国企业会满足价值的愿望；近年来，更多家长渴望自家孩子能独立自主，并理解和鼓励孩子自主参与创新创业。在高等教育大众化的今天，学校由原来的"卖方市场"向"买方市场"转变，满足家长对教育的诉求成为获取社会资源和政府资源的关键，这也是学校推进创新创业教育的动力。因此，建立多元利益主体的沟通渠道，将社会需求、国家需要和家长价值理念变化结合起来，促进创新创业教育推进的外在动力机制发挥作用，是推进创新创业教育的关键。

二、创新创业教育的过程形成机制

创新创业的意识和能力并不会随社会变化、国家政策诉求、家长观念和学习者自我驱动进入学校教育系统，而是受到多种机制的制约，尤其是要改变创新创业教育本身的形成机制才能发挥明显作用。要在学校系统中推进创新创业教育，需要创新创业本身形成相关的机制共同作用和相互协同，保障创新创业教育过程的落实。

（一）创新创业意识的嵌入机制

创新创业意识的嵌入机制实际上是创新创业教育实现的形式机制，其目标是在创新创业教育过程中嵌入对创新创业的意识。对于教师来说，是关注对学生创新创业教育意识的培养，对于学生来说，是自身参与创新创业学习、体验、实践的意识。

"嵌入"最初是一个生物学术语，指的是放线菌素将分子插入并结合到 DNA 链的碱基对中，引发 DNA 的变性从而改变物种的形态，后作为社会学词汇被广泛使用，意为外部异质元素进入内部体制，引发了社会结构的变化。按照格兰诺维特的观点，嵌入可以划分为关系嵌入和结构嵌入，其方式是信任、文化和声誉。嵌入机制是指将创新创业意识通过关系嵌入和结构嵌入的办法，进入学校教育体系，使学校原有文化环境发展转变的机制。

关系嵌入是指将政府权力和政策指引，以及学校组织变革和专家学者对创新创业能力培养的意识通过政策指挥棒、组织机构作用力和研究机构理论支撑力传递到教育体系，并逐步改变原有人才培养意识的过程。比如在政策指引下，教师和学生关注创新创业现象，并尝试纳入自身思考和知识结构，就实现了意识在头脑中的初步植入。

结构嵌入是指创新创业意识通过设立特定的课程、组织机构、教学方法和评价方法，引起学校空间变化和内容变化的办法。如在人才培养方案中嵌入专业导论课、跨专业创新课、概观类选修课、创新创业能力培育课、专业课，融入创新创业的内容等；也包括在学校设立"众创空间"等创业平台，加入指导学习者创新创业的"导师"，为学习者创新创业提供平台支持，引发学习者创新创业意识的形成等组织上的嵌入；同样也包括让学习者深度体验工作全过程、参与工作实践等涉及创业实践行为的实训教学方法等方面的嵌入。这种通过新机构的设立、新人员的加入、新内容新方法的介入以完成与原有文化对接和整合的方式，是促进创新创业意识在教育中嵌入的机制。

（二）创新创业内容的生成机制

新元素嵌入教育系统之后，需要与创新创业教育进行整合，形成内容载体，从而整合成新的内容形态。按照文化模式论的观点，一种文化是一套内部要素相互关联的价值母体，是一套理解和组织人们活动的方式。这种文化通过价值母体来整合外来文化。循此理路，创新创业内容的生成是依托现有关联的"价值母体"而来的，通过现有教育体系融入创新创业的内容，实现基于创新创业的整合，使之不颠覆原有教育体系的框架。从现实意义上来讲，普遍意义上的创新创业内容固然重要，但立足于专业成长，满足社会发展的支撑人才是学校人才培养的首要目标。因此，创新创业内容的生成应该是以嵌入为标志、以整合为手段的内容载体。那么，创新创业内容又以怎样的生成机制作为运作的保障呢？

　　首先，要明确创新创业的范畴。创新概念的范畴涵盖了社会技术的、组织的、方法的、系统的变革及其价值实现全过程，创业更是推动创新和推动创业实践的动态组合，是创新精神、意识和能力转化为创业实践的过程，以及对时机的把握和对社会资源的整合。这就要求我们将创新创业教育从组建公司等实践范畴中解脱出来，将创新创业教育的构建定位为更为宏观和系统性的创新创业能力培育，如创造性和远见能力。创造性的培养在于培养学习者广博的视野、专业的知识以及跨界知识，远见能力是对社会和业界发展趋势的把握能力。同时，创新创业的核心不仅是技术上的发明，更是将技术发明转化为经济生活中具有现实价值物质或者是服务方式与存在形态的能力，这需要在各种不确定性的环境中寻求机会的能力，并引领更多的追随者进入创新创业领域，建立相应的生态，扩大创新创业产品所指向的市场范围，这需要领导力、洞察力等能力的融合。在实现这个过程的同时，失败是难以避免的，适当的抗压能力和强大的反思能力是创新创业教育的组成部分，而不是千篇一律的"创新创业"。

　　其次，要明确创新创业教育的目标。明确了创新创业教育的范畴，其内容范围还需要建立在特定的目标之下。目的性是人类实践的根本特性，教育目标是教育过程中对人的质量和规则的把握。创新创业教育的首要目的是使学习者深刻理解他们所生活的世界，并培养整合可以利用的资源，利用自身知识技能改变世界的意识。同时，创新创业教育是实现具有实践性、个体性、多样化的人才培养愿景的方式。

　　再次，要形成创新创业教育内容的生成机制。创业教育起源于商学院和工程相关的学院，但商业运作模式和技术与工艺并不是创新创业内容的全部，文化、价值观、政策和个体行为在创新创业教育中有着复杂的触动点和作用机理，体现为对世界消费趋势的把握、人类行为的复杂性认知和数据挖掘、计算与建模处理方式以及对事态发展的把控能力。因此，创新创业教育的内容不应该只是知识内容，更多的是与想象力、洞察力、创造力和实践能力的把握，是对事物新形态的探索及对不确定性情境的调适。从创新创业教育的经验来看，创新创业教育没有一个放之四海而皆准的"真理"模式，同样也没有固定的内容。一般来说，设置专门的通识教育和在专业教育中融合创新创业的内容是创新创业内容的大致组成成分，但也没有特定的标准。唯一需要肯定的是，学生需要一种动态的、有效的、更容易被接受的方式来促进创新创业教育的实施，如跨学科的整合知识、核心文化价值在人类行为中的释放、依托任务的创业技术与方法等，这些需要建立在不同层次、不同风格学习者个体上并在此基础上建立与之相符合的教育内容。

三、创新创业教育的保障与反馈机制

（一）创新创业教育的保障机制

保障机制是指通过对组织开展某类行为提供主体之外的以确保主体行为顺利推进的相关方法、物质条件以及其他外围环境。在创新创业教育的推进机制中，其主要的保障来源是为创新创业教育提供相应的场地、资金保障，为参与创新创业的人群提供灵活的学习制度保障，为创新创业行为提供良好的外部环境保障。

1. 场地、资金保障

在学生群体的创新创业行为中，学生有大量贴近实践的想法，部分学生掌握了相应的技术，具备了创新创业实践的一些重要条件，是学生创新创业的核心竞争力。但大部分学生在获取创新创业资金和场地时会遇到各种问题，为学习者的创新创业实践提供场地和起步资金是促使其参与创新创业学习和实践的有效办法，如为学习过程提供足够的实验耗材，为进入创新创业孵化平台的创新创业群体提供办公室、无线网络和办公设备等基础条件，这对创新创业能起到实际的支持作用。

2. 学习制度保障

在学生群体的创新创业能力培育中，跨界创新创业往往比基于专业的创新创业更能产生成果，提供跨专业学习和灵活的转专业制度，为学生自身设立的创新创业目标提供制度上的便利是促进学生参与创新创业行为的良好机制。发生在"众创空间"的创新创业行为，更是需要弹性的学习指导支持，如参与创新创业实践必然会牺牲部分正常的上课时间，而参与慕课（MOOC）等在线学习替代课堂教学是一种有效的方法。对关键时间节点的创新创业共同体，给予其弹性学制、灵活休学制度，也是非常有必要的制度保障。

3. 外部环境保障

外部环境保障是指在创新创业过程中，通过与工商行政管理部门的有效沟通和提供相应的政策支持等外围环境的支持与保障，促使创新创业者能按照自身的目标开展创新创业行为。在创新创业过程中，不可避免地需要与工商和税务等部门发生关系，所以提供相应的支持，能显著降低创新创业的难度，促使创新创业者在初期将精力集中在创新创业行为上。

除此之外，给予参与创新创业行为的学习者利用学校实训室、实验室、学校网站等的便利也是保障创新创业教育顺利推进的有利条件。

（二）创新创业教育实践的反馈机制

推进机制的魅力在于目标与系统之间的相互联系，但创新创业教育的实效，并不

是按照特定路径推进的有序行为，根据实践情况不断进行反馈与反思，是促进创新创业实践走向更高层次的有效办法。

1. 聚焦于结果的反馈

聚焦于结果是创新创业教育实践的第一步，是检测创新创业行为是否符合学习者需求和社会真实创业环境的手段，评价创新创业教育实践的实现程度是对学习者、学校、家长和社会负责任的态度与行为，同时也是判断创新创业教育是否有效的客观标准。在创新创业教育的成效中，学生在创新创业知识构建和行为体验中的成长，教师在支持创新创业行为中的充分发挥，学校体制机制在支持创新创业教育中的变革以及建立在创新创业实效上的学校发展声誉和育人质量的提升以及培养理念的多元化，都是创新创业实践的效果，能促进行为主体立足于自我，从思想上、观念上、信条上进行反思。

2. 基于大数据的驱动

由于数据存储技术的发展，收集、管理和分析数据能力加强，大数据受到普遍重视。在创新创业教育体系的推进中，大数据可以勾勒出完整的状况，学校只需要做好寻找、开发、收集数据的工具，即分析哪些数据对改善创新创业教育有实质性、显著性、关键性的作用，数据形成的支撑是什么；建立基于数据的评估体系，即评估哪些是推进创新创业的有效行为，如何评价它；基于数据评估的资源分配，即在实施数据评价之后，利用资源调配来改善创新创业教育的机制体制问题，促使创新创业教育不断提升实效和层次。

3. 基于胜利的庆祝

庆祝胜利是对创新创业教育推进阶段性成果和实质性进步的仪式，是一种对能力巩固的行为，也是一种放松的机会，对于稳固信息、扩大影响、凝聚智慧和资源具有积极意义。真正的创新创业实践是蕴含复杂性、模糊性、不稳定性、独特性的实践行为，具有现实的难度，在创新创业过程中的艰辛不参与不得而知；在创新创业教育的实施过程中，教师们超常规教学的辛酸不参与不得而知；学校管理者通过自身努力调适各种制度，沟通各种障碍的努力不参与不得而知。在取得一定胜利甚至是阶段性成效后，对学习者、教师和教育管理者进行一定的基于胜利的庆祝很有必要。因此，只要相关数据显示出创新创业教育上的某些进步，某些典型事例的出现，都可以通过庆祝胜利将身份激励、效果激励和学校创新创业教育的发展目标以及发展创新创业教育体系的价值联系起来，用一种非常富有人情味的方式宣告创新创业教育的效果，对其他机制的作用成效也会起到促进作用。

4. 反思失败的变革

变革是一种与自身文化进行较量的过程，其目的是推倒原有的系统重新进行顶层设计。在面向不确定性的创新创业教育体系构建中，无效的做法或是低效的体系都是不能容忍的，因为创新型社会的变革需要人才创新能力强有力的支持。而在创新创业教育的推进过程中，会因为各种现实原因而造成推进机制的失效。因此，教育工作者必须勇于承担失败的责任并在失败经验的基础上去变革创新创业教育体系，清理残存的低效做法，选择、整合已有的先进经验，进行文化重构、结构重构和行为重构，不断完善和升级机制，以适应创新创业的社会需求。

经过多年的探索，我国创新创业教育推进机制实际上积累了很多经验和成功典范，对动力激发机制、内容生成机制等机制都有很多探索，但整体而言，创新创业教育游离于普通教育系统之外的现实值得我们深思。创新创业教育推进机制建设首先需要进行思想意识重塑，同时要适应创新创业教育的制度框架革新和文化环境重塑；建立适应创新创业教育推进的保障体系，建立起内源性和外源性的立体推进机制，将"大众创业、万众创新"的理念和能力深入到校园的每一个人，只有创新深入每个人内在的灵魂，才能支撑起祖国繁荣富强的理想。

第二节　应用型本科大学转型创业型大学的模式

一、创业型大学的形成

20世纪后期，一些研究型大学利用自己的知识技术创新成果，吸引外部资金开发新产业，加速研究成果的转化，为产业和社会发展服务，使大学从次要的社会支撑机构转变为经济与社会发展的动力站。这些勇于冒险、富于创新的研究型大学被人们称为"Entrepreneurial University"，即创业型大学。创业型大学是指高校在不断变化的形势下采取一些企业的运作方式，展示出市场化的行为，特别是对外部资金的竞争。

创业型大学具有强烈的创业精神和丰富的创新研究成果，与传统大学相比，创业型大学具有更强的科研实力、更高的团队合作精神、更大的应对外界环境变化和资源获取的能力，教学与研究更注重面向实际问题和更为有效的知识转移运作机制。它们与政府和企业有着十分紧密的联系，更直接地参与研究成果商业化活动，是推动经济与社会发展的不竭动力。

二、创业型大学的发展动因

（一）政府、市场和大学三方力量的共同作用

政府的政策变迁尤其是拨款和研发政策的改变，是创业型大学产生的外部推动因素。以生产率、市场化、服务和分权等价值理念为主导的新公共管理运动，推动政府更倾向于通过市场化、竞争性的手段配置对大学的财政性资助，要求大学对经济发展承担相应的绩效责任。而大学要在更加市场化的环境中通过竞争获取办学资源，必须更好地去回应政府、社会和市场的需求，改革本科及研究生教育的课程，吸引最优秀的教师和研究者，争取更多的资助。根据资源依赖理论，正是这种政府对高等教育资助模式的改变和大学对资源路径的依赖，促进了创业型大学的产生与发展。政府所制定的一系列政策，鼓励大学加入研究成果转化的进程中，促使大学与工业企业建立更加紧密而有效的联系，从而更加直接地将大学纳入向创业型大学发展的轨道。由于高等教育中的市场概念通常用市场的要素——"竞争"来表述，"声誉"则是衡量竞争结果的关键因素。声誉是在一个非货币市场运作的通货。声誉是通过良好的绩效产生的，而且可以变为真正的资源，因为正是那些具有良好声誉的院校，能获得最多的资源和最好的职业，因此大学有追求声誉最大化的强烈愿望。当创业型大学成为政府和社会的正向价值取向时，大学会适应这一需求去获得政府和社会的认可，从而获得更大的社会声誉和社会资源，最终使自身摆脱窘况、困境甚至被边缘化的命运。正是在政府、市场和大学三方力量的共同作用下，创业型大学得以产生和发展。

（二）大学职能变迁的驱动

高等教育的历史，很多是由内部逻辑和外部压力的对抗谱写的。大学在遵循内在发展逻辑时必须适当回应外部社会不断发展的要求，在这种回应过程中，现代大学的职能不断拓展，社会服务的职能应运而生且内涵不断丰富。办学理念的拓展和职能的变迁成为创业型大学生成的内在驱动力。随着知识经济和全球化时代的到来，一些大学迅速做出调整来适应外部政治、经济环境的变化，将大学直接为经济发展服务的职能纳入社会服务职能中，进一步拓展了大学社会服务的内涵，并最终推动了创业型大学的形成。研究型大学主要是平衡教学与科研的关系，创业型大学则增加了经济发展的任务，因而需要在三个学术使命之间保持一种创造性的张力。大学职能的拓展必然会导致新旧办学理念的冲突，其解决方式最终导致新的大学模式的产生。麻省理工学院、斯坦福大学等将促进经济和社会发展的使命与教学、科研使命结合起来，并有效地平衡教学、科研和服务三者之间的关系，使之在保持合理张力时，直接催生了创业型大学这一新模式。这里需要强调的是，即便是创业型大学，它们为经济和社会提供

服务仍然是有疆界的。

（三）大学内部权力的有效制衡

大学内部创业型组织的成长还受到大学自身发展逻辑的制约。从创业型大学的动力源自两个层面：大学自上而下的资源控制能力和组织变革能力，以及由此所激发的自下而上的知识创新活力和技术转移、扩散能力。创业型大学在很大程度上需要大学的学术权力和行政权力达到一种适度平衡，需要管理文化和院系文化实现有机融合。

总体上，行政权力既要受到外部因素的规范，又要受到学术自由原则的严格限定并为其服务。因此，经典的研究型大学要向创新、创业发展，就必须有所变通、有所革新。行政权力需要在服从并服务于学术权力前提下，通过回应政府和市场需求，有效地整合创业文化和学术文化，有效地对资源进行配置，有效地对组织实施变革，实现促进经济与社会发展的所谓"第三使命"。在很多研究型大学内部，行政权力与学术权力形成了一套较为有效的制衡机制，再加上有较为成熟的市场经济运行体制和机制，因此很多大学在坚持理论原创和知识原创的学术使命的同时，也能够合理运用行政权力并借助市场机制促进知识和技术的开发、利用及转移，实现科技成果的转化，形成真正意义上的创业型大学。

创业型大学内部的职能变迁和对经济发展的推动作用在某种程度上证明了大学的灵活性与适应环境的能力，证明了适度的有选择的创业活动对于大学和社会来说是一种双赢的行为。从创业型大学的生成与发展进程可以看出：创业型大学必须坚持学术核心价值，必须将获取社会资源、提升社会声誉、实现自身发展与推动地方经济发展、促进社会进步紧密结合起来，要通过不断拓展和丰富社会服务的内涵，变革与创新大学组织机构，融合学术文化和创业文化，大力培养创业型人才，最终在知识传递与创新、科学研究和技术转移之间实现良好互动和有效平衡。

三、创业型大学的特征

基于不同国家的国情和大学的发展程度，创业型大学的形式也不尽相同，但其呈现出的特性可归纳为六个主要方面：第一，创业和创新密不可分，由于研究型大学是知识创新的主要场所，因此创业型大学以研究型大学为基础并作为其发展趋势而存在；第二，创业型大学的科研活动往往以现实为导向，课题常常以项目的形式出现，由不同学科部门互相协作完成；第三，创业型大学不仅具备较强的知识创新能力，而且能够通过完善的技术转移机制，将有价值的成果转移到生产部门，由此形成多形式的产学研结合的运行机制；第四，为了保证知识转移过程中发明者的利益，国家和创业型大学还纷纷制定了专利政策；第五，由于具有极强的经营能力，创业型大学的收入来源多样化，并且第三渠道的资金比重较大；第六，创业型大学的教师和学生对"知识成果转化或大学加强与企业的联系"都抱有普遍接受的态度，进而以一种更为积极的方式参与其中，最终形成大学中"学术和创业共存"的创业文化。

创业型大学的快速发展得益于知识经济提供的机遇和挑战，当一些国家意识到创业型大学作为部分大学变革趋势存在的时候，创业型大学已经开始在全世界传播，很多国家的创业型大学已纷纷兴起，并形成了共同的"创业"格局。

第三节　创业型大学的组织建设

一、创业型大学的组织制度特征

创业型大学在组织结构上具有扁平化、虚拟化、中介化的特征。它打破了传统的科层制、事业部制的大学组织架构模式，削减了大学组织层次，规范了学院建制，强调学科建设，合并大学组织中职能重叠的部门以及实效性较小的部门；同时基于信息网络技术，精简学校管理层次，利用项目组、课题组、科研团队、创业团队等形式建立跨院系的虚拟组织，加强学者们的沟通，学科间的交流；此外，在进行技术推广、产品专利转让的过程中，在学校内部设立由技术转移办公室和一些技术咨询、评估和交易机构组成的知识转移服务中介机构。在学校外部则由社会自发形成的或者在政府指导下成立的技术转移与科研成果转化中介服务组织，为高校和企业提供信息交流与技术转移的平台，搭建联系政府、高校、企业，反映社会需求的纽带与桥梁。

（一）创业型大学的组织制度特征

第一，组织目标的经济性。与传统的大学相区别，创业型大学在秉持教书育人和科学研究的基本目标不变的情况下，通过更新理念、开创渠道、搭建平台，使专利付费转让，信息有偿使用，知识资本化运作，实现了学校内部各利益主体的价值期待和政府、企业、社会对大学的利益诉求。但在这种带有明显利益追求倾向的目标导向下，创业型大学也强调教学、科研、创业三者的相辅相成，反对过分迎合市场需要，丧失大学自身自主性和独立性。它通过教学传播和扩散知识，为创业提供创业文化氛围和创业人才的储备；利用科研实现知识的创新，为创业打好理论和技术的基础，借助创业实现知识的应用。基于实现利益前提下的大学组织目标，使得大学组织在运行中利用市场化的方式让知识实现其内在价值，创造现实利益，反过来大学通过获得的实体所得和虚拟利益推动教学研究的继续开展，为科研工作提供新的动力。

第二，组织职能的服务性。创业型大学的内部机构职能的设置与实施，不仅仅是维持学校的正常运行，而且把服务学生、服务老师、服务科研人员作为工作的重点，支持各个创业主体的创业活动。通过克服本身的官僚化倾向，尊重学术发展的开放、自由之特点，在决策过程中充分吸纳和借鉴科研工作者的建议，为创业活动提供充足的空间。另一方面，创业型大学利用知识转移服务中介机构，改造和提升大学第三功能"社会服务"形式与内容，帮助大学各个创业主体的个别行为，为其提供技术转让、产品市场化的信息与渠道，以服务求支持，以贡献谋发展，在与地方政府、企业部门、研究机构的资源交换中实现产学研结合。

第三，组织绩效考核的科学性。创业型大学通过量化绩效考核，建构创业指标评价体系，对各创业主体实现知识成果商业化、市场化应用的情况进行评估，把学校行政组织的服务、学院教学和科研工作人员的成果等三方面工作的数量、质量和效率进行量化评价和比较，还同时基于社会的发展和技术的进步对指标体系进行动态的调整，保证指标体系科学有效。绩效考核工作激励各创业主体的创业激情，达到组织管理的责、权、利统一，形成学校内部和各个高校间良性竞争运行的有效机制。

（二）创业型大学的组织行为特征

第一，组织运行具有开放性。首先，体现在大学组织的决策方面。学校的组织决策以社会需求的满足和学校的科学发展为导向，接通与社会需要的直接联系，通过程序化、规范化的信息沟通渠道，广泛听取社会意见，将社会需求的现实责任直接反应到组织的决策中；同时在决策过程中充分尊重学术权力，使其在专业技术领域为决策提供咨询参考。其次，大学具体创业活动的开放性。社会资金、信息、人才在政府、大学、企业之间交流畅通，学校间的创业特色实现交流互补，大学创业自我封闭式的"各自为政"的局面得以改变。与此同时，人事管理中坚持"能上能下，能进能出"，促使人才资源实现流动性的创业增值。

第二，组织资金筹集渠道多元化。创业型大学扭转传统大学资金筹集渠道的单一化的缺陷，不仅仅依靠政府财政拨款，而且充分利用大学在人才、技术、信息上优势，通过开展校企合作，充分吸纳企业赞助和社会资金为第二渠道，为科学技术研究工作提供资金支持。而且大学各个创业主体以自主创业的收益积累可持续创业的资本，保证创业活动有充足的资金支持。这些多样化的资金筹集渠道给大学财政状况带来了巨大的变化，为大学的发展提供了更为自由的空间。

（三）创业型大学的组织文化特征

创业型大学的组织成员具有创业创新的特性。创业型大学倡导创业理念，开设旨在提高学生的实践创业能力的培养课程，搭建创业计划的实现平台，拓展创业活动实施的途径，成立创业中心，协调课程、活动、项目和资源，从而提升创业主体的创业精神和热情；大学科研技术人员在传授知识，着力培养应用型人才的同时，通过承接企业、社会的项目，以课题组、科研团队等形式开展创业活动，满足各类市场需求，实现知识的转化与增值；而在校学生发挥其创业热情，依托大学生正式或非正式的自组织，在创业活动中实现自我人生理想与社会价值要求的统一。

二、我国高校构建创业型大学组织建设的思路分析

（一）规范机构设置，调整大学组织结构

1. 变革大学组织结构，推动大学组织结构的弹性化和扁平化

行政化的大学组织结构是构建创业型大学的障碍，缺少开放性的大学组织运行也无法满足大学同企业、社会联系的条件，要想实现向创业型大学的成功转型，就必须实施大学的组织变革。

首先，赋予高校真正的独立实体地位，取消大学的行政级别设置。通过减少政府对大学的直接控制和干预，避免大学成为政府的附属物。同时依照大学的自身办学特色和地域范围对大学进行分类管理，使各个大学能够以独立的身份更好地参与社会服务，实现大学的自我发展、自我管理。大学行政级别设置的取消将使得大学能够以平等身份参与教育资源的分配，推动大学间竞争机制的形成，为大学知识技术、高科技研究成果转化成现实生产力提供了更好的机会，形成一批具有竞争力的创业创新型大学。

其次，调整大学自身内部的管理体制，变集权式大学领导管理模式为民主分权式的管理模式。一方面要给予各院各系科更多的自主权，保持集中控制和系科自治之间的平衡，做到"集中的分权"，打破学校—学院—学系的直线型机构设置和权力分配模式；另一方面则是扩大科研人员及老师在学校决策中的知情权、参与权，使得学术权力获得应有尊重，拥有现实效力。

最后，积极推进院系改革，借力信息网络技术实现学校内部组织建构的扁平化、网络化，增强学校适应社会变革的弹性。除了利用课题组、学术团队、项目组等形式为纽带建立新型的矩阵式科研组织机构以外，要充分发挥信息网络技术的作用，组建网上虚拟学院，同时利用与企业合作的机会，积极推进跨学校、跨地区的网上创业科研平台，并探索基于网络的国际科研创业合作。

2. 发展自主自律、勇于创业的学生自组织

大学生所具有的创新实践精神和创业激情是激发大学创业的动力之一，为充分发挥大学生在创业型大学中的作用，规范大学学生自组织的运行，重构大学学生自组织

的变革势在必行。

首先，教育主管部门和大学应转变对大学学生自组织的管理理念。对大学学生自组织的管理，根本的问题在于如何看待学生在大学组织中的地位，如何看待大学学生自组织在大学创业创新过程中的作用。大学生自组织应该是学生自我管理和自我发展的活动载体，它们一方面提高了学校管理的效率，成为学校和学生之间沟通与交流的桥梁；另一方面整合了学生分散的精神爱好和知识取向，将学生创业创新的活力加以聚集，成为创业型大学可持续发展的保障。正因为如此，无论是教育主管部门还是大学的管理机构，都应认识到大学学生自组织对学校管理和创业型大学发展的作用。

其次，给予学生自组织参与学校管理和创业创新活动的充分权力，并在技术、资金、平台等方面给予支持。大学学生自组织对组织个体成员具有规范和调节能力，是大学学生自我管理、自我发展的有效形式。要想充分发挥学生自组织在创业创新活动中的作用：第一，突出学生的主体性作用，促使学生自组织成长为主动探索，敢于创业创新，努力实践的构建创业型大学的推动力量；第二，疏通渠道、开拓路径，使得学生自组织能够获得及时、充分的创业信息，有效实现创业意向的表达，创业项目的实施；第三，公平合理的分配创业收益，要保证学生自组织在创业活动中的合法权益，维护学生自组织的创业收益。

最后，要加强对新兴的网络虚拟学生自组织的引导和管理，使其成为学生创业的新平台。大学除了要提高学校网络管理的技术力量，加强对网络虚拟学生自组织的规范以外，还应充分发掘网络虚拟学生自组织的优势，利用其交互性、开放性的特点，积极引导学生的创业创新活动。

3. 推动创业中介服务组织的构建

技术转移是实现高校科学研究成果转化为现实生产力的关键，是大学发挥学术资本的价值，实现创业的必经途径。要寻找技术转移的有效途径，单纯依靠学校的力量是难以完成的，必须要通过创业中介服务组织，一方面为大学的研究成果转移找寻合适的企业，另一方面则把社会、企业的需求信息及时反馈到学校，使得高校的科研更有针对性，从而推动大学与企业的合作。针对创业中介服务组织缺乏的现状，可以采取两种方式加以解决。一种方式是在大学内部设立知识转移服务机构，例如斯坦福大学，进行创业中介服务的技术转移机构主要由学校内部设立的技术转移办公室和一些技术咨询、评估和交易机构组成，它们承担起了技术的联系、转让、评估和追踪反馈工作。另一种方式则是利用市场上业已存在的中介服务组织，通过政府引导来扩展其服务的领域，将其业务的重点转移到搭建政府、高校、企业合作关系上，使其成为大学技术转移和科研成果转化的纽带与桥梁。通过这两种方式，使得创业中介服务组织逐渐发展和建立起来，承担起大学和政府、企业间信息交流与技术转移的任务，为大学的创业活动提供有效的支持。但在这一过程中，政府要重视通过立法等形式，规范创业中介服务组织的发展，加强对其行为的监管，避免高校知识产权以及技术专利在转移过程中的流失，维护大学权益，提高技术转移与成果转化所带来的良性社会效应。

（二）推进制度建设，完善大学组织制度

1. 建立科学的决策制度，增强决策的开放性

大学中有诸多决策模式，例如：双重组织模式、学术共同体模式、政治模式、有组织的无秩序模式、官僚主义模式、过程模式、团体模式、精英模式、博弈理论模式等。但创业型大学组织运行的开放性需要大学的决策必须是建立在民主基础上的科学决策。因此，大学组织在建构其决策制度的过程中，除了要协调处理好政治权力、行政权力和学术权力的关系之外，还要从建设具有操作性决策制度和方法入手，构建起创业型大学所需的民主、科学、开放的管理决策制度。

首先，提高大学决策者素质，更新决策的方式方法。决策者的素质也是科学决策必备的要素之一，决策者素质的高低直接影响大学组织决策的质量和科学性。创业型大学的决策者在能力上除了要具备较强的政治理论素质外，还要求大学组织的决策领导者能够充分利用相应的决策知识，掌握现代化的决策技术手段，变主观随意决策为客观科学决策。通过加强高层决策者的职业化培训管理，使得大学更好地把握创业机遇。

其次，建立制度化的学术权力参与决策的实体形式。除了利用传统的座谈会形式外，要强化各种学术委员会的制度化的建设，通过明确委员会的议事范围，制定委员会的章程规范，避免学术权力形式化。

最后，充分利用决策信息咨询机构，发挥"外脑"的决策辅助作用。大学组织可以通过设立若干常设或临时的委员会作为决策咨询机构，例如学生工作委员会、师资队伍建设委员会、教材课程委员会、项目成果和技术转移委员会、创业指导委员会等等。这些委员会除了对学校日常的相关工作开展评议外，要为学校的决策提供有价值的意见建议、可行性方案等。此外，利用社会上的信息咨询和服务机构对大学的决策方案进行评估和审查，也无疑会提高大学决策的开放性，增强大学决策适应社会需求的程度。

2. 创设准确、迅速、有效的信息交流制度

首先，提高大学组织的信息获取和处理的能力。一方面，要变大学被动接受信息为主动搜集信息，积极找寻企业和社会的技术需求，以便获得更多的合作机会，促进大学创业活动的开展和实施。在信息搜集的过程中，不能仅仅将视角局限于国内，而

应该以国际化的视野，重视来自全球的信息，结合大学自身的优势，积极探索国际合作。另一方面，鉴于大学内部信息处理机构专业化程度的现状，要借助大学组织结构的重组，整合大学的信息处理机构，借鉴企业信息服务的运营模式，建立起信息搜集和处理的组织力量与技术平台。

其次，重视大学虚拟信息资源体系的建设，变层级式的间接沟通为点对点的直接交流。通过搭建学校内部和面向社会的信息资源的网络平台，建立基于网络的学术科研信息资源数据库，扩展大学信息交流和使用的领域。而点对点的交互模式，将有效提高信息传递的准确性，保障学校能够有机地融入现代学术信息交流体系，促进科研信息能力的可持续发展，从而为大学的创新创业打好基础。

最后，从大学各机构"各自为政"的相对封闭的信息建设转移到以合作体系为基础的各机构联动的信息体系建设。通过加强信息服务的能力建设，利用信息服务的中介组织，建立起与学术信息交流体系和产业各类成员的工作链及合作机制，借助信息服务的集成来建设大学组织信息交流合作的新体制。

3. 构建公开、公平、科学的激励考核制度

参照企业的绩效评估方法同时结合大学自身的组织特性，对大学各创业主体的创业活动进行科学地评价，需要我们建立创业绩效评价制度体系、绩效评价组织体系和绩效评价指标体系，以此来评估大学创业项目的财务效益、资产营运以及成长性和长远发展潜力。首先，将创业行为的评价制度纳入现有的教师绩效、学生成绩的考核制度体系中，使创业业绩成为评估老师工作能力和学生综合素质的重要标准。其次，在学校内部设立专门的创业评估机构，定期对创业主体的创业行为进行考核和评价；条件不成熟的学校可聘请专门人员或评估公司对学校的创业绩效进行科学的考评。第三，从创业所带来的经济效益、社会效益、文化效益三个角度，建立创业行为绩效考核的标准体系，以科学的绩效考核结果为参照进行创业收益的分配，协调处理好个人和学校，个人同企业以及企业同学校之间的收益分配关系，形成个人、大学、企业三方共赢的局面。在此基础上，扭转人们对大学创业转型的认识误区，开掘大学在科技进步、社会进步中的作用，激发科研人员的创新和科研热情，满足企业和社会的知识技术需求，形成产、学、研协同发展的运行机制和发展格局。

（三）提升创新水平，增强大学的组织行为能力

1. 大力开展学科建设，提升大学的科研创新能力

学科是建构大学的基础性的学术组织，对它组织管理的成功与否直接影响到大学的科研实力和创新能力。大学传统的学术性、单一学科和研究导向的科研创新模式已经很难适应社会发展的需要，以实用性、跨学科、社会导向的科研模式由于注重实践

性和不同学科间学者的交流而更有利于知识创新。为了提升大学学科建设的水平，增强大学的科研创新能力，为向创业型大学的转型打好基础。首先，需要合理规划学科布局，科学设置学科体系，改变学院设置过多，院系并存，导致学科分割严重的现象；其次，要积极组建跨学科的创业科研团队，通过争取科研项目和创业合作计划来实现科研和创业的结合，并以此为契机探索大学科研创新的新途径；再次，加强学科基地的建设，整合学科基地的各种资源。按照"统建、专管、共用"的原则，将创业理念融入学科基地的组织精神之中，将学科基地真正建设成为大学创新创业的物质载体和实践平台。最后，重视科研成果的转化利用，为科研创业的可持续发展积累经验和资金。科学研究的最终指向是社会需要，大学不能将科研成果束之高阁，要在推进科研成果应用化、市场化的过程中实现知识技术的创业价值，并为科学研究的可持续性提供支持。

2. 以社会需求为导向，构建新型的创业型人才培养模式

教学、科研、服务社会是大学的三大基本功能，人们往往在对大学如何服务社会的理解上将大学社会服务功能狭义化，将其简单地理解为科研成果转化和技术孵化等经济行为，其实大学的三大功能是一个相互联系的人才培养体系，尤其是社会服务功能是大学培养创新创业型高素质人才的重要平台，是高校与经济社会结合的重要途径。大学创业型人才的培养目标要定位于满足社会需求，在服务社会的过程中实现人才的培养与成长。

就大学现在的创业教育和创业人才培养模式来看，首先，要建立起完善的大学创业课程体系，提高对创业课程的重视程度。由教育主管部门组织人力、物力来对创业课程的教材进行编纂，形成创业教育的教材课程体系；将创业课程作为学生在校的必修课程，增加创业课程在学生整个学业中的学分比重。其次，整合创业师资力量，提高创业教学人员的素质水平。大学要充分认识教师在创新型人才培养中的重要地位，大力加强师资队伍建设。在对教授创业课程老师的培训上，大学要充分利用科研项目与创业实践来培养和锻炼教师，积极展开学校和企业的联合培训，使得大学现有的创业师资力量能够同时具备专业技术能力和创业实践经验。最后，组织开展多种形式的创业活动，为大学创业主体的创业活动提供更多的实践平台和技术资金支持。大学要以创业竞赛活动为载体，充分发挥大学科技创业园在学生创业中的作用，通过建立和开放实验中心及创新基地以培养学生的动手能力。此外，大学要为学生提供创业所需资金和技术咨询，帮助学生自主设计、创办、经营商业企业或科技公司，借此建构起创业型人才培养的服务保障机制。

3. 建立灵活、多样、规范的资金筹措制度

研究表明，高校资金来源渠道多元化是一个世界性的趋势，鉴于目前大学普遍负

债经营的情况下，首先，大学要以实际的贡献争取政府更多的支持资金，企业合作投资资金，建立各种形式的基金会多方筹集资金。其次，注重建立资源增值与资源节约并重的学校资产和各类资源的管理与运行体制，以软件资源开发促进硬件资源发挥功效。第三，创设创业风险基金，完善风险投资机制。创业风险基金施行企业学校共管，政府负责宏观的指导和监督资金使用情况，可分为针对创业项目的风险基金和针对创业主体——学校或者科研人员自身的创业风险基金，避免或者最大限度地消除创业失败给学校、创业者所带来的危机和成本负担。同时，建立创业的小额贷款担保机制，鼓励风险投资公司更多地倾向于以大学为支撑的各创业主体的创业。最后，建立专业化的职业人才与志愿者相结合的筹资队伍，通过专业的筹资计划和志愿者的沟通优势，为筹措资金提供更多的机会。

（四）重视软实力建设，培育创业型组织文化

1. 转变建设理念，发掘大学组织文化的精神内涵

文化理念是盛开在实践土壤上的精神之花，是实践发展的先导。大学组织文化建设的理念转变是大学在新的实践过程中，为了实现自身的生存和发展应然之举，是重新回归大学精神内涵，协调大学教学、科研、服务社会的可行路径。通过倡导大学创业创新，开拓大学组织文化建设的新局面。具体来说，首先，要重视大学的组织文化建设。一方面要正确认识大学组织文化建设对大学的可持续发展的重要性，切实把大学的组织文化建设视为大学发展的重要的战略部署，另一方面要增加在大学组织文化建设上的支持和投入。其次，要转变对大学创业的认识误区，充分认识到在新形势下大学创业对提升大学服务社会水平和能力的作用，树立起创新、创业的大学新理念。最后，重视大学精神内涵的发掘。要切实通过结构调整和程序再造，将大学在新的实践中形成的办学特色和文化特征培植成为大学精神意涵，形成大学独有的个性特色，防止大学组织文化建设的千篇一律和只重外表形式的"走过场"。

2. 丰富大学组织文化建设方式，营造创业氛围

提升大学组织的文化软实力不仅仅需要理念的转变，更需要每个大学组织成员用切实行动来加以保证。高校在向创业型大学迈进的进程中，第一，要不断学习借鉴，充实大学组织文化建设的知识和方法。各个大学可以通过对教师、行政工作人员以及学校后勤工作人员进行集中的组织文化建设培训，从而提高他们对大学组织文化建设的认识水平和实践能力。在培训内容上，除了对大学组织文化建设的宏观战略进行引导外，还要着力进行微观操作层面的技术培训，使得大学组织文化建设不再仅仅是停留在纸面上，留存在人们思想中的概念性的务虚的形式。第二，倡导大学组织文化建设中创业创新理念，为向创业型大学的转型营造必要的组织氛围。每所大学都有自身

发展的实际情况，但不论其发展的历史和现状如何，创业创新都是其存在和发展所必须具备的能力之一。因此，我国高校除了要在创业课程体系和创业人才培养方面做好工作外，还应加强大学创业文化氛围的营造。一方面从大学形象识别系统的建设来着手，如，在大学校训、校徽以及在学校的标志性建筑物和一些具有影响力的观赏设施等设置学校标志性识别要素，也要借助形象化的图形或文字来表达创业创新的理念；另一方面，要强化师生从事科技成果转化的动力机制，对在创业创新有突出贡献的师生在业绩考核时予以单独的考核和评定，使得各个创业主体把创业创新推动科研成果转化由一种自发的行为转变成一种自觉的行动，从而将创业创新精神内化为师生的一种精神追求，形成学校的"创业文化"。

第四节　创业型大学的文化建设

一、创业文化的内涵与特征

在不同的历史时期，大学担当着不同的社会角色，而不同的社会背景和社会角色也使得不同时期的大学呈现出特色鲜明的大学文化。作为创业型大学主要文化形态的创业文化，在创业型大学的形成、发展过程中，经过历史的积淀、内部主体的努力与外部文化的交互作用，逐渐形成了自身独特的文化内涵和特征。

经历了中世纪以来的两次学术革命，在20世纪后期，世界上许多优秀的研究型大学逐渐向创业型大学这一全新的大学发展模式转变。与创业型大学的形成相伴随的是大学文化的全方位革新。纵观世界上成功的创业型大学，他们都有着自己独特的具有创业精神的大学文化。创业型大学的文化主要以创业文化的形态出现。创业文化不仅深刻影响着大学发展模式的变革，甚至向区域经济社会辐射，成为带动区域经济活跃发展的文化因子。

概言之，创业文化是一种鼓励创新、勇于冒险、宽容失败、乐于竞争与合作的大学文化。它既保持着大学文化的共性特征，又因创业型大学模式的独特背景而呈现出区别于传统大学文化类型的显著特点。

一般认为，大学文化是一个以特殊的社会群体——"大学人"在对知识进行传承、交流、创新的过程中形成的与外部社会文化既相互联系又相互区别的文化系统。它是围绕大学教育活动建立起来的一整套价值观念、精神理念、行为方式、语言习惯、制度体系、知识符号乃至建筑风格的集合体。大学文化是一个丰富、系统的体系，由许多相互联系、相互渗透、相互制约的要素构成。概括而言，大学文化可分为物质文化、精神文化、制度文化三个层次。其中物质文化是基础，精神文化是核心，制度文化是保障。

作为创业型大学文化形态的创业文化，也同样是通过这三个层面来建构和体现的。首先，物质层面是创业文化建设的载体和基础，它是创业文化的物质形态，其存在形式包括校园环境、建筑风格、人文景观、美化绿化、教学设施、学科专业、师资队伍等有形事物，不仅是大学历届师生长期建设的物质成果，也是师生智慧劳动的物化和结晶，直观地反映着创业型大学的历史、传统、特色和价值。其次，精神层面是学校在长期办学过程中形成的一种特定的精神传统和文化氛围，体现为创业型大学在办学过程中所尊崇的办学理念和大学人共同遵循的理想信念、价值追求以及所展现出来的生命力、创造力和凝聚力，它是创业文化的核心和灵魂，是创业型大学发展的底蕴所在。第三，制度层面是创业型大学在办学过程中一系列权利、义务及责任的综合，既表现为学校的各项校纪校规、行为准则和道德规范，也表现为大学在长期的发展与实践中形成的观念、习惯等，是创业型大学之大学精神在制度上的体现，它一方面约束着创业型大学的办学行为，同时又为创业型大学的生存发展提供制度的保障。这三种层面的文化相互交织，相互渗透，彼此不能分开。三个层面中，物质层面是创业文化的基础，其变动最频繁；制度层面则规定着创业文化的整体性质，变动较缓慢；精神层面处于最深层、最核心的位置，最为稳固。

创业文化是以创新为核心的大学文化。创业型大学的崛起与20世纪中后期知识经济的勃兴有着重要的联系。知识经济是建立在知识和信息的生产、分配与使用之上的经济，是继农业经济、工业经济之后的一种新的经济形态。知识经济以智力资源为首要依托，知识超越劳动力和资本成为最重要的生产要素。在知识经济时代，一个国家和民族的知识创新与技术创新能力，成为决定一个国家和民族在国际竞争与世界发展格局中的地位的关键因素。知识经济的基础是知识，本质是创新，途径是创业。大学作为知识创造和培养人才的行业、技术转化和创新创业的基地，在知识经济时代其重要地位空前凸显。此外，企业家精神是推动当代研究型大学转型和创业型大学出现的重要精神驱动力。开拓创新、打破常规正是企业家精神的实质。因此，创业型大学文化必然以创新为其理念核心。

创业文化是体现宽容的大学文化。创新是创业文化的理念核心，但创新探索的过程是艰难曲折的，出现失误和失败在所难免。如果大学缺乏宽容的氛围，出现失败就一味否定，必然会扼杀创新。如前述，企业家精神以崇尚创业、敢于冒险、乐观、自信为特征。渗透着企业家精神的大学创业文化必然能体现宽容，提倡敢为人先、敢冒风险的精神，提倡建设性的批判思维，鼓励和推动大学师生树立创新精神，并以科学的态度对待创新失败者，使创新失败者从情感上、精神上得到温暖，在物质上、工作上得到支持，能够百折不挠接受失败的挑战，满怀激情地顽强探索，直至取得创新成果。

创业文化是倡导教学与研究面向社会实际，强调大学应怀有服务社会的使命感的大学文化。学术创业化和资本化是创业型大学的普遍特征。学术创业化一方面是指大学的教学和科研活动向社会延伸，另一方面是指技术转化能力的内化，即大学在科技转化为生产力方面承担起传统由工业承担的角色。而学术资本化是大学的新使命——创业的核心，大学研究人员和学术人员通过同商业公司或政府机构签订合同或接受资助以寻求特定的公共或商业问题的解决方案的活动称之为学术资本化。它使大学更加紧密地与知识和技术的应用者联系起来，使大学成为经济发展的参与者而不是旁观者。创业型大学已完全摆脱了大学是社会边缘的"象牙塔"的角色定位。创业型大学是社会进步的"轴心机"，其教学与科研活动直接面向社会的实际需要，与工业界、地方政府和国家建立起紧密的联系，并将推动国家与地区经济、社会发展作为大学的重要使命。创业文化也必然体现大学的这一转变：面向社会实际需要来调整教学与科研的方向，成为大学人的共同行为方式；崇尚创新、鼓励创业，以推动社会进步为使命成为大学人共同的价值取向和理想信念。

创业型大学除了具有教学、研究功能外，还要立足于服务区域经济和社会的发展。因此"创业"是创业型大学的主旋律，它不仅要引导大学的成员积极创业，还要使大学本身成为一个活跃的创业组织，塑造周边的环境，并形成良好的互动创业模式。为此，创业型大学的创业文化建设不仅要培育创业精神，还要营造浓厚的校园创业文化环境，形成孕育和促生创业组织的动力点。

二、培育创新创业理念

大学理念是大学个性和特色的观念表述体系，是指导创业型大学建设的核心理念和理论前提，具有方向性的作用。据调查，从创业的外在动机上看，最多的学生认为能引发他们创业动机的是社会成功人士的事迹和周围同学成功的创业经历，而学校的办学理念和老师的引导带动并不是主要因素。因此可见，大学中的创业文化并未真正渗透到学生中。因此，建设创业文化首先就要注重增强广大师生对创业型大学使命和办学理念的深刻领会与高度认同，用创业创新思维来塑造创业型大学的文化精神内核。创业型大学在建设创业文化过程中就是从根本上构建一种勇于创新、敢于创业的大学精神，因此，应当适时地将创新创业思维与传统的大学精神相融合，在"破立"与"扬弃"中重塑大学精神。在建设创业文化过程中，高校要大力宣传、阐释创业型大学的办学理念，介绍学校的创业传统，弘扬坚韧、冒险、合作、交流的创业精神，切实地把学校的办学理念融入到师生的思想深处，形成"人人讲创业、人人想创业、人人能创业"的创业文化氛围，让广大师生员工明确创业型大学的使命除了第一要义的人才培养之外，还包括现代意义上的科学研究和社会服务功能。

三、重视文化载体建设

文化载体指的是以各种物化的和精神的形式承载、传播文化的媒介体和传播工具，它是创业文化得以传播与扩散的重要途径和手段。大学创业文化的传播必须借助于多种文化载体，文化载体的创新可以有效保证大学创业文化的形成。因此高校在构建创业文化的时候，要特别注重载体的建设。首先，应加强校园创业文化传播媒体建设，积极营造有利于师生创业的舆论导向和氛围。要充分有效地利用报纸、电台、电视、网络、短信、横幅等宣传载体，运用新闻、通讯、消息、评论、言论等形式，集中时间、集中力量、集中版面大力宣传创业典型、创业明星，营造浓厚的创业舆论氛围，提升大家的创业意识。其次，应广泛开展创业主题活动，进一步解放广大师生的思想认识。高校应采取报告会、座谈会、讨论会等方式，组织广大师生员工积极开展创业主题教育大讨论活动和创业文化的理论研讨活动，使师生员工充分认识开展创业创新活动和加强创业文化建设的必要性与重要性；也可开展如创业大讲堂、创业沙龙等各类励志、创业的学习、交流、竞赛活动，经常在师生中分析创业者成功的案例，提倡和宣扬创业精神，浓厚校园创业文化氛围，激发师生的创业热情，增强投身创业活动的积极性、主动性和自觉性。第三，应积极营造能够激发创业潜能的校园文化环境。塑造有激情的校园环境，能陶冶学生，激发学生。因此，要合理规划校园景观，突出创业文化主题景观，展现大学创业精神，营造良好的创业环境文化氛围，在耳濡目染中培育学生的创业意识和拼搏精神。第四，应加快推进高校校园与社会文化信息资源共享平台建设。通过加强校内信息网络、图书馆等平台建设，既促使文化载体的信息化、网络化，又加强与区域科技、文化部门、文化网点等紧密交流和合作，充分利用现代信息技术手段，实现创业文化信息共享资源与区域自建特色信息资源在同一技术平台的发布和开放，使高校的创业文化成为区域文化的重要组成部分，并引领和辐射区域文化建设。

四、开展创业实践活动

丰富多样的创业实践是深化师生对创业的认识，提升师生创业能力的有效途径。因此要大力开展各类创业实践活动，不断丰富活动形式，提高活动效果。

教师和学生是创业型大学的创业主体。对广大教师而言，学校要突出创业导向，鼓励教师多发明技术专利，多关注社会需求，把各自的科学研究与区域经济社会发展密切结合起来，使教师积极参与区域高新技术和产业关键性技术开发，鼓励教师为企业提供咨询服务甚至直接创建企业，为地方企业提供技术和智力支撑，鼓励教师通过科学研究发明专利，与市场需求对接，推动产业进步，开创新产业。教师一旦取得了创业经验和创业成果，成为创业文化的承担者和主体，也更可能使学生得到切实的教育和体验，为学生创业提供更多更大的帮助。对广大学生而言，学校要大力开展多种形式的学生创新创业实践活动。

五、完善创业服务体系

在创业型大学中创业文化建设的主导力量是大学本身，因此大学管理者要抢抓机遇，找准着力点，整合各方面的资源和力量，采取切实有效的措施完善创业服务体系，积极创建良好的创业环境，以推动创业型大学未来的发展及谋求在未来发展中的竞争优势。

首先，应健全大学创业配套服务体系。高校要强化服务意识，用"助人成功"的思维做好师生创业的服务工作，帮助创业者解决创业过程中碰到的种种问题。如完善产学研三方合作与成果转移的"中介机构"，实现高校与企业的有效衔接；建立大学生创业实践园区和科技园区，为学生提供创业锻炼平台，为教师提供与企业合作开发研究的场所。如，成立创业服务中心，通过中心组织内外交流活动，促进横向联合，积极开展面向创业者的各类咨询、培训以及相应的指导、跟踪服务等，使之成为创业信息传播、交流的渠道和学校创业文化宣传的窗口。高校还可以尝试对有创业意向的师生员工实行弹性学期制，以及多样化的考核方案，对于教职工，可采用建立多种工作量的科学换算方案，保证创业者拥有足够的时间和空间；对于学生，可以采用以适当的选修课替代一定的必修课的方法，增加其专业实践方法的课程份额，使他们在满足必要的理论学习的基础上，有更多机会、更大空间进行创业。此外，还可以推行创业顾问制，选派理论丰富的专家和有实践经验的企业管理人才组成顾问团队，为创业者提供相应的理论指导和技术咨询等等。

第二，高校应着力构建鼓励师生个人创业的制度体系，如保障学术自由，鼓励科技创新，重新定义学术服务的内容，重新制定创业型大学的教师评定和考核机制，建构起大学科技成果"科研价值""商业价值"和"创新价值"三结合的评价体系，推进专利实施的激励政策，鼓励教师的发明专利技术转移、参与经济发展，鼓励教师在研究过程中通过对外合作伙伴支持自己的研究活动，鼓励学生广泛参与科技创新实践活动等，不断强化师生的创业意识，优化大学师生从事科技成果转化的动力机制，逐步浓厚学校的"创业精神""创业文化"氛围。

第三，高校应加强创业教育和培训工作，构建科学合理的创业教育体系。创业教育是创业文化建设的主渠道之一。高校应该着眼于实际需要，认真规划创业人才培养的教育体系，推进创业教育的系统化，使创业教育融入到学校正式的教学课程体系，与学科和专业教育有机地结合起来。这一方面要从加强课程教育和教育手段入手，一是要通过系统规划，建立完整的创业教育课程体系，开设与创业密切相关的课程，系统普及创业知识，培养具有创业意识、创业能力及创业素质的复合型人才。同时要加强实践教学环节，并以创业园、创业基地、创业街和校友企业等为依托，深入探索预就业、预创业模式，为学生创造创业机会，为学生培养和提升创业能力。二是要积极探索创业教育的科学方法。如可以运用激励法、典型案例法、发挥第二课程的教育作用等，激发师生的创业动机，鼓励他们朝着创业的目标努力。另一方面就是要从加强师资队伍入手，即要加强教师在创业教育中的主导地位，建设一支创业教育师资团队。高校要积极培育一支具有人格魅力、学术造诣和善于治学育人，并能引领创业学科学术研究的师资队伍；培育具有丰富创业经验、能够引导行业发展的知名"高校企业家"。与此同时，要鼓励现职教师到创业一线兼职或有计划地选派有潜质的青年教师直接参与创业实践，并聘请一些企业家、成功的创业者、技术创新专家到创业基地任兼职教师，或兼职从事创业方面的教学与研究工作，扩大创业教育的师资队伍，让这些教师在实施创业教育时有创业实务知识，能够真正现身说法，提高创业教育的实效性。

此外，高校应积极营造开放包容的创业文化环境。高校要大力倡导创新和冒险精神，提倡尊重个体价值，鼓励和引导师生发挥主体作用，促进师生树立"独立之精神，自由之思想"，追求真理、敢于冒险的精神品格，从而激发师生个体的冒险精神和创新热情，培育他们的企业家精神，独立人格和创新能力。同时要积极、有效地营造兼收并蓄、勇于尝试、宽容失败的文化氛围，允许不同的学术观点进行交锋和论战，宽容师生的创业失败行为，理解、鼓励他们多方面尝试，在实践中学习，以坚韧、从容和宽和的心态面对失败，这也是创业者成长的重要文化基础和心理基础。此外，还要加强闽商、晋商、徽商、宁波商帮等文化的研究，这些商帮文化对于高校建设创业文化具有积极的借鉴意义。

第四，应健全政府与社会力量的帮扶体系，为高校建设创业文化提供良好的社会文化大环境。从某种意义上说，高校建设创业文化离不开政府和社会的指导、扶持及保护。政府和社会可以分别从政策的制定者、实践的指导者以及资金的支持者等多方面构建一条有利于高校创业文化形成、有利于培养创业人才并有效引导高校师生员工参与创业的保障通道。政府要对高校的创业行为给予相应的政策和财政支持，建立适用于高校创业的政府政策环境和相应的法律法规系统。目前，我国政府对教育的投入还远远低于世界平均水平，且支持资金的数额低、形式单一，还无法有力支持创业型大学的发展需求，因此，政府应加大对高校的扶持力度，并通过多种手段、渠道创设多样化的创业资金实现形式，扶持高校开展创业活动。政府作为政产学三螺旋结构中的重要一环，应该充分发挥中间人角色，通过完善各项法律法规，优化创业政策和法制环境，始终如一地支持和保护好高校创业者的创业实践与创新成果，为高校四大功能与区域经济发展的有效融合营造良好环境。我国已出台的一系列保护知识产权的法律和政策，促进科技发展的法律法规，亦需检查评估，加强执法力度并不断完善，为高校与企业的合作以及科技成果转化创造有力的法律保障环境，应该是政府有关部门今后所要面对的重要课题。同时，政府应完善公共文化服务体系，采取有效措施引导社会力量参与公益性文化事业，发展与创业有关的中介组织，努力形成政府主导、社会力量广泛参与的工作局面，推动公共文化服务体系更加完善，使之成为政策宣传贯彻的渠道、信息交流的平台和创业宣传的窗口。

第六章 创新创业的团队建设与资源整合

第一节 创新创业团队建设及其路径

大学生创新创业已经成为信息化时代的一种趋势。随着创业型经济的来临，创业团队也如雨后春笋般出现，大学生创新创业团队成为其中一支不可忽视的力量。然而，如何组建优秀的大学生创新创业团队，如何整合创业资源，成为摆在各高校学生面前的问题和困难。

一、创新创业团队建设

创新创业团队中最重要的是领导人，其中的个体并不是最核心的要素，应当关注的是整个创新创业团体。新创企业在未来很可能会成为具有巨大发展潜力的公司，同时能为社会提供许多就业机会。一个好的创新创业团队是企业具有成长性的根本要求。

（一）团队和群体

团队不等同于群体，团队中的成员可以互相交换自己的工作岗位，贡献互补。下面是团队和群体的主要区别。

（1）为了达成团队的目标，团队成员需要承担两方面责任：个人责任和团队责任；在工作目标的完成过程中，群体的成员只承担个人责任。

（2）团队整体是团队绩效评估的对象，但个人表现决定了群体的绩效评估。

（3）成员之间的合作与协调是实现团队目标的必要因素，但这在群体目标的达成中却不是必要的。

（4）团队成员之间的相互合作是团队成功的必要因素，因此，团队比群体要具备更加完善的决策参与、信息共享和角色定位等。

（二）团队角色

1. 团队培养者

团队中具有较高智商的是思想原创者，他们是团队的培养者，在团队遇到难题或产生新思想时可以提供帮助。与团队中的其他成员相比，培养者具有不同的思维，他们具有更加丰富的想象力和全面的思考方式。但他们的兴趣跳跃较快，不会对细节问题过多的关注，由于细小错误时常发生，所以他们的思想并不一定适合实施。

培养者喜欢的工作环境是平等且独立的。他们是个人主义者，往往会独立处事，很在意他人的评价，但不愿与人交流，对他人想法较为轻视，希望别人顺从自己的想法。

培养者在时间的分配上更愿意去做一些不符合团队目标的工作。培养者们会互相竞争，不善于听取他人建议，因此不应把过多的培养者聚集在一起，否则团队效率将会大大下降。

2. 团队资源搜索者

创造力虽然也存在于资源搜索者的身上，但他们往往不会创造想法，而是去研究他人的原始想法。他们具有随和外向的性格，受人欢迎，喜欢社交，具备独立思考的能力，在交谈时往往刨根问底，喜欢与他人谈判。他们能够为团队带来巨大的正能量，激励团队向上。

资源搜索者往往会较多地与外界接触，可以对外界的有效信息进行迅速挖掘，并进行研究。他们能够激发其他成员的积极热情，使成员不至于停滞不前。

环境是影响资源搜索者的一大要素。资源搜索者的激情是建立在团队成员的积极反馈和配合上的，只有这样，他们才能保持兴趣，将项目进行下去。

3. 团队协调者

对于内部程序，协调者会严格遵守，项目的最终目标是他们的着眼点，他们能够为团队带来较高的凝聚力，带动团队朝着共同目标努力，是团队成员尊重的对象。

协调者具有权威和自信，能够及时发现他人的优点并进行沟通，可以合理地分配不同成员的工作。所以团队领导往往是协调者，他们能够将团队内部成员的角色进行定位，但他们的价值也不一定只在领导层面才能体现。

协调者虽然不一定比其他人更具有智慧，但他们的思想更加成熟，能够很清晰地辨别他人的优势，带动团队朝目标努力。他们更加关注团队成员的情感和观点，为团队提供凝聚力。

4. 团队塑造者

塑造者缺失耐心，较为偏执，容易冲动。他们有旺盛的精力，喜欢迎接挑战，是成功导向型人才，具有较强的行动力和较高的目的性。

塑造者能够将现实、想法和目标等因素融入讨论当中，以极快的速度找到问题的解决方案，并具备较高的行动力。他们是最能够将自己的计划转变为现实的人。尽管需要通过结果来辨认整个过程的可行性，但他们的自信度仍然没有丝毫减少。他们对于矛盾和创新的决策不会过多在意，做事随机应变，义无反顾。

5. 团队监督者

监督者的性格一般是冷静、内向稳重的。他们可能不会产生新颖的思维，但能够对他人的想法进行清晰的分析，准确辨别利弊，并进行迅速的决策和判断。团队在他们的监督下可以避免偏离正轨。

监督者的判断与思考是非常客观冷静的，他们能对整体计划的缺陷进行明确辨别，并用时间来对自己的结论进行验证。他们考虑问题时不会以自我为中心，较为客观。

如果监督者能够受到较好的激励，热情便会持续，只有这样团队才能够更加平稳地前进。监督者可以对复杂的数据和资料进行分析，他们可以帮团队分析问题、起草计划和做整体评价。

6. 团队工作者

团队工作者具有温和的性格，善于社交，十分忠诚。他们内心敏感，可以做好的倾听者，比较受欢迎。可能团队工作者缺少动力和活力，但他们能够按部就班地做事，很容易受到激励。

团队工作者能够很好地协调团队内部的人际关系，在容易产生矛盾的团队中，作用较为明显。他们竞争性较弱，所以他们对于士气具有很重要的作用，特别是在压力和危机之下。

7. 团队执行者

团队中的重要工作往往是由执行者进行的。他们比较保守，守纪律，具有较高的办事效率和较强的组织能力，值得团队信赖。他们能够迅速地将想法转换为具体任务，并延伸到具体行动上。对于一些需要做的事，他们往往会有极高的热情。

执行者往往比较遵守规矩，喜欢条条框框的秩序，很难适应突如其来的变化。执行者喜欢对未来进行预算和规划，制订掌控未来的计划。他们虽缺乏灵活性，但具有较强的合作性。

8. 团队完成者

完成者责任心较强，能够恪守己任，是优秀的校对者。对于工作，他们能够全身心地投入，按时完成任务，冷静处理问题，但他们具有焦虑和内向的性格，工作时过于紧张，给整个团队带来焦虑的氛围。他们往往会对自己设定的事情以高标准去完成。他们的细心使他们很难放心让他人代替自己做事。

9. 团队专家

专家具有专一的目标，能够专注地学习专业化知识与技能。他们的职业化态度较强，往往能够充满激情地在自己感兴趣的领域进行研究。他们具有较高的决心和冒险精神，具备动力能够激励自己，乐于奉献，可能会真正成为某一领域的专家。但他们并不一定合群，也不一定会有了解他人工作的兴趣。

在专业化知识或技能的团队中，专家是关键人物。专家具备丰富的专业知识和深刻挖掘问题的能力，因此，他们会在团队中担任优秀的管理者。

（三）创新创业团队的作用

创新创业团队是由两个或两个以上企业的高层管理者组成的有效群体，这个特殊团队中的成员之间存在一定的关系：有共同的利益，对企业有共同的所有权，以自己的认知和行动对企业负责。企业的高层管理者一般以创新创业团队的形式存在，这个团队是企业工作开展的基础，整个团队的工作绩效远远大于各成员的单独工作，具体作用如下。

1. 创新创业团队直接影响投资者是否投资

投资者以其资金的投入参与公司的运转，但公司的日常管理工作是由创新创业团队完成的，因此，投资者的风险主要来源于创新创业团队是否诚信可靠。这就需要投资者在前期对创新创业团队进行全面、深入的考察和评估，一旦发现问题，投资者一般都会拒绝投资。

2. 创新创业团队的优势明显

创新创业团队由对本行业有一定远见卓识的成员组成，相比于一般团队，他们对市场的敏感度高、判断准确，市场开发能力强，善于抓住有利的机会，是创业成功的中坚力量。

（四）创新创业团队的构成人群

创新创业团队的构成并不复杂，可以从广义和狭义两个维度去概括。广义的团队包含狭义的团队，除此之外，还包括参与创业的其他利益者，如投资者、顾问、专家团队等；狭义的创业团队与创业本身直接相关，指的是为了某个目标，共同投资、共同收益、共担风险的合作者。接下来我们将从狭义方面分析组成创新创业团队的人群。

1. 团队的初始创建者

创办企业是一个需要天时地利人和的艰难过程。人，尤其是企业的初始创建者，在创办企业过程中的作用不可取代，他首先必须是一个合格的管理者、一个优秀的领导。

也有一部分人认为创业成功是天时地利，是好运降临，是站在了时代的风口上。但是，应该知道机会对每个人是均等的，为什么只有少数人最终可以缔造伟大的企业呢？这就要涉及企业初始创建者的素质了：他们要独具慧眼，要有一定的远见卓识，关键时刻要能果断出手；他们正确的决策来源于日积月累的知识积淀、企业管理思维的练就。作为企业的初始创建者，以下基本素质和技能是必备的。

（1）对人生目标的规划能力

能够清醒认识自己，合理规划自己的人生，制定各个阶段的目标，并细化成可实施的小计划，最终完成个人目标，实现个人价值与社会价值。

（2）大胆而果断的决策能力

在当今信息技术推动下的市场经济中，竞争不只局限于同行之间，一夜之间整个商业帝国也可能崩塌。这就对企业管理者提出了更高的要求，他们需要从现实出发来判断、分析，胆大而心细、果断而智慧，在众多的方案中选择最优的一种来实施，在保证合理性的同时兼具时代性。

（3）科学计划和管理的能力

凡事预则立，不预则废。企业运营也是一样，管理者要高瞻远瞩，确立科学的企业愿景，然后以目标为导向一步步实施；目标实施过程中，管理者还要随时管控成本，实现利润的最大化，确保企业能长足发展。

（4）制定和完善制度的能力

制度是企业稳定发展的保障，是企业规范发展的关键；企业的制度不在数量而在质量，在高效实施；企业制度与企业中的每个人都有关，其公平度、可信度关乎每个人，更关乎企业的生死存亡。

（5）信息管理和筛选的能力

信息是企业发展过程中不容忽视的资源，对信息的管理是企业日常管理中重要组成部分。企业要实施有效的管理，就要对所掌握的信息进行筛选和整合。企业的规模越大，面对的环境就越复杂，管理者对信息的掌握就越重要。面对杂乱的组织内外部信息，管理者需要拨开云雾，站在企业发展目标的角度，对信息进行整合、梳理，最终找到有利于企业生存和发展的有效信息。

（6）系统的目标管理能力

管理是企业目标达成的关键。在日常的企业目标管理中，全面而有效的管理活动体现在：企业管理者要具备着眼未来、狠抓绩效、重视成果的系统管理能力。

（7）整体与部分的分析能力

企业管理者要有大局意识，要将企业发展放置在社会大环境下进行考察，要将企业作为一个完整的整体去看待，要分析影响企业发展的各因素及其关系。

（8）简政放权的能力

企业管理者要明确自己在企业中的定位，要敢于放权，将企业日常的工作事务交给团队去完成；企业管理者要着眼未来、舍小抓大，带领企业走向更高的平台。

（9）财务管理与分析的能力

企业管理者要根据资金、人员、市场等因素做出有关决策，决不能盲目开展项目；要科学而合理地管理资金，审时度势地分析资金流向，让企业运转在正常的轨道上。

（10）利用资金进行赢利的能力

万事开头难，初创企业也面临同样的境遇。在创业初期，如何用最低的成本产生最大的收益，寻找盈利点，是企业关注的重要问题。一般来说解决途径有两个：一是，加大资金的投入，实现产量和销量的增长，以此实现企业盈利；二是，保持投入资金不变的前提下，找到撬动企业盈利的杠杆和支撑点，最终实现盈利。具体采用哪种方法，就要依赖管理者根据企业面临的风险进行决策。

（11）财务报表的分析能力

企业管理者应该重视财务报表，因为财务报表是企业运营的"晴雨表"，财务上的漏洞或者缺陷真实反映了企业在运作过程中的问题，所以企业管理者要透过报表看企业，要及时发现问题，及时分析和判断，及时采取措施，防患于未然。

（12）企业项目管理的能力

当企业面对错综复杂的跨领域问题，需要以项目形式开展工作时，就需要管理者具备管理项目的能力。具体做到：将项目的实施过程进行有效的拆解，从而达到企业高效运营、效率最大化的目标。

（13）商务洽谈的能力

商务谈判是以获得更大利润为目标的复杂交际行动，与谈判双方的语言、动作和心理等因素有关。企业在发展壮大过程中必然要与外界产生联系，其管理者作为企业的代言人，就需要与各方利益者协调，以谈判的形式解决一些事务。

（14）危机公关的能力

企业在运转过程中难免会有一些突发事件或意外发生，如果控制不力，影响波及的范围加大，势必会对企业形象产生负面影响。因此，企业管理者的危机公关能力就显得很重要，其面对突发事件或意外的态度和决策，会直接影响企业的形象和未来的发展。

（15）反思和超越自我的能力

作为企业的管理者，一定要有反思企业和自己的习惯与勇气，要以积极的态度解决企业和个人的问题，要找到企业和个人不足进行弥补，挑战自我、战胜自我。

（16）坚守职业底线的能力

在市场经济条件下，一些企业片面追求经济利益，一些管理者在金钱面前慢慢迷失了自己，做出了一些有违道德、有违法律的行为，这是极不可取的。而且，我们目前正处于经济全球化的浪潮中，一个企业的良知不仅是其承担社会责任的表现，更是其迈入国际市场的入场券。

（17）具有建设学习型组织的能力

成功的企业是一个具有学习功能的组织。学习型企业能够使各阶层成员全身投入，持续学习，这是企业能够持续发展的唯一竞争优势。通过不断学习，企业能够不断地吐故纳新，保持崭新的形象，以生机勃勃的面貌面对外界的多变环境。

（18）具有良好的社会交往能力

要想在社会中走向成功，良好的社交能力是人类必要的生存能力。企业管理者要想让企业在社会中生存，就必须能够从内到外广交朋友，通过自己的言谈举止、内涵融入社会圈子，让企业有走向成功的可能。

（19）管理者必须具备良好的心态与素养

企业管理者是企业的心理核心，管理者只有通过平时修炼出稳定、良好的心态，认清楚责任，才能成就大事业。

（20）管理者要具备保持身体健康的能力

随着竞争日趋激烈，工作节奏的加快、生活方式的多元化，使人们身心承受的压力越来越大，健康状况呈下滑趋势。管理者应该对自己的健康状况进行重新认识，对维护健康做一个正确的规划，以达到保健、养生、延年益寿的效果，这也是企业家对社会的一种贡献。

2. 团队的核心员工

核心员工指的是在行业中具备丰富从业经验和较强工作能力的优秀人才。在现代人力资源竞争中，核心员工是各企业竞争的重要对象。在企业运营与管理中，核心员工都在关键岗位上任职，通过运用自己所掌握的知识和技能，充分发挥自身的优势特征，提高企业核心竞争力，促进企业快速且稳步发展。

（1）核心员工的特性

核心员工具有以下特征。

第一，数量少。在大部分企业中，核心员工的数量较少，尤其是创业型公司的核心员工数量更少，其原因是核心员工任职于企业的关键职位，他们掌握着核心业务，并控制着关键资源，核心员工的工作效率与企业发展情况密切相关。若企业核心员工的数量过少，则将严重阻碍企业业务流程的正常运行。

第二，期望高。核心员工作为企业员工数量比例极低的群体，他们为企业发展所贡献的价值是无法替代的。核心员工有明确的职业方向和发展目标，掌握了职场的关键技能与竞争优势，这几点是他们不同于普通员工的重要因素，再加上核心员工对自己的定位明显高于普通员工，因此，他们的期望值也就自然而然地高于普通员工。

第三，易流失。现如今，社会各行业的发展都处于激烈的竞争状态，各企业的发展也是如此。在这种情况下，企业要想持续发展就需要招聘更多优秀人才。而对于优秀人才来说，自我价值的实现是他们所追求的，薪酬福利的获得是他们所期望的，因此，面对高薪、高职等极具诱惑力的条件，他们也很容易跳槽。

第四，不可替代性。核心竞争力是每个企业所具有的独特优势，这种优势不易被模仿，更不可能被超越。而核心员工作为企业重要职位上的工作人员，他们具备核心技能和关键知识，是企业在激烈市场竞争环境下能够可持续发展的动力和保障。因此，核心员工对企业的发展起到了决定性作用，如果出现核心员工离职的情况，那么将会对企业造成负面影响，而且由于职位的特殊性和重要性，人力资源管理者无法在短时间内找到合适的人才。

（2）核心员工的价值体现

在创业型公司中，核心员工的价值体现在以下几个方面。

第一，帮助企业稳步发展。在市场经济快速发展的趋势下，创业型公司面临着一系列风险，如经营风险和技术风险等。若企业缺乏风险防范意识，没有制定风险防范措施，则企业的发展将会面临经济损失等严重问题。核心员工不仅具有丰富的工作经验以及较高的素质和能力，而且对风险具有敏锐的洞察力和规避能力，从而可保证企业可持续发展。

第二，促使企业创新发展。在企业的生产运营过程中，无论是产品的创新研发，还是技术的更新升级，都离不开核心员工的付出与努力。核心员工是企业自主创新的中心，能够为企业带来竞争优势。

第三，使企业可持续发展。企业培养新人的目的非常明确，就是防止出现人才断层的情况，确保公司可持续发展。通常情况下，核心员工与企业的成长步伐是一致的，核心员工所掌握的知识、技能和经验也是企业的财富。核心员工通过培养新员工，既能够将自己所掌握的知识与技能有效地传承下去，还能够帮助企业实现可持续发展。

（3）核心员工的保留策略

要想留住核心员工，企业应该做到以下几点。

第一，薪酬待遇市场化，满足员工心理平衡。企业的薪酬体系一般都是基于员工的工作绩效而建立的，也就是说，工作绩效决定着员工的薪酬额度，同时薪酬额度还反映出员工的价值。随着企业的发展和市场的变化，薪酬体系要随之改进和完善，对员工的行为习惯和工作目标也要有所调整。此外，需要注意的是，薪酬体系一定要体现出公平性、合理性以及竞争性，合理公正的薪酬体系和政策是企业留住核心员工的重要手段。

第二，激励形式多元化，提升员工积极性。目前，创业型公司的发展现状及其特点主要体现在激励机制缺乏多样性、长期性和保障性。激励机制和薪酬体系是否完善直接影响着员工的工作效率和绩效水平，从而影响企业的运营和发展。因而推行合理有效且完善的激励机制是创业型公司实现目标的基本保障，同时也是提高员工综合素质和工作能力的重要举措。

第三，企业管理规范化，保障员工成长空间。企业各部门的运营都离不开管理，也就是说，管理贯穿于企业整个运营过程。因此，企业要高度重视对管理方面的提升，让员工认识到管理的重要性，创建一种有利于公司持续发展的管理组织模式。

随着企业的持续发展，管理工作也逐渐规范化。管理规范化对于企业的生产经营具有至关重要的作用，是企业所有员工都应该共同遵守的规定和准则。

第四，组织架构扁平化，减少沟通障碍。传统的组织结构以纵向沟通为主，这种组织形式对员工之间的交流造成了阻碍；而扁平化组织结构恰好解决了这一问题，加强了各部门成员之间的横向沟通，实现了对外开放交流。社会经济的快速发展、市场环境的变幻莫测，都要求企业要及时做出适当调整和正确决策，只有这样，才能保证企业的竞争优势，而扁平化组织结构将更利于企业快速适应市场的动态环境。

除此之外，扁平化组织结构既可以提升企业的管理水平，还可以降低企业的管理成本，实现信息的快速传播与资源共享，加强企业各成员之间的沟通，尤其是领导和员工之间的交流，更重要的一点是，为各成员展现自主性提供了机会。

第五，企业文化人性化，增强员工归属感。不管是已经发展成熟的大企业，还是处于创业时期的小公司，都应该重视企业文化及其建设。优秀的企业文化可以为企业营造浓郁的文化氛围，形成企业所需的精神力量，从而间接提高企业的经营和管理水平，加强员工的工作能力和合作能力。

营造充满人文关怀的企业环境和文化氛围，能够增强员工的归属感，让员工深刻意识到自己与企业之间是相互依存、共同成长的关系，即员工的成长情况决定着企业的发展水平，企业的发展成果决定着员工的利益，从而促使员工实现自我价值，为企业发展贡献力量。

（五）创新创业团队的组建要求

1. 创业者的自我评估

（1）相似性角色

人在交往过程中往往愿意与在很多方面和自己相似的人交往，这样更容易互相了解，更加自信地对未来行为做出反应和预测。创业者在创建团队时也容易遵循相似性原则，更愿意选择在背景、教育、观点上与自己相似的人，因此，团队成员大多数来自同一领域。但是这种选择成员的方式也存在很多问题：知识、技能、经验的重复程度高，导致过多的冗余，使企业因缺乏其他领域的专门人才而不能进行有效的运营。

（2）互补性角色

相似性角色的选择可以让创业者在创业企业的管理中感觉到得心应手，但是由于企业需要的人才是多方面的，因此，团队中成员具有各方面的知识、技能、经验对于企业来说是有利的。一个团队成员所缺少的可以由另一个成员来提供，他们形成的整体效果会大于各成员的总和。所以，强调团队成员的互补性可以说是一种更好的策略，可以提供给企业更多样化的人力资源基础。

（3）创业者的自我评估

创业者在组建团队的时候，需要从知识基础、专业技能、创业动机、承诺、个人特点等多方面进行自我评估，只有这样才能组建成更加有效的创新创业团队。在知识、技能、经验上遵循互补性原则，在创业动机和个人特点上考虑相似性原则，这是一种选择成员的有效平衡方法。

2. 选择创业的合作者

（1）认知性冲突

认知性冲突是指团队成员在企业经营管理过程中对问题的意见、观点不一致。这种对问题存在分歧的情况是有效创业团队存在的一种正常现象，它有助于提高团队的决策质量和组织绩效，促进最终的决策在团队成员中的接受程度。

（2）情感性冲突

情感性冲突是指成员之间在人格化、个人关系、个人导向方面存在不一致。它会导致团队的绩效被破坏。情感性冲突的发生往往会让团队成员不愿意对问题进行深入的讨论，阻止成员参加有效的关键性活动，从而降低团队绩效。这种冲突往往会导致成员之间的不信任、回避，阻碍团队的开放式沟通和交流。

3. 创新创业团队的要素

（1）目标

目标是创新创业团队结构建设的组成要素之一。创业者将在工作上相互关联、相互依存的个体组成团队，在此基础上通过合作的方式，共同努力实现团队的目标。对于创新创业团队而言，公司的正常运营是实现创业目标的基本前提，而目标的实现需要全体成员共同完成创业阶段的每个环节的任务。

（2）定位

创新创业团队的定位是指公司根据现有的组织结构和发展情况，同时结合市场的发展变化，利用多种不同的方式和手段，确立公司的发展方向，并组建新型的组织形式。这种新型的组织形式要打破以往的思维定式，并且表现出显著的凝聚性及合作性，将团队成员组建成具有高凝聚力的合作性组织。创新创业团队定位的思路是先确定团队的全部成员，再根据每个成员的表现筛选出团队负责人，然后制定团队管理规范制度和有效的激励措施，明确各成员的工作任务和职责，以及整个团队的组织结构形式。

（3）职权

职权是团队中目标和定位的延伸，具体指团队成员所需要承担的职责和享有的权限。换而言之，职权是指团队的工作范围以及在一定范围内进行决策的支持程度。职权的划分是以团队的规模、结构以及定位等方面的内容为依据的。

（4）计划

在明确全体成员的职责和权限之后，团队要制订详细缜密的计划，将职责和权限进行分配，再通过指导的方式，让成员充分掌握和理解自己的工作内容与具体做法。

（5）人员

团队人员的选择和确定决定了团队的发展水平。团队成员的选择要从多个层面进行考察，如知识、技能和经验，要根据企业发展需求有针对性地选择人才。此外，团队的目标、规模和类型也是确定人才时需要注意的因素。

4. 创新创业团队的组建原则

企业在创业初期面临的最大挑战是团队的组织和管理，这是创业企业能否成功开展业务的关键因素。此外，在企业进行人力资源管理的过程中，对于团队的组建和管理是其中的核心，只有在公司拥有一支优秀的核心员工队伍时，公司创业成功的可能性才会增加。在组建团队时，公司创始人需要考虑以下原则。

（1）合伙人原则

创业公司在用人方面与普通公司有根本的区别：常规公司雇用员工，员工是在为公司工作；然而创业公司是在招聘合作伙伴，招进来的合作伙伴是将工作作为自己事业的，其重要性不言而喻。只有将员工视为合作伙伴，创业公司才能迅速成长。因此，创业团队需要寻找的成员是合作伙伴，需要遵循合伙人原则。

（2）热情原则

创业公司在启动之初有很多工作要做，成员们需要精力十足。要保持这种状态，团队中的每一个成员都必须对工作充满热情。对事物的热情程度是一个人成功的关键指标。在创业初期，成员在完成大量工作任务的同时，需要工作的时间也非常长。如果所有成员，无论级别高低，都对自己的创业生涯缺乏信心，那么他们将处于消极状态，并且这种状态将波及团队中的其他成员，其后果是非常严重的。因此，保持成员的创业热情对公司的创业结果至关重要。

（3）团队原则

创业公司是否能取得成功是由整个团队决定的，而不是团队中的某个人。团队造就了企业的凝聚力，团队中不能存在个人主义，成员们的价值如何，应该体现在为团队做出的贡献上。团队中的每个成员必须以团队的利益为最高目标，每个人在工作中都应该积极分享，喜悦和困难都要共同承担，这样，一个团队才可能成功。

（4）互补原则

创业的团队需要具备各种才能的人。比如，需要管理者，而且要求管理者不仅需要具备全面独到的战略眼光，还需要有耐心；需要可以内部协调和外部沟通的人才；需要擅长技术的专门人才；需要营销能力突出的人才。总之，团队需要各类人才，要兼顾到创业工作中的每一个方面。选择团队成员时，创始人还需要根据当下的不足之处去挑选，需要找到匹配的成员来弥补现实与理想的差距。在一个好的团队中，成员们的能力可以形成很好的互补，这种互补性对团队成员之间的合作也非常有帮助。因此，对于企业创业的成功，建立具有互补优势的团队是关键因素。除此之外，选择成员时，成员们的个人特征和个人价值观等都需要考虑进去，并且，创始人需要听取团队成员的建议。

5. 创新创业团队的组建步骤

组建创新创业团队需要按照一定的程序来进行，具体步骤如下。

（1）创业者首先需要广泛召集企业界人士、领域专家、目标客户等群体讨论企业的具体职能和经营活动以及关键问题，通过探讨宏观和微观层面的问题来决定企业将来的发展方向。

（2）列出包括创业者在内的所有候选团队成员名单和他们的个人特点、所擅长的业务。

（3）根据所选项目的特点和企业的组织职能形式来确定创业团队的规模与成员人数。

（4）运用比较优势理论、相似性和互补性原则等来确定团队成员。

（5）将企业的主要业务活动分配给所有的团队成员。

（6）为每一项主要业务活动设定职权范围并为负责人设定目标。

二、大学生创新创业团队建设的路径

在当下迅猛发展的信息时代，人工智能技术越来越先进，许多人工正在被智能机器所取代，企业也正在削减对人力资源的需求。在这种情况下，国家出台了支持创新创业的政策，以鼓励大学生勇于进行创业。大学生进行创新创业具有非常多的优势。首先，大学生具有可以减少创业试验和降低错误成本的理论知识；其次，大学生年轻而充满活力，不惧怕困难，勇于拼搏；最后，受益于大环境的影响，大学生创业可以得到学校和社会的支持。

　　大学生很难独自实现创新创业的成功，因此组建一支创新创业团队是非常有必要的。大学生创业能否成功与团队建设关系巨大。大学生的创业团队将具有相同理想和目标的人汇聚到了一起，旨在某一特定的业务领域发展以获得经济利益。大学生在学校接受了有关创业的专门培训，对国家关于创业的相关法律法规有了一定了解，熟悉了基本创业流程，做好了市场前景分析，确定了合适的商业模式。在这一基础上，大学生有选择地确定成员，让团队拥有了专业不同、核心能力不同的人才，彼此相互信任，进行团队合作，一起打造有自身特色的企业文化，制定企业发展战略，共同谋求创业的成功。

　　组建大学生创新创业团队的措施和建议如下。

　　第一，需要对此建立专门的法律制度。增加政策支持并加强和完善相关法律体系的建设，这对大学生创业的大环境有着积极影响。与组建大学创业团队有关的政策和法规，应该升级到法律层面。关于团队中的财产分割，所有权的争议等必须以法律形式进行管理。

　　第二，对大学生创新创业的培训体系应进行完善。在校园中，大学生受到创业教育的机会较少，不仅如此，大学生的商业经验也不够，缺乏管理经验。因此，大学生在建设创业团队的过程中需要专家的指导和支持。一方面，大学生需要聘请导师对团队建设进行指导；另一方面，国家需要在社会环境中，比如各种人才市场中建立创业培训的体系，通过多渠道的助力，帮助具有创业思想的大学生组成团队，帮助他们实现团队管理，为他们的创业助力。

　　第三，为大学生搭建创业平台。在这一过程中存在一个问题，即组建的大学生创业团队的成员整体素质不高，并且在组建过程中，大家找不到自己理想的创业团队成员，这主要受到社会创新创业环境的影响。由于大学生在社会上的影响力不够，他们只能邀请周围的人加入自己的创业团队。这些人主要是同学或者家人，他们的知识和相关技能都无法全面满足创业需要。而如果通过招聘的方式获得其他创业成员，又可能导致整个创业团队的凝聚力不够，在团队遇到困难时，大家不能很好地解决问题。国家应投资建设创业环境，以建立有效促进大学生创业的平台，促进大学生之间的创新创业交流。在这一平台上，目标相同的大学生能够获得彼此的信任，为相同的目标努力，并完成自己创业团队的建设。

　　当下的社会背景是鼓励创业，因此，在这一大背景下组建创业团队变得越来越重要。创业能否成功与创业团队的组建密不可分。不仅如此，创业团队的组成必须受到国家法律的保障，创业团队也应该受到法律法规的约束。因此国家必须出台相关法律法规，以指导和规范大学生创业团队的形成。同时，在这一过程中，还应投入相关的社会力量对大学生进行创业培训，使大学生能够丰富自己的创业知识，提高自身的创业能力和专业技术能力。培养大学生的创新创业精神不仅是大势所趋，对大学生自身的发展也非常重要。

第二节　创新创业的资源整合及途径

一、高校创新创业资源存在的问题

首先，大学生对资源的使用能力低，对学校和政府的依赖性比较强。大学生习惯性地依赖政府和学校提供的资源，没有从市场获取资源和途径的意识，或者说意识薄弱，而过于依赖学校和政府为创业提供的资源很难保证创业项目的长久发展。

其次，创业资源利用率不高。学校建设有高级实验室，配备有先进的仪器和各种设备，而且还有创业空间，这些对于大学生创业来说都是非常重要的。这些仪器没有得到有效地利用也是创业资源存在的一个显著问题。除此之外，政府也为创业提供了相关支持，比如资金、技能训练等，但是资源设置的门槛过高导致很多资源没有被及时有效地利用。

最后，创业资源固化严重，缺乏流动性。创业资源目前来看总体供应不足，在这样的情况下还有一些教育资源没有得到有效地利用，无论是资源的横向流动还是纵向流动都存在资源固化的现象。资源的固化不利于社会资源和市场资源向创业项目的流动。尤其是企业资源，企业是创业的重要合作对象，但是在创业教育方面企业参与的较少，校企之间缺乏深层次的合作。

二、创新创业资源的理论支持

企业资源基础理论（RBT）兴起于 20 世纪 80 年代，主要从企业内部资源要素属性的角度来考察企业竞争优势。这一理论对整合企业资源、挖掘资源潜力、激活生产要素、推动经济发展起着重要作用。RBT 理论认为：企业不仅是一个管理单元，还是生产性资源的集合体；企业由于资源禀赋的差异而呈现出异质性，企业的竞争优势来源于企业拥有和控制的有价值的、稀缺的、难以模仿并不可替代的异质性资源。[①]

---

① 龙勇，王兰. 基于 RBT 视角的联盟类型、企业能力和技术创新关系研究 [J]. 预测，2012，（第 5 期）：28 - 33.

（一）核心资源分析

资源是维持竞争优势最重要、最基本的因素，是企业竞争优势的物质基础。每个企业的资源层次从上到下依次为突破性资源、核心资源、基础资源和外围资源。其中，核心资源对企业竞争优势的影响最大。核心资源是保证一个商业模式顺利运行所需的最重要的资产，包括实物资源、金融资源、知识资源以及人力资源。这些资源使得企业得以创造并提供价值主张，获得市场，保持与某个客户群体的客户关系并获得收益。新常态下大学生在创新创业过程中的宝贵资源是知识资源和人才团队资源。

（二）资源使用能力分析

企业竞争力主要由企业的资源禀赋决定，是企业在能力（无形资源）和产品（核心产品、最终产品等有形资源）上优势竞争的结果。资源基础模型的层次从上到下依次为：①资源——优势和劣势；②能力——结合运用各种资源；③竞争优势——战胜对手的资源与能力；④行业选择——有资源优势和吸引力；⑤战略制定和实施——制定能使企业最大限度地利用其资源和能力实现超额利润的机会战略。因此，在大学阶段成功创业的关键不在于初始资源占有多少，而是控制和使用资源的能力。

（三）资源拼凑分析

资源拼凑的关键就是发现现有资源的新用途或使用价值，重构或创造性地利用现有资源，突破现有资源先前利用经验的束缚，创造创业机会。手段导向型的资源拼凑（利用现有资源）和基于社会关系网络的资源搜寻（获取新的资源）是创业者摆脱资源约束的两种重要策略，具有凑合利用、突破资源约束和即兴创作三个特点。大学生创业面临资源约束问题是普遍现象，这会促使他们利用更少的资源来获得更大的利润。

（四）创业过程分析

蒂蒙斯创业过程理论认为，创业是由商机、资源和团队三要素相互作用、共同驱动的过程，是创业团队如何在把握商机和寻求资源之间保持动态平衡的过程。资源是创建企业必需的支撑要素，其需求形式、大小和深度由商机决定。[①] 成功的创业团队必须制订科学的战略规划来认识、控制并合理配置资源，而不是被资源牵着鼻子走。根据这一理论，在激烈的市场竞争中，创业者快速准确地把握商机和创建一支优秀的领导团队是成功的核心与关键。

三、大学生创新创业资源的整合途径

为了更好地促进大学生创新创业，需要整合创新创业的资源，学校可以发展自身

---

① 石磊，张小卫. 基于蒂蒙斯创业理论的高职创新创业课程教学模式研究 [J]. 陕西青年职业学院学报，2020，（第1期）：21 - 23.

技术研发、举办创新创业大赛、创建创新创业孵化园区，形成资源之间的流动和共享、项目之间的连接以及市场之间的对接，为大学生创新创业资源的整合提供更为丰富的途径。

第一，发展学校自身的资源优势，联合校外的资源。学校有丰富的创业资源，地方政府和企业也能够为创业提供其他方面的支持。学校可以利用共青团作为连接政府和企业的桥梁，将校内外的资源进行整合，努力获取社会上的资源支持，打造校内的创业平台，比如创客空间、创业大赛，通过这些项目的建立与社会、政府之间建立良好的互动和沟通平台。

第二，发展在校大学生自身的优势，获得创新创业的资源。社会普遍认为大学生进行创新创业会缺乏场地资源、设备资源以及资金支持，但是这种认识是片面的。企业资源的理论认为企业资源指的是可以帮助企业提升工作效率的一切相关资产、能力以及公司的组织和特征。一般情况下资源分为三类，分别是物质资源、人力资源和组织资本资源。作为一个企业，它的核心资源是物质资源、人力资源和资金资源之外的企业资源。如果大学生在创业过程中能够开发出企业发展所需要的核心资源，那么对于创业来说是非常有利的。因此我们需要发现大学生自身的优点，帮助他们积累企业发展所需要的知识和技术，获取更多的创业资源。

第三，打破自身资源的限制，从其他途径获得创业资源。大学生是当今时代创业的主体人群，如何帮助大学生解决资源的获得与整合是创业教育需要解决的问题。大学生创业除了需要有创业政策、创业场地、创业资金的支持之外，还需要寻找创业层面上的合作关系，比如咨询相关创业专家、寻求创业意见、进行风险投资管理等，只有这样才能保证创业项目的长久发展。从其他的途径获取创业资源有助于联结外部资源，企业的发展过程就是社会资源不断聚集的过程。企业在社会市场中竞争力的高低主要取决于企业资源的配置是否均衡、优化，企业对资源的使用应该是补充性的、增加性的而不是占有性的。通过资源的补充和增加，优化资源的配置，降低企业发展过程中的风险。

第四，培养学生利用创业资源的能力。企业对资源的获取能力是在资源的分配、获取、使用过程中逐渐形成的，包括对资源的研发、生产，对产品的营销和管理。在学校的创业教育过程中，应该注重培养学生的创业品德、创业素质，提高学生自主创业的能力，培养他们不断拼搏、刻苦奋斗的能力，形成适应社会企业发展的价值思维和企业管理方面的能力。创业不仅仅需要知识能力和技术能力，还需要合作能力、谈判能力以及对社会人力和资源的开发能力，这都是创建企业所需要的。

资源对企业来说是企业不断成长、不断进步的基础，每个企业都有自己发展的优势资源。对于大学生来讲应该明确，创业并不是从外获取资源，而是以自身独特的资源为基础，结合外来的资源加以优化配置，进而保障企业的长远发展。当今环境下，学校的创业教育应该帮助学生正确分析创业优势和创业所需要面临的挑战，帮助学生培养资源的获取能力、资源的整合能力和资源的使用能力，培养大学生对资源的整体掌控能力。

第七章　创新创业教育协同机制的设计与运行

第一节　创新创业教育协同机制的设计

一、设计原则及思路

（一）创新创业教育体系的设计原则

经济发展、综合国力增强、社会进步、国民素质提升都必须依赖于教育系统所提供的不竭动力。通过调研掌握就业供给与需求的基本状况，以研究为导向的高校要根据自身条件，整合所拥有的渠道和资源，结合不同理念，为创新创业教育的思路和方式选择合适的实践路径。

1. 与传统教育体系相融合

普通教育和职业教育是传统教育模式中最重要的两个部分。普通教育通常注重身体素质和心理素质的锻炼与培养，即德、智、体、美、劳等全面发展。职业教育则是立足于前者，以所学专业为核心，加强对专业技能和素质的培养，以满足社会经济发展的要求。由于教育需求逐渐向多样化和专业化方向发展，普通教育和职业教育也随之细分，各有其不同的教育理念和模式，在教育体系中发挥着不同的功能和作用。在传统教育中，虽然会无意识地涉及关于创新创业教育的内容，并在一定程度上进行实践，但是传统教育中所涉及的创新创业教育处于零碎且不固定的状态。相比于传统的教育模式，创新创业教育增添了更加符合经济社会发展需求的内容，包括创业精神和创新能力。职业教育与传统教育的发展是相辅相成的。因此，在构建创新创业教育体系的过程中，要充分发挥普通教育和职业教育的基础性作用。普通教育为创新创业教育提供基本的发现问题的能力、知识储备以及创新创业所需的开拓进取、敢于担当的责任感。职业教育为创新创业教育提供相关的专业技能和规范。创新创业教育的实践过程是循序渐进的，有着不同于普通教育和职业教育的教学模式与体系，能够满足学生多样化教育的需求。学校作为教育主体应整合不同资源和路径，以普通教育和职业教育为基础，扎实推进创新创业教育相关工作。

2. 创新性与实践性相融合

社会的发展、国家的繁荣、民族的进步离不开创新创业教育的发展。当今世界各国竞争激烈，谁具备创新精神，谁就能在竞争中占领先机，所以敢于创新、积极进取的高素质人才就成为国家发展不可或缺的因素。相对于注重自由发展的自由型高校以及重视学术能力、聚焦学术研究领域的研究型高校，以社会服务为导向的高校则在建设创新创业教育体系的过程中，强化社会服务的理念，注重创新创业教育实践。在此基础上，以社会服务为导向的高校以创新创业为核心，配合学校在教学、管理、科研等领域的改革，对教育方式、人才培养方面进行革新。创新创业教育是面向全社会的，教育理念、教学模式、学习方法是重要的创新内容。学生能够在学习中获得开创性、多元化的思维能力，这是创新创业教育的目的。想要实现这个目标，需要整合多方面的渠道和资源，构建能够满足不同需求的创新创业教育体系。实践能力是在创新能力之外又一不可或缺的条件。与传统教育模式相比，创新的思维方式、创业的行动能力、开拓进取、勇于担当的品质是创新创业教育的核心内容。创新创业教育模式的探索是困难和艰巨的，因为它是对普通教育和职业教育的进一步深化，所以实践能力就成为影响学生创新创业的关键因素。实践能力包括身体和心理两个方面，可以通过学校的教学活动和社会生产相结合的方式来培养。

3. 一致性与差异性相融合

培育具有创新思维和实践能力的专业型人才一直是高等教育的主要目标。创新教育是在创业教育的过程中实现的，不能将二者分离，要将创新教育和创业教育相融合，为学生构建创新创业教育机制，协同不同主体，重点培养学生的创新能力、创新思维、创新意识以及敢于开拓、主动承担的精神品质，这是高校创新创业教育的落脚点。因此，创新创业思维要始终落实在学生的培养过程中，它符合高校专业培养的要求，是培养人才的路径。学术研究是以研究为导向高校的关注重点，但是不同高校受不同因素影响，都会选择符合自身条件的发展方向，所以各个高校在创新创业教育机制的构建上不尽相同。首先，地理因素决定社会环境，处在不同地域的高校有着不同的社会条件，高校在构建创新创业教育机制的过程中可利用的社会资源存在差异，这直接影响高校对创新创业教育实践模式、教育方式的选择。其次，发展导向存在差异的高校在人才教育的目标定位上也是不同的。高校应充分了解不同专业学生的需求，以专业类型为基础，针对性地对学生的创新创业教育制定个性化的教学内容和目标，照搬其他高校的教育模式是不可取的。

4. 主体性与互动性相融合

创新创业教育的目的是培养具有创新意识和创业精神的人才，所以在教学过程中要将主体性与互动性充分融合。老师和学生在创新创业教育中发挥着重要作用，在以研究为导向的高校中，师资力量充足，科研水平较高，老师既可以开展教学工作，也能推动高校科研水平的发展。通过教育让学生获得知识和技能，并将其运用到实践中以满足社会多样化的需求是高校培育学生的根本目标。因此，在教学过程中要帮助学生制定符合自身条件的目标，注重培养学生的个人品质，让学生在学习过程中学到知识和技能的同时，又能感受到人文关怀。师生之间的互动在创新创业教育中发挥着重要作用。避免单向的灌输式的教学模式，丰富教学内容，创新教学方式，在教学过程中重视与学生的沟通和互动，增强师生之间的了解。老师要及时掌握学生的反馈，通过多样的沟通渠道帮助学生提高发现问题、解决问题的能力，发掘学生的创新意识和创业精神。人们常常片面认为创新创业教育仅仅是为了培育新的企业开创者和提高就业率，对其更深层次的作用缺乏了解和认识，在这种思想的影响下容易使创新创业教育成为成功者的宣传平台，在教育理念和模式上偏向功利，与创新创业教育的初衷渐行渐远。

（二）创新创业教育体系的设计思路

创新创业教育机制的建立对高校来说是一项艰巨的任务，需要协调多方力量参与其中，与传统教学聚焦学科建设相比，创新创业教育在提高知识水平和技能的基础上，更强调学生与社会的匹配。所以，高校应整合多方资源，协调各方力量参与到教学过程中，构建创新创业教育机制，为学生提供细致全面的创新创业指导。高校创新创业教育将创新作为最根本的教育理念，这是与传统教育思路和模式最大的不同。创新创业教育机制的构建要根据社会和学生的需求制定新的培育标准与目标，高校应将创新意识和创业精神贯彻到教学活动中，并与学校的长期发展目标相结合。高校既要让学生们学到基本的知识和技能，又要通过创新创业教育引导学生对知识和财富的开拓，培养学生发现问题、解决问题的能力，树立创新创业的思维和意识，以及敢于担当、勇于探索的个人品质，促进学生的全面发展。具体来说，高校可以建立合理的奖励制度，例如针对学生的创新创业制定激励标准，对有意愿创业的学生提供知识、物质以及政策上的支持。如果创业顺利，学校应给予积极肯定，如果创业遇到挫折或失败，学校不能置之不顾，应帮助学生发现问题并给予支持，通过合理的激励制度，帮助学生加深对创业精神的理解，使学生将创业作为步入社会的重要选择之一，让学生在知识储备、专业技能和心理素质上做好准备。

高校在创新创业教育机制的构建过程中，应将教育目标和理念作为出发点，在教育过程中始终贯彻创新创业的目标和理念，把创新创业的思维方式深入到教师队伍的建设和学生的培育中。通过对学生知识储备、专业技能、心理素质和个人品质等方面进行全面培养，将创新创业的理念和思维方式与人才培养机制相融合，在学生学习的过程中就能培养创新思维和创业精神。在具体课程内容的选择上，学校应将创新创业的理念融合其中，为学生创业提供扎实的专业技能和心理素质基础。在教学方式上，除传统的学校教学之外，还应注重对学生实践能力的培养，丰富实践课程内容，例如举办创新比赛、建设创业基地等方式，让学生能够将自己的思考转化为实践，积极锻炼学生主动发现问题、解决问题的能力，通过此过程将学生的创新意识和创业精神激发出来，为学生创业奠定基础。高校在构建创新创业教育体系的过程中，还应注意传统教育内容与前沿的教育理念的结合，只有在传统教育的基础上吸收应用好新的教育理论，才能更加高效地构建创新创业教育体系，并真正发挥创新创业教育的作用。

综上所述，社会发展日新月异，对人才的需求也在不断变化，高校在建设创新创业教育时应在发挥传统教育模式优势的基础上顺应社会发展需求，重视教育的社会服务功能，协调和调动多元主体参与到创新创业教育中来，以学校为主体，整合多方资源，构建完善的创新创业教育机制。

二、"校企"教育协同

（一）校企协同人才培养的目标定位

校企协同人才培养的宗旨。满足区域和不同行业经济发展需求、培育符合社会要求的专业型人才，匹配高等教育改革和发展的要求，把学生作为教育的核心，培养专业技能；高校与企业建立多样的合作关系，包括技术研发、学术研究、人才培育以及社会服务等，将学校的教学资源和企业的社会资源相结合，推动校企的协同发展，这是校企协同教育的基本目标。

校企协同人才培养功能定位。高校身处教育改革的一线，应提高为经济发展服务和满足社会发展需求的能力。对此，高校应充分整合资源和渠道，以区域经济为基础，构建完善的校企协同机制。处在市场竞争环境中的企业对人才的需求是多样的，高校要重视对学生创新创业教育的投入，为学生提供社会服务的平台，帮助学生更好地与社会需求相匹配，既能充分发挥人才对社会经济发展的推动作用，又能提高学校创新创业教育平台建设水平，促进学校综合实力的提升。

校企协同制定人才培养目标。高校和企业作为校企协同创新创业的主体都应参与人才培育目标的制定。企业想要获得符合自身长期发展需求的人才，需要将企业的长远发展目标与人才培育相结合，对人才精准定位和培养。国际竞争日趋激烈，创新越来越成为提高综合国力的关键因素，国家和社会的发展对具备创新素质人才的需求增大。高校是培育人才的最重要主体，以研究为导向的高校应承担起培养创新型人才的责任，和企业共同构建创新创业人才培养平台。与研究为导向的高校不同的是，以教学为主的高校主要任务是培育本科生，人才类型主要为重视实践的应用型人才。所以，以教学为主的高校应与企业协作制定符合社会经济和企业发展需求、能够提高实践能力的人才培养机制。兼具研究功能和教学功能的是以教学研究为导向的大学，培育对象主要为本科人才。由于自身的定位，教学研究为导向的大学更注重培养学生的综合技能。因此，具有良好学习能力、应用能力、实践能力和创新能力的人才是以教学研究为导向大学的培养目标。

（二）校企共建教学体系

培养目标的实现必须以完善的教学体系建设为基础。课程内容不能及时跟上社会经济发展的变化，教学方式上缺乏与学生的沟通和互动，不能为学生提供充足的实践机会，不符合社会发展的实际要求，这些都是传统教育存在的问题。所以，学校和企业应在教学体系建设方面相互协作，共同制定符合学校和企业需求的教育体系。

1. 理论课程体系建设

在理论课程体系建设方面，专业课程和专业基础课程是国内高校专业课程最重要的两个部分。专业基础课程分为理论教学和理论实习、实践的教学环节，主要目的是培养学生的基本知识和基本理论基础，提高学生的基本知识和技能。达到专业培养要求的工程基础类课程、专业基础类课程和专业课程所占学分比例应占到三分之一。工程基础类的课程与专业基础类的课程都应发挥数理学科和自然学科在提高学生应用能力方面的作用，这些都应在课程的制定过程中予以体现。专业类课程在设计中则应该注重培养学生的实践能力。高校的课程设计不应仅局限于本校，还要为学生提供多领域、跨专业以及其他学校的选修课程。社会经济各领域联系日趋紧密，每一个领域和专业都不可能独立发展，都需要加强和其他领域的联系与交流，以此来推动自身领域的发展。国家之间的交流与合作也是同样的道理，国家的发展也越来越需要具备综合素质能力的人才。所以，选修课程在设置上应注重多元化。学生通过基础课程的学习达到课程要求后，学校应引导学生选修对自己专业有帮助的跨领域学科课程。既能通过理工学科提高实践能力，又可以通过人文学科培养逻辑思维的能力，多学科课程的学习有利于提高学生的综合能力，为培养创新思维奠定基础。具体来说，文科学生选修符合自身发展需求的理工科课程，锻炼自身的实践能力。理工科学生选修适当的文科课程，增加社会科学的知识储备，提高自身的文学水平。除此之外，学校还要引导学生选修其他学校的课程，不仅能增加学生获取知识的渠道，也能提高各学校教育资源利用效率。当今社会各行各业都在不断发展变化中，高校要围绕社会发展需求开设相关课程，也要随时根据行业变化更新课程内容，以符合社会的发展要求。当前大部分高校与企业的沟通仅仅局限于管理人员层面，使得校企协同的主要参与者缺乏交流与沟通，造成学校对企业的需求了解不足，在课程制定上容易与企业的发展产生偏差。因此，学校与企业的沟通层面下移，让双方能够清楚彼此的想法和需求，这样可以减少课程设置的误差。此外，学校要对所开课程相关领域保持高度的关注，时刻掌握行业的变化动态，及时对课程方向进行调整，既让学生学到最前沿的行业知识，也积极满足社会发展的变化需求。

2. 开设第三学期

通过设置第三学期的课程形式指导学生实习，让学生有机会将学到的理论知识转化为实践。开设第三学期是国内高校在采用"3＋1""3＋2"教学方式的基础上开创的新的教学模式。当前国内只有少数民办高校设置有第三学期，公立高校对开设第三学期的投入不足。第三学期的设置不影响第一、第二学期的课程计划，它是在前两个学期课程周数不受较大影响的基础上，将第一、第二学期的部分课时整合为第三学期。第三学期的课程有别于第一、第二学期，包括课程设计、综合实验以及专业实习等实践内容。学生通过第三学期的学习，能够将前两个学期所学理论转化为实践，并在实践中总结之前学习存在的问题，并在接下来的学习过程中积极解决，发挥第三学期的过渡作用。经济社会发展需求变化较快，因此第三课程的设置也要不断更新，更需建立与第一、第二学期的教学联动机制。规范的课程设置和充足的资金支持是第三学期正常开展的重要条件。在课程上主要有实习地点、实习内容、考核标准等设置。首先，指导老师在第三学期的教学过程中发挥着重要作用，老师的教学时间和教学难度增加，所以应合理增加教师的收入水平。其次，实践课程是第三学期的主要内容，学校的设备损耗增加，为了确保课程任务的顺利进行，学校应加大对设备维护的投入力度。第三，和学生学习生活相关的图书馆、专业教室、宿舍、食堂工作时间也要根据学生的课程活动进行合理规划。第四，学校对于学生在实习过程中的安全问题要做好全面、细致的管理。由于不同于第一、第二学期的教学模式，学校需要科学制定第三学期的考评体系。每个学校都有各自不同的特点，因此第三学期的开设没有统一标准，学校应根据条件的不同制定符合自身发展的运行模式。

3. 实施双师型教学

加强高校与企业之间的人员交流是增进双方了解、提高合作水平的重要途径。部分学校和企业建立研究所，学校教师应在研究所的课题研究人员中占一定比例，聘任专家要对学校和企业有足够的了解，搭建教师、专家和企业人员沟通交流平台，发挥各方长处，提高工作效率。教师在研究所中能够接触到社会经济发展的前沿问题，可以将最新的知识教授给学生，拓宽课堂内容的来源渠道，让学生所学理论更好地与应用相结合。学生在对前沿问题的了解和学习过程中，锻炼了发现问题、解决问题的能力，最重要的是学生的创新意识也大大增强。

（三）校企共同实施培养过程

1. 订单式培养

订单式培养是指高校和企业签订用人合同，以高校教学资源和企业社会资源为基础，双方共同参与人才培养计划的制定以及人才培养落实的过程，学生通过考核达到培养标准，企业按照合同规定安排学生就业的协作办学模式。订单式培养的最大优点在于高校、学生、企业之间的关系是平等的，三方都能在人才培养中发挥各自的主体作用。企业应把握好行业发展的方向，根据企业发展的需求制定培养标准和数量，以订单形式交由学校对学生进行培养管理。在培养人才过程中，学校和企业应加强沟通，把握企业和社会发展的需要，协同制定培养方案和目标。企业将行业最新的动向提供给高校，高校则以校企协同制定培养方案对学生进行定向培养，学生达到考核标准，毕业后由委培单位安排就业。"一班一单"和"一班多单"是订单式培养的两种形式。"一班一单"是指一个企业的职位需求都为同一个专业，而且企业对该职位的需求数量能够组建一个班级。而"一班多单"指的是企业缺少某一领域的专业人才，但是对该类人才的需求量不足以组建班级，为了提高人才培养的效率，多个企业共同下订单，高校则将职能相近的岗位整合在一起，培养学生的职业岗位能力，即一个班级和专业与多个企业订单相对应。为了保证订单式人才培养的质量，学生可自愿报名，通过初审的学生组建班级，并在企业的实训基地接受培训，通过严格规范的考核提高学生专业技能，满足企业的需求，使学生素质更好地与企业发展相匹配。学校和企业之间良好的互动交流是订单式人才培养顺利开展的重要条件，包括招生、专业设置、岗位要求、教学内容与企业生产经营相匹配等问题，这些都需要双方在确定订单前达成一致。企业应将长期发展规划和需求明确向学校传达，避免培养过程出现偏差，提高培养效率，降低培养成本。

2. 校企教育资源共享

校企协同的培养模式还在不断发展中，学校和企业应同心协力，探索构建校企的沟通交流机制，双方应整合共享人才培养资源，提高人才培养的资源利用效率。企业竞争力的增强与高校科研水平的提升以及创新创业机制的构建都有赖于校企协同及教育资源的共享。实习平台由企业搭建，高校则给予企业技术研发支持，以人才协同培养机制为基础为企业输送专业人才，形成合作共赢的良性互动机制。整合高校的教育资源和企业的社会资源，为学生的培养提供优质资源，不仅有利于创新创业协同机制的建设，也有利于为社会发展提供所需人才。企业的创新能力、人才队伍的建设都能从校企教育资源共享中受益。学校和企业共同建立实验室是资源共享的另一种形式。实验及实习所需的设备由企业提供，学校则提供教学设施和师资力量，通过资源的整合与共享，提高资源利用效率。将人才的培养和员工的培训相融合是协作共建实验室的特点，能够实现校企的优势互补，降低培训成本。实验室的建设要以教学内容和学生能力为基础，建设满足多样化需求的实验室，包括基础实验平台、综合应用实验室以及创新研究实验室。基础实验室主要为大一新生设立，将课程教学与实验相结合，培养学生的基础知识和实验技能。综合应用实验室则面向二年级以上的学生，通过创新型和开放型创新实验内容提升学生对知识的实践应用能力。创新研究实验室则为理论知识掌握牢固、实践能力出众的学生提供科研和创新实践的平台。创新研究实验室的实验环境和设备水平较高，在企业项目的引导下，有利于学生创新意识的培养。实验室及实践基地的硬件条件对学生的培训发挥着至关重要的作用，但是设备的维护与更新需要较大投入，仅仅依靠高校自身的力量难以满足教学发展的速度，导致人才培养达不到企业的要求。建立完善的实验、实践基地对于大多数高校来说还较为困难，实训设备若跟不上教学内容的变化，会造成学生的实践能力与企业的需求不相匹配。因此，借助企业力量有利于减轻高校负担。具体来说，高校向企业提供技术服务和有偿服务，企业则给予高校实验设备资源，这对双方来说是互利共赢的。技术是企业发展的核心要素，高水平的员工培训既能够减少设备养护的成本，又能帮助企业提高生产效率，降低生产成本。所以，设备维护与员工培训等问题通过与高校合作，用实训设备置换技术支持和员工培训能够得到有效解决。

3. 学校冠名企业

除了与企业合作的模式，高校还可以通过冠名企业的方式培养人才，这样有利于减少学生将理论知识转化为实践过程中的约束，提高学生的实践能力和创造能力。在挑选冠名企业的过程中，高校应注意企业的生产经营活动是否与学校的专业方向相符，企业的技术是否成熟，这些都会影响冠名后人才培养的成效。确定冠名企业后，高校应给予企业科研和资金支持，使其成为学校发展的一部分。准确合理定位冠名企业的地位是发挥校企协作建立教学基地最大效用的前提。合作机构的确定也是高校冠名企业发挥作用的重要条件。由企业、行业协会、劳动局、教育局、高校等选派代表组成培训委员会。此外，制定合理的教学标准，在实训基地设置教学经理岗位，理论教师和实训教师的配备应与学生、实验设备的数量相匹配。理论教师和实训教师应注重沟通协作，加强双师型教师教育模式的建设。若学生人数充足，则需设置教学经理助手岗位。通过精细化的管理模式，要积极推动校企实践基地的教学内容、标准与企业发展相适应。将企业真实的生产环境与教学环境相融合是高校冠名企业最重要的特点。实训基地整合了高校和企业资源，为学生提供了真实的生产环境平台，也是构建创新创业教育校企协同机制的载体。实践基地既将教学内容带进了工厂，也让学生在企业环境中得到了锻炼。企业通过实训工厂提高了生产效率，降低了生产成本，学校通过实训工厂为企业培养实用型人才，实现了教育目标。

（四）建立校企双方有效协同的机制

1. 建立校企协同的引导机制

高校和企业应共同参与到校企协同引导机制的构建中。校企协同工作委员会是首先要建立起来的，成员包括企业、行业以及高校的管理人员。委员会的主要工作任务是审议培养模式、培养目标、师资队伍建设以及招生就业等问题，此外还应随时掌握行业发展变化，及时对人才培养课程设置和校企协同发展方向做出科学调整。技术合作开发委员会也是校企协同引导机制的重要组成部分。该委员会主要由学校骨干教师和企业技术人员构成，主要职责是根据市场需求的变动，对企业生产升级换代提供科研支持以及高校的理论成果应用到实际生产。为了保证校企人员的研究方向始终符合社会发展需求，委员会还应承担起校企人员培训以及传达行业动态的职责。

2. 建立校企协同的管理与反馈机制

校企协同的管理机制包括统筹规划、相互协调、自主发展等内容，这些都需要以协调理论为基础建立。通过协同管理机制，有效加强校企的合作关系，提高资源的整合度，形成互惠互利的合作基础，充分提升校企资源的利用效率，保障人才质量符合企业生产经营需求。校企协同反馈机制的建立需要与管理机制相结合，管理过程中出现的问题要及时通过反馈机制向校企双方反映并予以解决，维护协同机制的运转秩序。

（五）改变校企双方传统的观念与文化

1. 转变校企双方的传统观念

当前高校和企业对校企协同机制的看法存在差别，企业常常对校企协同漠不关心，而高校则对校企协同展现出积极的态度。造成这种差别的原因并不复杂。众所周知，获得更多的利润是企业始终追求的目标，但是由于企业对校企协同缺乏认识和了解，认为高校是培育人才的主体，校企协同会增加企业的生产成本，不利于企业生产规模的扩大。在这种认识的影响下，企业不愿主动参加校企协同机制的构建。高校虽然态度积极，但是仍然受到固有观念的影响，认为传统课堂式教学是培养人才的最重要途径。受限于校企双方的传统观念，企业在机制构建中处于被动，高校的教学模式也缺乏创新。高校和企业虽然承担着不同的社会责任，但是从功能和作用上看，双方也有着良好的合作基础。高校为社会经济发展输送人才，企业作为经济活动的参与主体，直接受益于学校的人才培养，企业通过人才提高生产效率，获得更多的利润，为社会创造出更多的价值。可以看出，高校和企业都承担了服务社会的责任。因此，企业在生产经营活动中理应与高校协作培养人才。企业应认识到校企协同不仅仅能够培养人才，还能在高校的支持下获得科研支持。高校也要更新观念，依靠社会力量扩宽人才培养的渠道。在校企协作中，高校应依托科研资源为企业发展提供技术研发支持。企业将高校提供的理论转化为生产实践，也有利于高校科研水平的提升。高校为企业提供人才培养和技术支持，企业为高校提供设备支持，既能降低培养成本，又能提高学生的专业技能，所以，校企双方都应更新传统观念，积极参与协同机制的建设。

2. 融合校企文化

高校发展不仅要有良好的硬件条件，还需培养具有自身特点、被社会广泛认同的高校文化。优秀的高校文化不仅能够培养出优秀的人才，还能极大地提升学校的综合实力，高校文化越来越成为学校发展的核心推动力。作为社会文化的一部分，企业文化与高校文化有着相同的文化属性，两者既存在联系，也有各自发展的独特性。企业是市场竞争的参与主体，所以企业文化建设服务于企业生产经营活动。优秀的企业文化能够影响员工的思想和行为，帮助员工解决工作中遇到的问题，为企业发展提供文化动力。高校文化和企业文化在内涵上存在联系，不少企业文化的内容都能从高校文化中找到相同的部分。企业发展和行业的变化对高校文化的影响也十分明显，特别是与社会服务联系紧密的应用型专业和学科。随着社会竞争日趋激烈，终身学习已经被人们普遍接受。学生在学校接受专业知识和技能的培训，进入企业后并不意味着学习生涯的结束，仍然需要学习掌握在企业环境中所必备的能力。因此，将高校文化与企业文化相融合，让学生在校学习期间感受到企业文化，引导学生找出高校文化与企业文化的契合点，帮助学生在认同高校文化的基础上更好地接受企业文化，适应企业的竞争环境，提高自身的抗压能力，促进从校园学生到企业人才的定位转换，锻炼学生的职业能力和社会适应能力。

（六）校企协同人才培养的评价标准

校企协同培养人才的评价包括三个方面，即知识、素质和能力。评价标准要科学合理，最重要的是要与人才发展的规律相适应，高校和企业加强沟通协作，共同参与评价标准的制定。学生是人才培养的主体，高校和企业还应共同承担人才培养的评价责任。

1. 知识方面的评价标准

知识方面的评价包括基础知识和专业知识两个部分。首先，在基础知识上，要掌握本专业涉及的自然科学和经济管理类知识。其次，在专业知识方面，要具备良好的理论应用基础和工程实训基础，了解专业和行业的发展变化，熟练应用与专业相关的法律法规政策以及行业技术标准。

2. 能力方面的评价标准

能力方面的评价主要包括学习能力、发现并解决问题的能力、创新能力和实践能力。学习能力包含学习的方法与技巧，方法指的是获得知识的能力，技巧指的是对新知识的探究与应用能力。发现并解决问题的能力是以所学理论知识为基础发现解决问题的方式和途径。创新能力是指具备创新思维以及研发新产品的科研能力。实践能力指将掌握的理论知识转化为生产实践，并在实践中发现问题、表述问题的能力。

3. 素质方面的评价标准

良好的职业道德素养，对所在行业充满热情，敢为人先、吃苦耐劳，始终保持学习的态度，具备优秀的个人品质，敢于承担责任，善于沟通，能够与他人建立良好的合作关系，注重工作质量和安全，保持良好的职业习惯和态度，以上都是素质评价所应具备的标准。

三、"三课堂"时空协作构建

培育具备创新意识和创业精神的人才是高校推动创新创业教育的最重要意义。学生是创新创业教育的核心，是构建创新创业教育体系的主体。建立科学合理有效的创新创业教育体系，必须覆盖所有学生群体，以第一课堂为平台，教授学生创新创业的理论知识。在此基础上，在第二课堂加入实践化的教学内容，通过校企协同创建的实训基地，帮助学生将理论落实到应用与实践中，更加贴近真实的社会环境，提高学生的综合能力，满足社会发展需求，构建"第一课堂、第二课堂、基地实践"的创新创业教育体系。

创新创业教育体系的建立涉及不同领域和多元主体，需要各方面协调合作，在理念内涵、理论构建以及实践模式的选择上合理规划，建立起教学内容科学规范、培养目标设置明确、评价标准合理有效、保障制度完善的"第一课堂、第二课堂、第三课堂"创新创业教育体系。

(一)"三课堂"创新创业教育体系基本目标

"第一课堂、第二课堂、实践基地"创新创业教育是一个综合性概念，它是在探究创新创业教育内涵的过程中形成的。以第一课堂、第二课堂和实践基地为基础，为所有学生提供"结合专业""分类施教"以及"实践培训"的创新创业教育平台是创新创业教育的基本目标。

（二）"三课堂"创新创业教育体系内容构成

创新创业教育在"第一课堂、第二课堂、实践基地"的教学内容上是逐级深入的，第一课堂主要对学生进行创新创业的基础知识教育，第二课堂将实践活动融入课堂教学，基地实践则从课堂走向实训教学。具体概括为通识类教育、融入类教育、活动类教育、实践类教育和职业类教育，形成"三轨并行、五类教育、相互扶助"的行之有效的创新创业教育体系。

以研究为导向的高校建立创新创业教育体系必须改革现有教育模式，在培养学生的过程中要始终注重学生综合素质的提高，改变传统灌输式的教学方式，引导学生树立问题意识，锻炼学生主动探究问题并解决问题的能力。在教授理论知识的同时鼓励学生将自己的想法应用于实践，并在实践中不断提升学生的综合能力。将理论知识与实践培训相结合，加强与学生的互动，给学生创造更加自由的实践环境，鼓励学生将自己的想法转化为行动方案并予以实施。整合教学资源和校外资源，增强学生创新创业的实践能力。教学内容要紧贴社会发展的方向，将最前沿的知识、理念和技术传授给学生，启发学生主动探究问题的意识，为学生创新创业奠定扎实的理论和实践基础。

1. 第一课堂课程化创新创业教育

创新创业教育的关键是课程体系的建设，课程形式包括"第一课堂、第二课堂、基地实践"。创新创业教育的原则包含三个方面，一是教育对象为全体学生；二是教学内容要与不同专业相匹配；三是培养目标要与人才培养模式改革方向一致。创新创业教育包括"通识型"和"融入型"两种教育形式。在这当中，针对所有学生开展创新创业必修类课程教育和选修类课程教育是"通识型"创新创业教育的形式。具体来说，一是针对本专业学生开设的是必修类课程，设有固定的学分，可以实现对本专业学生有效的"通识型"创新创业教育；二是创新创业类选修类课程对本专业及其他专业学生开放，将专业课程中的创新性课程设置成为任选课的形式，创新创业类选修课在创新创业教育中发挥着重要的作用，是必修类课程的补充与延伸。高校可以通过创新创业必修类课程和选修类课程这两个重要的工具，再结合传统的培养模式，根据学生的多样需求，选择适合学生发展的课程形式和内容。从学生的角度出发，尽力设计出与现实企业运行环境相一致的学习系统，在这样的学习系统之下，可以提高学生的创新、创造能力以及自主决策能力。这样不仅可以使学生学到更多的创业知识，而且可以更好地激发学生的创新创业意识。"融入型"创新创业教育需要满足社会和行业发展的多样化需求，它面向各专业学生开展相应的创新创业教育，与不同学科和专业相结合，将创新创业教育的内容融入教学过程中，对学生创新精神和创业技能的培养需要与专业教育相结合进行。需要提醒的是，创新创业教育并不是自成体系，它与专业教育的结合是一个互补的过程，这个过程对创新创业教育和专业教育的发展来说具有十分重要的促进作用。二者是优势互补的关系，是可以相互交叉渗透的，因此，进行相关教育时要科学和辩证地处理好二者之间的关系，既不能过分进行创新创业教育而影响正常的专业知识传授，又不能使创新创业教育完全依附于专业教育，进而失去自身的主体地位。在进行相关教育时一是可以对学生开展基于专业的创新思维训练，合理引导学生对相关知识点进行创新性想象和创新式解决，创新性思维训练可以有效地培养学生的创新思维，但这是建立在学生对专业知识充分掌握的基础之上的；二是分析本行业、本专业创业前景以及具体实施过程，夯实创新创业教育的发展平台。这是建立在学生对专业知识进行创新性想象和创新式问题解决的基础之上的。

2. 第二课堂活动化创新创业教育

第二课堂活动化创新创业教育相对于第一课堂课程化创新创业教育而言，内容和表现形式更加丰富，且容易被学生接受，它指的是以开展各式各样的主题活动对学生开展创新创业教育，它的原则主要包括三个方面：一是教育对象为全体学生；二是重视培育学生自身特色；三是活动与教育相结合。第二课堂创新创业活动按照项目内容包括三种类型，分别是"普及型""项目型"和"竞赛型"。进一步讲，"普及型"创新创业活动指的是在普通学生中开展各类普及性创新创业活动，通过活动的形式开展创新创业教育，包括创业沙龙、创业讲坛、科技制作与创意大赛、创业征集大赛、流动科技馆进校园活动赛等学校、社会和各类创新创业活动。服务机构是"普及型"创新创业活动成功举办和顺利开展的坚实依托。"项目型"创新创业活动相对于"普及型"创新创业活动而言更为正式，针对部分学生开展项目化的创新创业活动是"项目型"创新创业活动的重要内容，通过相关活动来培养和锻炼学生的创新能力、协作能力以及决策能力等。大学生创新创业训练计划项目是"项目型"创新创业教育开展的载体。引导学生根据自身的特点参加符合自身发展需求的学术学科竞赛是"竞赛型"创新创业活动的主要目标。这些竞赛活动可以分为四个层次：一是国家学会主办比赛；二是省级学会主办比赛；三是重点专项学科竞赛；四是综合类比赛。"竞赛型"创新创业活动可以通过建设学院、学校、省级、国家级科技比赛平台大幅提升学生创新创业能力，同时有效激发学生创新创业参与热情。第二课堂创新创业活动发挥着至关重要的作用，它是第一课堂创新创业活动的有效延伸和课外补充，通过开展包括"普及型""项目型"和"竞赛型"在内的第二课堂创新创业活动，有效推动学生创新创业教育。

3. 大学生创新创业基地实践教育

仅仅开展第一课堂课程化教育和第二课堂活动化教育是达不到对学生进行充分创

新创业教育目标的，还需依托包括学生所在高校和社会各类创新创业服务机构在内的主体建设创新创业教育实践基地或平台，对有创新创业意识倾向或者是正在创业的目标大学生群体开展不同于传统教学方式的创新创业教育，与此同时，为提升学生的创新创业实战能力并促使新企业孵化、成活，需为大学生提供各类创新创业的咨询与服务。具体来说，实践型创新创业教育指的是依托创新创业培训班、挑选优质创新创业项目入驻实践基地等实践性创新创业教育活动，面向有创业可能性和意愿的学生开展的创新创业教育活动，目的是通过教授目标群体开办企业所必备的知识和经验来提升其创业能力避免创业失败。"职业型"创新创业教育指的是发挥学校创新创业职能部门的作用，整合提高学校对不同资源的利用效率，为创业初期的大学生提供包括场地、设备在内的硬件保障以及包括教育、咨询和服务等方面的软件保障，目的是提高大学生的创新创业能力，使其在走出校门之前就可以对创新创业有较为充分的了解，通过大力建设创新创业教育实践基地来提升目标群体的创业实战技能，帮助新企业健康成长。

创业教育的教学模式有以下几种：第一，课堂教学。课堂教学模式主要是传授给学生基本理论知识，使其了解国内外的创新创业现状，创新创业所需具备的基础知识以及创新创业等注意事项。第二，案例研究。现实生活的创新创业案例是珍贵的教学素材，通过对这些素材的剖析可以提高学生发现问题、剖析问题和具体问题具体分析的能力，帮助学生培养和锻炼创新精神、创业能力、决策能力和执行能力，为学生的创新创业提供充足的案例保障。第三，混合讨论。混合讨论指的是邀请企业家、创业园区或孵化基地管理人员以及政府部门专家等共同进行创新创业讨论，是对案例研究的进一步深化和发展，通过各个主体的讨论使学生了解创新创业的相关政策以及具体实施过程，可以使学生对创新创业进行全方位、多角度的认识和把握，通过不同主体的相关讨论进一步促进学生对创新创业方法、技能以及过程的吸收理解。第四，活动开展。对学生创新创业知识和技能考核的最有效途径是开展多样的创新创业活动。通过活动的开展，能够提高学生参与创新创业学习的意愿，提升学生创新创业素质和实践能力，培养学生的团队精神。在这当中，创新创业规划设计是创新创业教育最重要的活动。将学生在课堂上所学的创新创业知识和技能与实践相结合是创新创业规划设计的核心内容，它包括对人、财、物的规划，通过自身创造性的独立思考，提出自己的新设想，将自身的创新思维表现出来进而创造出新的事物，学生可以通过各类创新创业活动实现知识的经济社会价值，完成自身知识资本向物质资本转化过程。采取评优与表彰制度是高校加强创新创业活动组织工作，激励大学生群体参与各类创新创业活动，让大学生在参与创新创业活动的过程中挖掘出自身潜在的创新创业潜能，进一步促进创新创业教育发展的一个长远策略。创新创业教育评优表彰制度的实施方式多种多样，评优与表彰既可以在课堂上进行，也可以在"创业设计"的比赛中举行。在课堂上进行评优与表彰实施起来相对较为简单方便、成本低，但并不影响大学生思维与理论知识更加紧密地结合，在"创业设计"的比赛中进行评优与表彰可以在某种程度上激发学生创新创业的激情和热情。第五，商业实战。商业实战指的是在创新创业导师的指导下，通过创新创业计划，充分利用现有的创新创业虚拟环境和实战训练系统进行创新创业模拟与实验设计，实验需要经过自己独立、创造性的思考而不是简单地模仿他人的创业计划。商业实战相对于普通的各类创新创业活动而言可以使学生体验更加真实的全程创新创业操作实践。这项商业实战模拟系统主要由大学生自己来操作，大大开发了学生创新思维，它是一个思维的聚焦仪，商业实战模拟系统是将理论知识和创新创业知识连接起来的衔接器，为大学生创新创业实践提供了全程性指导和参考，强化学生对创新创业知识和技能的掌握，提高学生创新创业综合能力。商业实战是检验学生创新创业知识和技能的重要途径。

以研究为导向的大学第一课堂以理论学习为主，第二课堂以业务技能学习为主，第三课堂以实践运用为主。在这当中，第一课堂教育即理论知识教学是按照人才培养规格精心设计，具有严密体系和计划，需要不折不扣地完成教学大纲所规定时间内的创新创业课堂教学内容。第一课堂的教学模式与传统课堂教学模式并无太大差异，只是第一课堂的教学在教学内容和方法上更加注重创新性与可操作性；而第二、三课堂的教育则是传统教育体系所缺失的，也是较难实施的计划学时以外的与创新创业教育相关的一切实践活动，第二、三课堂教育的实现需要充分利用实践平台作为支撑和载体。

（三）"三课堂"创新创业教育体系评价方式

要想使"第一课堂、第二课堂、基地实践"创新创业教育体系能够合理有效地组织实施，充分发挥各自的优点和长处，切实提升本校目标全体的创新创业意识和能力，高校需要建立科学合理的创新创业教育评价体系。无规矩不成方圆，合理的创新创业教育评价体系可以有效规范创新创业的绩效评价和奖惩行为，评价指标因素的筛选和确定是该评价体系建设的关键，该指标体系建立时要强调单项评价又要注重综合评价，不仅要创建与创新创业教育理念和原则相匹配的单项模块化评价标准，还要将评价标准融入整体绩效综合评价体系。

1. 单项评价

建设创新创业模块化评价体系。加强创新创业单项评价体系建设，创建与创新创业教育内容及特征相匹配的可操作的创新创业模块化评价体系是不断提高创新创业教育质量的关键。要根据创新创业人才培养目标、现实需求、自身学校的特点来研究制定创新创业教育效果的评估体系，创新创业模块化评价指标体系要涵盖学生、教师、二级学院三个维度，不仅要包括数量统计，还应包括质量评估。除此之外，还需与时俱进，根据时代和现实的要求积极改革过时或不合理的创新创业教育评价方式，在评价和考核过程中不能只重视结果考核而忽视过程考核，考核方式不能过于单一，可以考虑积极推动多样化的考核方式与网络考核相结合，提倡第一课堂、第二课堂以及实践教育采用项目选择、案例剖析、作品质量、软件开发等方式进行综合考量，努力实现全方位和全过程科学有效的考核。

2. 综合评价

纳入高校整体绩效考核评价体系。仅仅对创新创业教育进行单项评价远达不到考核的标准和要求，还需对单项考核进行有效补充，应将创新创业教育作为综合考核的一部分纳入学校整体绩效考核评价体系。具体措施包括以下两个部分：一是创新创业教育应作为高校年度绩效考核体系的子模块之一，对于二级学院亦是如此，创新创业教育质量可视为判定学院人才培养质量和办学水平的参考标准，与此同时高校需要对相关工作突出的院系予以一定程度的奖励；二是改进和完善本校二级学院的创新创业绩效激励办法和措施，高校相关教师的创新创业教育业绩、成果和质量应该纳入津贴发放体系、教职工绩效考核和岗位聘任体系，甚至可以纳入高校职称评价体系。目的在于进一步提高教师进行创新创业教育、普及创新创业知识技能、带领学生开展创新创业活动的积极性。如此进一步加大了相关教育质量评价力度，有助于高校全员重视并积极参与的良性局面的形成，旨在推动创新创业教育的进一步发展。

（四）"三课堂"创新创业教育体系基本保障

创新创业教育不是"封闭式"教育，而是典型的"开放式"教育，仅仅依赖高校的力量远远不够，需要政府、高校和社会三方协调推进。只有建立起政府、高校和社会三位一体的、互帮互助、工作高效的创新创业教育运行体系，我国的创新创业教育才能得以飞速发展并取得长足的进步，因此，要搞好创新创业教育眼光不能狭窄，视野要开阔，实现政府、高校和社会三方协调推进需要做好协调工作，一方面需要促进校内各部门的协调，另一方面需要整合校内校外各方资源。

1. 校内协同

着力完善创新创业教育管理机制。实施大学生创新创业教育，各高校是义不容辞的责任主体，校内协同的开展首先需要将创新创业教育制定为学校发展目标之一，其次高校需要积极搭建创新创业教育实践平台，不断改善自身创新创业教育活动开展的硬件设施，最后是高校需要营造出浓厚的创新创业教育氛围，培养更多富有创新精神、掌握创新创业知识并积极投身实践的高质量应用型创新创业人才。高校需要结合本校发展的实际情况，建设创新创业教育中心或成立专门的创新创业学院。

2. 社会协同

大力优化创新创业教育社会环境。高校是孕育创新创业人才的摇篮和沃土，但是社会的环境也会对创新创业起到潜移默化的作用。从社会大环境的角度来讲，有利于大学生创新创业的社会大环境是非常重要的，需要积极推进政产学研合作，集聚相关要素与资源，搭建各级政府、高校、创客空间、孵化基地以及其他企事业单位等多方联合的创新创业平台，加大对创新创业教育支撑与服务体系的建设，这样可以实现资源整合、资源共享、信息交换和服务优化，最终目的在于为创新创业创造一个良好的局面和氛围，进一步促进有利于大学生创新创业环境的形成，以带动创新创业教育机制的完善和发展。

第二节 创新创业教育协同机制的运行

德国学者赫尔曼·哈肯提出协同一词，他认为系统内部要素与系统间的相互作用在一定条件下可以形成协同作用，产生一种自我组织能力，这种能力可以使得系统的功能与结构变得井然有序，进而让整个系统迸发出新的价值。[①] 而机制一词来源于希腊文，其内涵是指事物内在的规律与原理自发地对事物作用，它具有自发性、系统性及长效性等特征。在社会科学的领域中，机制是指在正视事物各部分存在的前提下，协调事物间的关系以更好发挥作用的运行方式。近年来，机制一词被广泛地应用于竞争、合作及创新等机制中。将机制的本义引申至社会教育领域，便可形成教育机制，因此，教育机制可以指代教育现象中的各部分之间相互的关系及运行方式。按照不同的标准，可以将教育机制划分为多种类型，例如从功能角度考察教育现象间相互关系以及运行方式，包括保障与激励机制。而创新创业教育机制则可理解为创新创业教育现象各部分间的相互关系及运行方式。

其实，可将高校创新创业教育看作是一个系统，其中的政府、企业及高校等利益主体会根据其共同目标表现出协同意愿，为了获取教育增值及培养较为出色的创业者，他们会调动一切资源配置，产生全方位的有机作用，从而实现协同效应。高校创新创业教育协同机制的运行若想取得理想状态，形成一种协同式发展，则必须考虑各方利益主体的诉求，在市场化发展的原则下，建立有效的运行机制，从而促进各方主体相

---

① 王丽丽. 赫尔曼·哈肯的"协同学"哲学思想评析 [J]. 现代经济信息，2018，（第4期）：469.

互适应，达到系统增值的效果。

高校创新创业教育具有全新的育人思想及教育理念，它所涉及的领域几乎贯穿人才培养的全过程，因此不仅要兼顾理论与实践的综合教学，更要在教学方式上做到灵活多变。

一、管理决策机制

高校创新创业教育是一种全新的教育类型，其实践过程并不成熟，需要根据运行实施的具体情况而定，并且要对运行过程中所涉及的各个方面进行不断完善与调整，因此其运行过程与其他较为成熟的教育相比，会面临更多的选择，相应地产生更多决策。为了保证创新创业教育的实施与推广始终围绕共同的总体目标，确保运行保障、育人内容等各方面始终适应实效育人这一标准，必须建立高效的创新创业管理决策机制，这是高校创新创业教育运行的核心与关键。

（一）管理决策主体关系分析

高校创新创业教育管理决策机制的主体包括高校创新创业教育工作领导机构以及创新创业教育专家委员会，前者多由高校的行政管理者构成，而后者多由创新创业教育研究以及教学专家构成。如何定位领导机构与专家委员会，以及如何分配高校创新创业教育工作领导机构与专家委员会的决策权力，都是管理决策机制构建的重点。

高校创新创业教育工作领导机构与创新创业教育专家委员会作为高校创新创业教育管理决策机制的两个主体，两者间分工不同且相对独立。创新创业教育的发展方向由领导机构把控，负责对高校创新创业教育的总体规划，全方位把握着创业资源及经费等，其主要决策范围包括整体的规划发展、经费的投入使用以及资源的整合分配等；而专家委员会则是创新创业教育研究的整体管理者，不仅负责教学内容与方法的制定，还负责科研教学及师资培训等任务。总体而言，领导机构侧重于创新创业教育的发展规划与资源供给等宏观决策，而专家委员会则更侧重于创新创业教育的理论研究与课程培训等微观决策。

高校创新创业教育工作领导机构与创新创业教育专家委员会虽然分工有所侧重、职能相对独立，但是两者间更有着紧密联系与持续作用：领导机构为专家委员会确定教研与理论的研究方向，提供支持作用，而专家委员会根据高校创新创业教育的理论教学研究为领导机构提供策略建议；领导机构通过对高校创新创业教育的整体规划管理会提高专家委员会的科研教学成效，而专家委员会则会通过研究方向的决策与教学课程的设计将领导机构的思路设想实现到位。要想确保高校创新创业教育工作领导机构的决策更具有效性、合理性及专业性，就离不开专家委员会的科学建议与理论支撑；

同样，要想使得专家委员会找准正确的决策方向，也离不开领导机构的认同与支持。

高校创新创业教育决策过程中包含了党委行政与学术教学决策，明晰两个主体间各自的决策对象、范围、程序及权力边界，可以促进高校创新创业教育管理决策机制的建立，要确保领导机构能够承担起全局把控者的角色，可以在整体规划与运行方向中提供正确的策略建议，同时也要确保专家委员会能够在教学、学术等具体事务的整体规划中承担起建议咨询者的角色，在决策的过程中，以制度化的方式达到两个主体合理分工、协同推进的效果。

（二）管理决策机制的运行程序

高校创新创业教育管理决策机制必须具有规范的运行程序与步骤才能确保工作的高效性。领导机构与专家委员会作为高校创新创业教育管理决策机制的两个主体，其管理决策的运行程序也是构成管理决策机制的重要因素。

对于领导机构而言，其管理决策的运行程序应当是富有条理与逻辑性的。针对高校创新创业教育现有规划和资源分配等问题，领导机构会进行分析，从而明确其完善发展的目标。其次，领导机构将提供至少一种决策方案，由民主程序确定最终方案，最后推动方案的实施。当然，在此过程中，领导机构需要根据具体运行的情况进行结果反馈，从而对决策方案进行评估，来确定是否继续执行该方案或是调整改进。在领导机构的管理决策运行过程中，专家委员会主要承担着调研及提供对策建议的工作，两者的相互配合才能促使运行达到高效的目的。

对于专家委员会而言，其管理决策运行的第一步骤便是对高校创新创业教育实际运行实施过程中存在的问题进行分析，明确完善发展的目标，其次，在一定的科学研究理论基础下，提出至少一种决策方案，对于拟采用的决策方案由民主程序确定并向领导机构请示备案，最终推动决策方案的实施。当然，专家委员会也应根据实际决策运行的情况进行反馈评估，从而确定是否继续执行或是调整该方案。在专家委员会决策运行程序的各个环节，领导机构都可进行总体规划与方向的把控，它在管理决策的过程中承担着整体把控的角色，并对专家委员会的决策范围进行管理调控，这便可以将学校党政对高校创新创业教育的整体规划精神在教学管理与学术研究的过程中贯彻到位、落到实处。

总体而言，加强高校创新创业教育工作领导机构的管理决策，在宏观上可以确保高校创新创业的教育内容与发展方向符合学生自由全面的发展需求、符合学校总体规划发展的需求、符合政府社会的高度需求；而加强专家委员会的管理决策则在微观层面更易形成合理的教学内容、方法与体系，从而确保高校创新创业教育的有效实施及科学发展。

（三）管理决策机制构建的基本原则

为了更好地服务创新创业教育的运行、实施与推广以及推动创新创业教育的科学发展，构建高校创新创业教育的管理决策机制是必不可少的举措。由于创新创业教育的实施运行与教育发展都有着明确的特定目标，因此两者间必然有着相适应的特定价值内涵，对于高校创新创业教育的构建来说，必须遵循特定的价值规律与基本原则。高校创新创业教育的宏观目标是：结合国家的政治、经济与文化的发展，联系中国特色社会主义教育实际情况与高校学生全面自由发展的需要，通过教育的实践帮助学生了解创业过程、培养其创业意识及创业能力，这不仅可以让学生以正确的目标导向与价值取向了解认识参与到各个领域的创业中，并且将会更好地服务于中国特色社会主义教育事业的科学发展。而从微观层面角度考虑，其发展目标是树立正确的创新创业价值理念、明晰创业主体意识、完善创业能力结构以及提升创新创业的实践水平。高校创新创业教育的管理决策的价值内涵应紧紧围绕这一宏观与微观相结合的目标体系，因此，下面提出了构建高校创新创业教育的管理决策机制所应遵循的四项基本原则，具体而言：

1. 把握中国特色社会主义的发展方向

高校创新创业教育的最终目标是培养能够从事服务于中国特色社会主义事业的先进创业者，因此创新创业教育的管理决策运行过程应当是正确的，在创新创业课程的内容与理论研究中，不仅要保障教学和理论研究成果，而且要使其更好地适应服务于中国特色社会主义事业的发展。

2. 明确面向广泛学生群体的发展思路

创新创业教育应当适应国家社会发展的各个领域，无论对于何种专业、背景或是职业发展的学生，创新创业教育都应当认识到对他们的能力提升是有价值的。创新创业教育不应仅仅局限于小众教育，受益于少量的精英学生，而是应当面向广泛的学生群体，开展普适性的科学教育，以树立创新创业意识，提升创业能力。

3. 遵循面向社会的实际导向

我国正处于经济转型发展阶段，经济社会的转型升级与发展需求要求创新创业教育的调整与改进，因此需要对创新创业高标准、严要求，以此来更加适应社会的转型升级。在高校创新创业教育管理决策的过程中，要注重理论与实践的紧密结合，将更多资金进行适度整合与调配以投入到实践性的教学任务与科研环节中，促使广泛的学生群体能够知行合一，真正推动社会转型升级以顺应时代发展的要求。

4. 坚定全面发展的育人目标

马克思主义的最高命题与根本价值是人的自由全面发展，这同时也是中国高等教育所追求的至高目标。对于创新创业教育来说，其综合性较强，可以从价值取向、理念运作及社会管理等多个层面锻炼和培养学生的综合能力。应坚定全面发展的育人目标，将其作为高校创新创业教育管理决策过程中的核心任务，只有这样才能实现学生的全面发展与创新创业教育改革发展的至高目标。

对于上述高校创新创业教育的管理决策机制所应遵循的基本原则进行深刻分析，可将其升华至高校创新创业教育应遵循的基本原则。创新创业教育的开展并不是照搬原有的教育内容和模式，而是将这种创新创业教育的理念方法融入创新创业教学体系活动和人才培养机制之中。高校开展创新创业教育时应当遵循以下四项原则。

（1）"全面教育"与"个别教育"共同结合的原则

"全面教育"是指全面提升大学生的创新意识与创业能力，从整体上对创新创业学生的综合素质进行开发与提高，完善其创新创业的知识结构体系和性格品质。"个别教育"是指针对少部分拥有创业潜能的大学生，进行个别的特殊引导和动力支持，以培养出先进的创业示范人才。

（2）"全程性"与"分层性"共同结合的原则

良性的创新创业教育体系应当具有开放性与延续性的特点，这是终身教育系统的重要组成部分。其开放性与延续性在大学创新创业教育阶段就是"全程性"的体现，高校应当将创新创业教育纳入人才培养的目标规划中，与专业的教学科研体系相结合。同时，高校的创新创业教育还应当划分层次，具有侧重点。在大学的初级阶段，应当培养学生的创业意识进行通识教育，随着专业学习的不断深入，应当加大创新创业教育意识的培养力度，开展针对性的技能训练，让学生在创业实践的过程中不断提高自身的综合素质及意志力。而对于高校毕业生来说，应体现教育连续性的特点，实现教育的由浅入深，由全面到重点的发展目标，将高校的创新创业教育落实到位。

（3）"理论"与"实践"共同结合的原则

高校在开展传授创新创业教育知识时，要注重理论与实践的具体结合，才能够真正实现培养大学生创新创业意识素质的至高目标。因此，高校开展创新创业教育工作的同时，既要加强对理论课程教学工作的推广教育，丰富学生的创新创业意识，同时也要根据创新创业自身的实践特点，加强实践教学任务的强度，积极组织学生参与创新创业活动，真正做到理论与实践的共同结合。

（4）"开放"与"协同"共同结合的原则

由于高校受到教育资源局限性的影响，为了积极获取有利的社会优质资源，应坚持开放办学的原则，建立协同创新体制机制。高校还应围绕创新培养人才体系的这一目标，建立创新协同机制，将各部门的职能目标协调一致，促使创新创业教育的效果达到最大化。

（四）改善管理决策机制的对策建议

1. 转变创业教育观念，树立正确的创新创业教育课程理念

高校的管理者要用前瞻性的眼光来设定创新创业课程的理念目标，创新创业的核心是完成素质教育的要求，培养创新思维能力，为受教育者创造条件，使其认识到知识重组的力量。因此，高校既要培养适应目前就业发展需要的普通型应用人才，也要为国家未来的经济发展输送顶尖的创新型人才。明确创新创业教育的课程理念，立足于现实需求与长远发展角度，是开展创新创业教育的指导思想。

2. 加强创新创业学科建设，明确创新驱动发展的新要求

当今社会的发展战略对于我国高校创新创业教育的人才培养路径设定了新的要求。高校是大学生创新创业教育的核心阵地，它担任着教学科研培训、创业资金支持以及人才培养的多项任务。因此高校应当正确认识自身在创新创业教育协同机制中的地位，并在教育的实践探索中表现出来。大学生创新创业教育工作的合理有效将在一定程度上影响我国经济发展的方向，因此构建完善的协同机制对于高校大学生的创新创业教育来说具有重要的指导意义。大学生和企业作为高校创新创业教育的两个方面，只有合理处理好两者间的内外联系，才能充分发挥两者间的协同作用。对于人才计划实施，要制定出完整的科学规划，转变以往的教育观念，将创新创业教育贯穿在教育工作运行过程中，将理论与实践相结合，通过两者的优化整合与合理配置，激发创业者的热情与积极性。其次，应当整合各方资源，在政府、企业及高校的保障体系下，实现理论与实践的高效衔接，在激发学生创新创业潜能的基础上，积极推动教学课程与科研规划的改革。最后，应当设立多层次的教研课程，引进先进的高质量师资队伍，积极鼓励师生参与到创新创业的实践活动中。在资源合理整合的过程中，既要鼓励学生参与创新创业竞赛，也应打造创业导师的科研系统，通过运用双向选择导师的制度，将创业项目与创业者进行合理匹配，最终使得创业者可以寻找到心仪的创业团队。高校应当加强对创新创业教育理论与实践的深入研究，充实教育课程体系内容，设定多层次的目标以吸引更多的学生参与到运行过程中。

3. 丰富课外创业活动，鼓励参与学生社团

学生社团是高校的自由活动主体，在创业活动方面，学生社团可以用多样化的方式将兴趣相投的校内外认识集结起来，形成良性的交流沟通氛围，迸发出创业激情和创意。

4. 充分利用校外资源

高校是一个开放性的系统，因此，在推动创新创业人才培养方面，可以联系各方

外力相互作用，以促进目标的实现。可以校企联合办学，达成合作意向，为大学生提供创新创业的实践机会，提升其创新意识、能力及综合素质的培养。

5. 完善教师激励机制，激发对创新创业事业的激情

高校应以各种表彰手段满足高度自尊与荣誉的教师需求，为他们提供良好的空间满足其精神需要；对于价值需求处于优先阶段的教师，他们会追求更好的人生价值，更加渴望得到领导及社会的认可，因此高校应当设立荣誉性的职位满足其价值取向。由于创新创业教育正处于新兴发展阶段，高校对于师资的选择应遵循择优录取的原则，同时还应完善激励机制，鼓励教师尽最大可能全身心地投入创新创业教育事业中。

6. 规范创新创业教育主体活动，建立有效的监督机制

高校教学活动的正常运行离不开有效的监督机制。对于高校管理者而言，其承担着高校教学课程规划设计及管理教辅人员的工作，以避免他们在工作中出现主观臆断的不端行为。高校传教者承担着创新创业教育的传播工作，监督工作有利于确保教师教学行为的规范性；高校的受教者作为创新创业教育的接受者，应监督其学风端正，防止在创新创业教育活动中误入歧途，给个人、家庭及社会带来负面效应。高校同时也应对监督者进行监督，从而营造民主、开放及自由的文化氛围，鼓励师生等相关主体培养治理理念，做到人人参与到高校建设中。

二、激励动力机制

推动事物发展的作用力称为动力，因此高校创新创业教育动力可以概括为推动高校创新创业教育发展的作用力。在我国，高校开展的创新创业教育多为政府驱动，但是在学校创业教育的设置及企业参与的内在利益诉求方面，市场也发挥着重要作用。因此，高校创新创业教育既源于政府的驱动，更需要市场导向的延伸。

高校的角色在创新创业教育系统中的作用也尤为重要，它具有显著的教学科研资源及人才优势，不仅传授学生知识，更承担着全面育人的责任。高校可以培养学生的思修品行，树立社会责任与担当意识，同时还能够提升其分析解决问题与创新创业的能力，这些都是学生群体适应社会需求所必备的综合素质。因此，对于高校创新创业教育而言，其动力既有内生也有外生。高校创新创业教育激励动力机制可以将其看作是推动高校创新创业教育良性运行与实施推广的各内外要素间相互联系与作用的互动机理。

从宏观角度考虑，高校的内生动力是追求自由全面的育人理念；而外生动力则是政府对于经济转型升级的需求及创新创业机会的识别，政府可以将有效的政治、经济资源合理地调配给高校创新创业教育领域，从而推动理论教学课程及科研实践。从微

观角度考虑，以教师和学生的内生动力而言，教师参与到创新创业领域中，既是对职业发展的需要，也是理想事业的追求；而学生参与创新创业教育既是对自我未来职业生涯的规划，也是自身全面发展的追求。以教师和学生的外生动力而言，政府和社会作为高等教育的外部推动力，可以使参与到创新创业教育领域的师生获取充分的资源与成就感。内外动力的作用与性质虽然不同，但是两者相互影响、互为支持，对高校创新创业教育的发展与价值取向有着共同的决定作用。

（一）激励动力机制的运作机理

从宏观角度而言，高校创新创业教育在外部受到政府与社会机构的共同作用。政府由于社会转型升级及经济持续发展的迫切要求会进行全面改革，而在这一阶段势必会加大政府对创新创业活动的需求，在此深化改革的背景条件下，政府会对创新创业教育的研究与培养提出更高的要求，需要通过资源调配供给以及适当的政策引导推进高校创新创业教育的发展，扩大人才的供给。而对于社会机构而言，由于处在发展中国家，新兴领域及亟待转型的成熟领域为社会机构提供了充足的创业机会，在社会责任及自身经济利益的驱动下，社会机构会更加富有创业意愿，因此创新创业领域的人才需求就越发强烈，这便加强了社会机构与高校教育领域的合作，在这样一种合作方式下，一方面可以通过资源的供给推动高校开展创新创业教育工作，另一方面可以通过旺盛的人才招聘需求调整高校的育人导向，可谓一举两得。在内部，高校创新创业领域中全面自由发展的教育理念得到广泛的认同，高校将培养全面发展及提升综合素质的社会主义接班人作为育人的至高目标，而创新创业教育是独立于高校专业知识教育之外的一种功能，它是以学生的全面自由发展为核心任务的教育，有助于提升学生在价值重塑、人际关系及权力把握控制等方面的能力，从内生角度推动高校创新创业教育的实施发展。

从微观角度而言，高校创新创业教育的运行实施离不开教师与学生这两个主体，因此分析教师与学生参与创新创业教育的内外生动力对于从微观层面研究高校创新创业教育激励动力机制有着至关重要的作用。教师是创新创业教育的传授者，高校对于其工作量的约束及工作表现的激励举措都将会推动其从事创新创业的教学研究工作。从教师自身角度而言，他们对于创新创业教育的理论教授兴趣及目标认同都将由内而外地促进创新创业的教育研究。同时，良好的校园文化氛围对于提升创新创业的认识与兴趣以及教职工的行为心理都有一定的促进作用。对于学生而言，他们作为创新创业的受教育者，高校可以利用其学分约束与激励举措推动其参与创新创业活动，同时他们自身的兴趣及周围群体的良好影响也将促使他们提升对创新创业教育课程的接受训练与感知认同。高校创新创业教育微观层面的两个重要主体间互为动力支持：学生参与的创新创业需求将推动教师的教学研究，而教师的科研理论研究也会影响着学生积极参与创新创业教育课程的训练，两者互为支持，共同促进高校创新创业教育的运行发展。

高校创新创业教育的有效推动离不开激励机制的作用，它可以激发教师的创新创业教学科研激情与积极性，进而鼓励学生创新创业的行为。高校为了提升教师的教研积极性可以将创新创业教学的实践指导考核指标划入绩效考评之中，将考核结果与教师职称晋升评定联系在一起，同时对指导学生开展创新创业实践项目活动取得一定成绩的导师进行奖励，从而调动其教学积极性，同时高校还应注重对学生的创新创业激励，有关部门应当优化政策，建立良性的自主创业政策环境。高校应改革学籍管理决策制度，推行弹性学分制，让学生可以在较大弹性的学籍时间内安排学习与创业项目活动，实现学工交替，分阶段完成课程学业。同时要发挥学生创新创业的主观能动性，给予其自主发展的机会，对于那些在创新创业竞赛中获奖的学生进行一定的奖励补贴。

对于高校而言，传统的笔纸考核方式已经无法适应创新创业教育的考核方式。传统的笔试考试是为了考查学生的记忆辨析能力，并不能对其创新意识与能力进行评价。因此这就需要建立以素质为导向的考核激励机制。首先，可以对学生的创新创业项目参与度和贡献度进行评定，然后运用综合答辩的考核方式进行综合评议；其次，可以将创新创业项目的阶段性成果作为考核标准，这既对学生的综合素质提出了更高的指标要求，同时也体现了创新创业项目的特色目标。高校可以设置创新创业教育基金以此来健全激励机制，要科学评估教育质量与水平，对表现突出的学生给予奖励。同时，可以将学生参与的课题研究、科研项目实验及创新创业项目等成果转化为相应学分。高校与学生的协同一方面要求高校的统一领导、开放融合及全员参与，另一方面要将创新创业教育的改革推进放在教育发展的突出位置，落实其主体责任，成立工作领导小组，由校长担任组长，主管副校长担任副组长。同时，高校应呼吁全体师生积极参与到创新创业项目中，加强各主体间对创新创业教育的沟通交流，形成一种浓厚的创业氛围；另一方面，各高校面对当今严峻的就业形势，应积极响应国家政府的号召，组织和培养学生参与创新创业竞赛，鼓励成功的知名企业家进入校园分享成功的创业经验。高校在推行创新创业教育运行过程中，应建立完备的激励机制，保持与国家政策导向相一致，同时要遵循企业的人才需求目标，培养社会所需的高质量应用技术型人才。

政策激励的协同是激励动力机制中的一部分，它注重创新创业政策的可操作性及各政策间的关联性作用。近年来，中央及政府出台了许多关于支持高校创新创业教育的政策性文件。但是由于可操作性的缺乏等问题，使得相关政策最终无法落实。推动高校创新创业教育需要调动各方积极性，在政策方面给予有力支持。同时，各级政府部门应当通过构建经济、教育及文化等多部门协同的工作机制，对现有的政策进行梳理总结，做到信息的及时反馈，为保障创新创业教育提供强有力的政策支持。高校应出台相应的协同政策，如构建激励机制，加强创新创业师资队伍建设，组织参与创新创业竞赛；鼓励师生协作创业，将校内校外的创新创业资源进行整合汇聚，从而为创新创业教育工作的开展提供政策支持。创新创业政策在高校毕业生的创新创业指导服务中具有重要的激励引导与制度保障的功能，政策激励的协同包含了不同主体间的政策协同及政策先后协同，通过协同可以充分实现政策的有效作用。另外，政府在制定政策时应充分考虑高校毕业生与其他社会群体间的创业行为差异，要针对性地为其提供指导建议。

企业在激励机制的作用下，会根据自身需求融入高校的创新创业活动项目中。它将利用自身的技术、资金及渠道参与高校人才方案的规划制定中，在高校内为学生举办创新创业分享交流会，为即将进行创业的大学生进行思想上的宣传引导，以确保创新创业教育能够朝着合理科学的方向发展。企业或许还能为热爱创业的学生提供岗位实习的机会，从而为其创新创业打下坚实的基础，也为其创业梦想的完成提供更多的动力支持。

（二）激励动力机制构建的基本原则

高校创新创业教育的动力来源是多元化的，受到师生、高校及政府等多方的综合影响，因此，在构建激励动力机制时应遵循一定的原则，确保各方管理决策主体可以相互配合、方向一致，将高校创新创业教育的力量发挥到极致。下面内容从高校创新创业教育的内涵及要素特点入手，提出高校创新创业激励动力机制构建的三个基本原则：

1. 维护各方动力的动态平衡

这其中包含了两个层面，一是各方对于推动创新创业教育程度的相互适应，另一方面是推动的方向要相互一致。原因在于，推动高校创新创业教育的动力相比较之下会有强弱，若要从高校创新创业的最优角度出发，并非是越强越有效。在宏观方面，如果政府社会对于创新创业教育的动力大于高校时，其社会经济发展的作用会被盲目夸大，而政府和社会对创新创业教育则会过分强调或估高，它们将会利用资源渠道与行政压力使高校迫不得已改变原有的教育规划，不利于自身的教育发展，同时也会影响其他教学课程进行；当政府对高校创新创业教育的动力远小于高校时，其经济作用将会被低估，政府和社会对于创新创业教育的关注度会递减，高校在资源配备方面也将面临困境。在微观方面，倘若高校师生的内外动力发展不匹配，则会造成动力失衡，对创新创业教育的运行实施造成障碍困扰。从第二层面研究来看，如果仅是各方动力强弱相适应，但是发展方向不一致甚至是相反，那么将会阻碍创新创业教育的实施运行。宏观角度而言，若政府和社会机构过分强调实践性的创新创业教学，而高校更为注重理论性的教学，两者对于发展导向的不一致将会使得高校的实际资源无法得到合理配置，社会也无法获取高素质的人才。从微观角度考虑，若高校注重教学水平与质量的提升，而教师则注重理论教学科研水平地提高，高校会对教师匹配的资源提出考核标准，如果教师的理论规划与高校相违背，那么，创新创业教育水平的质量与理论研究水平都无法得到可靠的保障。若高校注重激发创新创业的理念认同，而学生注重自身综合素质的培养及创业能力的提升，高校提供的课程训练将不能满足学生需求，会导致教学资源的配合失衡，收效甚微。总而言之，遵循高校创新创业教育的发展规律，走科学发展的道路是维持创新创业教育过程中各方动力动态平衡的重要保障。无论是宏观还是微观角度，师生、高校及政府间都应形成一种良性协调的关系，纵使各方主体的出发点、关注点有所不同，但是只要确保各方能够在推动创新创业教育的力量与方向上适度并保持一致，便可达到一种动态平衡的理想状态。

2. 协调各方动力间的培育转化

高校创新创业教育的运行离不开各方的共同努力，各方动力的重视发展离不开精心地培育与转化。从宏观角度来说，培养学生全面发展的路径有很多，但是若想使得以政府转型升级为导向的动力融入高校创新创业教育中，就必须对其进行政策引导与资源的合理配置。而从微观角度而言，学生针对自身综合素质的提升和能力开发的方式有很多，若要使得高校推动创新创业教育的动力通过特定途径转化为学生自身的动力因素，则必须开发培育出合适的动力载体，这种动力载体既有显性也有隐性。对于高校创新创业教育来说，显性的动力载体有：政府的鼓励政策、高校的奖惩规定及政府与社会机构提供的经费物质支持等；隐性的动力载体包括大众对创新创业行为的认同与尊重以及鼓励学生参与创新创业的校内文化活动等。只要能够注重各方动力有层次地与各层面主体参与到创新创业教育工作中，对其动力进行合理地引导、强化与推进，便可使高校创新创业教育的运行实施达到最优的状态。

3. 防止各方动力的异化发展

高校创新创业教育的动力一旦调控不准确，或者力度与方向把控不稳定，极易产生异化现象，动力异化主要表现在教育的工具化与应试化方面。政府及社会机构在推动创新创业教育的过程中，将其看作是社会转型升级与创业机会的工具，过度强调短期成果忽略教育自身的价值规律，这便是工具化的体现。高校在这种错误化的引导下，会局限地关注学生的理论支持培养而忽略创新理念的迸发，同时也违背了全面自由的育人观念。而应试化则是高校通过考试的传统方式对学生参与创新创业活动情况进行局限地考核，无法从真正意义上体现学生的真实创业认知和综合素质，同时在一定程度上会打击学生的积极主动性。因此，高校在坚定创新创业教育发展目标时，要始终牢记自由全面育人的教育理念，在此基础上形成特色的课程理论教学与科研方式培养，高校还可结合各方动力主体的建议策略，进行沟通交流，深刻总结认识创新创业教育的发展规律及本质特点。

（三）激励动力机制的完善策略

在高校创新创业教育协同机制的运行过程中，其决策主体方可以制定科学合理的管理规划、明确自身的工作任务，以此确保各参与主体方可以共同协作，拥有高度统一的思想意识与发展目标，从整体利益最大化的角度出发，发挥最大效能。同时，还应制定相应的行为规范与工作流程，要求各方严格按照规章准则进行工作任务的开展推行，在所制定的标准体系内高效率地完成工作，并且还应制定奖励机制，此机制应以协作参与、信息透明共享作为行动准则，以此更好地协调各方代表高效完成项目决策，增加之间的沟通、交流与了解，培养各方代表间的合作默契能力，确保运行过程的公平、公正与公开，通过奖励机制可以有效地提高促进各方的竞争协同意识，从而提高高校创新创业教育机制整体的协同工作效率。

提升高校创新创业教育协同作用的关键在于完善利益分配制度，激励企业及行业单位参与高校创新创业合作教育，就应完善利益分配与实施机制。首先，高校应当建立创新创业教育专项资金，用于支持校企协调培养机制，提高高校教学条件及设施建设。其次，高校还应对协同培养的企业及导师付出的指导工作进行激励补偿，以提高参与创新创业教育协同培养学生的兴趣与积极性。再次，高校要优化校企合作教育指导教师的考评标准，切实有效地对其教学质量与工作量进行评价，建立高效的晋升机制，以此激励指导教师重视学生能力的培养。最后，在分配利益时，要明确高校、企业等主体间的责任，建立健全责任追究机制，以此激励高校创新创业教育的协同发展。

高校创新创业教育激励动力机制的高效运行离不开政府、企业及高校等的共同努力。

营造良好的创业环境需要国家和政府在资金与政策方面给予全方位支持与扶持。政府在高校创新创业教育协同机制中发挥着主导作用，可以从以下方面完善高校创新创业教育激励动力机制。

从国家层面角度制定高校各项创新创业协同运行的新政策。政府主导着制定计划及政策资源，可以积极引导企业和高校参与到创新创业教育活动中。以政府为主导，制定多维协同的创新创业教育模式的激励制度，在多维协同创新创业教育的运行过程中，高校是实现创新路径的主体，而政府则是创新制度的主体，制度的创新可以推动路径的创新，政府作为资源的调配者，应制定有利于学生创新创业发展的激励政策，以此减少创业风险，提供一定的资金保障。例如，政府可以制定多维协同的育人制度，促进人才培养体系的开展建立，也可以设计规划创新创业课程，调动各方主体参与创新创业的积极性。同时，政府还应重视通过管理及资源配置等手段，积极协调处理好高校、企业和政府三方主体间的关系，促使创新创业教育合作的顺利进行。

建立健全创新创业的法律法规及政策，鼓励高校毕业生自主创业。政府可以协助高校创办创业竞赛，为学生提供沟通交流的平台，为一些优秀的创业项目提供资金支持，以完善社会创业环境。政府可以设立创新创业项目资金。创新创业教育的运行过程离不开外部环境的支持，因此政府需要优化创业环境，设立创业基金，利用财力、技术等资源优势助力高校人才的创业培养，拓宽创业渠道，扶持高校毕业生创新创业企业的健康成长。从国家层面角度考虑，要重点对学生创业项目进行扶持，设立创新创业专项基金作为创业活动的启动资金，同时也可设置学生创业培训资金补贴。

加大对创新创业知识产权的保护力度，保障创业学生群体的合法权益。在创新创业的实践活动中，由于缺乏对无形资产专业评估的中介机构，学生的创业成果往往被低估忽视，因此在发生产权纠纷时会损害创新创业学生的权利，使其处于弱势地位，所以政府对于高校创新创业法制环境的优化迫在眉睫。对于企业而言，可以让企业导师进入高校为创新创业的学生提供指导性意见，将产业部门的人才需求反馈到教学科研的规划中，有针对性地对高校创新创业人才进行培养。高校应当与企业积极合作，完善校企协同人才培养的模式。在前期产学研结合的基础上，推进全面协同育人工作，将服务于经济社会发展作为培养的目标方向，同时，校企联合培养的创新创业人才可以充分利用高校与企业的教学资源与环境，发挥各方优势，加强高校与社会政府间的沟通联系，激发产学研合作教育的主体动力机制。企业与高校合作的最直接外部动力便是市场需求及通过产学研产生的合作收益。由于创新创业与产学研合作会给企业带来相应收益，从而刺激了企业对其合作的意愿，进而增加了合作经费、人资及物力成本的投入。通过产学研合作教育可以培养具有实践能力的高素质型创业人才；科学有效的教学课程规划也促使了高质量师资队伍的产生；在产学研的合作教育下，师生们都得到了宝贵的实践机会与经验。强化高校学科与产业发展协同机制。高校的学科建设与产业的协同发展不仅是单一学科和企业的对接，更是跨区域学科集合的对接联动。这种合作形式在一定程度上可以促进产业的转型升级，有利于提高高校集群服务的能力水平。发展实体型的产学研教育合作创新模式。产学研结合是企业与高校共同构建的联合创新实体，它是一种由松散到紧密发展的创新模式。高校通过此创新模式的合作途径，不仅可以充分利用智力资源，而且可以提高解决问题的能力，为科研创新开发团队提供强有力的载体。企业在高校创新创业教育协同机制中也发挥着支撑作用。

企业是技术的应用者、追求利益的最大化者及创新成果转化的推动者。企业可以通过发挥创新创业教育的作用，达到获取人才、财力及技术的目的，从而降低了成本，增加了企业的收益成效。企业可以配合高校开展参与创新创业项目，形成主次分明的特点。同时，企业也可通过高校资助人才培养体系计划，以高收益回报的形式反馈参与信息。企业责任具体表现为市场技术的拓展、科研成果的转化及技术供给的需要等。

三、调控机制

由于高校创新创业教育在运行的过程中有多个行为主体的参与，各行为主体会因自身利益、情感及认知的不同导致运行过程中的行为冲突，这便会阻碍高校创新创业教育的发展进程，产生难以解决的问题与矛盾，若要保证其正常的运行实施就必须进行合理调控。高校创新创业教育调控机制可以理解为其内外各要素通过制定目标、合理定位及发挥作用等调节化解运行过程中出现的矛盾问题的机理。运行情况的调查与目标调整是高校创新创业教育调控机制的核心任务，对于运行状态进行合理地评估可以确保及时发现运行中存在的问题，保证问题可以在第一时间内得到快速解决。下面将针对高校创新创业教育调控机制的运行进行科学研究，以此重点分析高校创新创业教育调控机制的调查评估及目标规划调整环节。

（一）调控机制调查评估环节

对于高校创新创业教育运行情况进行科学调研及矛盾问题的准确判断都是创新创业教育运行工作调控的重要组成部分，而建立调控机制的重要前提便是制定科学合理的运行情况调查环节。对于构建调查评估环节而言，重点在明确调查评估环节的主体、调查评估环节的对象与内容以及调查评估环节的途径与方式这三大问题。

在建立运行情况调查的环节时，涉及的学校部门以及实践教学活动较为繁多，因此必须明确调查评估的主体，明晰其责任，从本质上对高校领导机构的决策进行干预、指导和管理，这都是为资源合理配置打下良好的基础，以促进创新创业教育水平的高效发展。同时，为了提高化解矛盾问题的效率，在工作领导机构和专家委员会的两个决策主体内部应分别设立运行调查评估的部门，这样不仅可以提高反馈效率而且能够保证评估机构的威严性，有利于两个决策主体间的思想价值和理念导向贯彻到工作中去。同时，为了保证评估反馈信息的客观性，还可以引入校外的第三方调查评估机构，这是对评估工作的一大补充。三方的工作性质在一定程度上较为相似，但是侧重点却各不相同：领导机构负责的调查部门主要是从创新创业教育的宏观层面着手，负责整体投资与资源调配；专家委员会负责的评估部门则更侧重于微观角度，例如师生的建议策略及教学科研的设计运行；校外第三方专业评估机构则侧重于创新创业教育的整体运行情况，使其达到高效理想的目标。

评估环节同时也可对学生的创业项目进行全面综合划分，应从长远发展来看待创业选择的方向，对近些年创新创业领域的发展状况及存在数量进行细致盘点，倘若发现市场中的领域已经出现饱和状态，那么就要用建设性的眼光对项目未来的发展趋势进行估测研究，从而评价出其发展潜力。这些举措都可为创业学生提供有利的参考性建议，以确保其创新创业项目不会随波逐流，失去独创价值。

完善的评价环节需要对主体进行定期的综合评价，既包括了政府是否能够充分利用自身职能协调各方利益，推行政策的实施，也包含了企业是否可以为创新创业的学生提供成熟的实践基地，以及中介机构是否为学生制定了完善的创业服务体系，这些都是评价环节的内容。只有对各主体进行定期核查，才能端正检验其工作态度，对各参与主体方起到监督促进的作用。

创新创业协同评价机制是调控机制中的一个方面，它有助于提高创新创业教育机制运行效率。首先，高校在实践教学科研效果评价的机制下建立创新创业教学效果评价机制可以有效地评价校内师生，务实教学科研成效，并逐步完善专业实践教学的质量。其次，企业与高校可以协同推进创新创业教学评价，将教学质量与教学报酬、评优及职务晋升联系起来，以此激励企业单位重视创新创业教育的推行。

创新创业教育质量考核评估机制是调控机制的另一方面，它可以通过对创新创业教育的实施水平与效果进行及时反馈，对教育活动做出价值评估，提高学生的创业技能与素质，对于优化创新创业教育以达到价值增值的目标具有推动作用。有助于约束和规范各方主体的协同关系，是促进协同关系的制度保证。构建新型的考评机制有利于激发企业参与高校创新创业教育的积极性。一方面，是外部考评，上级政府部门将创新创业教育的质量作为教育水平质量的重要指标，同时要求第三方机构对其进行绩效评估，接收舆论的监督。另一方面，是内部考评，协同双方应立足资源调配和项目执行等方面进行绩效评估，明确各方的权利职责，逐渐健全跨界协同关系下创新创业教育体系的管理制度。科学有效的评价体系对于协同育人的运行过程及环境具有重要意义。创新创业教育协同育人环境的考核评价内容包括高校毕业生创新创业法律法规、创业扶持制度政策及创业咨询机构的数量；是否设置创业教育基金或是进行风险投资，这将为创新创业教育提供资金的支持。评价考核的内容要全面有效，不仅应对创新创业教育活动的结果进行评估，也要对活动的过程进行细致监测；定性与定量研究相结合的方法可以作为评价的一项绩效指标。

在高校创新创业教育体系中，可以分为参与主体、育人载体、投入状况以及整体效果四个层面。当然，对于研究调查教育的运行情况也可从这四个层面进行细致分析与总结。通过访谈交流的形式了解师生对于创新创业教育情况的个人态度；而对于教学课程的形式和内容进行不定期的监测，从而发现育人载体中所存在的不足之处；对于人力、物力以及财力资源的调配情况，要进行深刻地投入情况分析；了解参与创新创业培训的学生在综合素质与创业意愿上的能力提升是了解整体效果必不可少的因素，同时师资力量的增强也是工作成效的一大体现。总之，这四个层面对于建立高校创新创业调控机制具有举足轻重的作用，建立四位一体的多元评估体系对于调查评估环节也尤为重要，这不仅可以及时获取评估运行的具体信息，而且可以为决策系统提供高效的反馈信息。

在调查评估的环节中，若要了解参与主体的主观感受则必须制定合理的访谈纲要，可以通过合理性的访谈形式了解参与主体的意愿感受，对访谈信息进行整理总结。而在育人载体和资源投入层面，由于这些评估对象都是客观存在的，所以其结果具有客观存在性，在此调查环节应当明确调查的标准，具体的课程覆盖范围以及经费投入情况应当纳入评估体系中，从而建立规范的创新创业教育评估体系。在整体成效的评估环节，可以针对不同的教学阶段对参与主体进行认知测量，从而获取所需的信息数据，在微观角度侧重于对个体现状的调查，而在宏观角度侧重于创新创业教育整体成效的研究。

在高校创新创业教育中，教育与创业主体的分离是导致创新创业教育问题不断发生的重要影响因素。若想化解这种矛盾问题，就必须从学生的立场角度来推进创新创业教育的改革进程，将师生间的单向传输转变为两者的双向互动，将二元分离的教学创业主体转变为多元主体的协同发展。应努力分析各方利益诉求和特点，从创新创业教育属性的角度出发，打造利益发展共同体，尤其是以师生、高校与政府构成的创新创业教育发展共同体，最终实现多元主体的协同发展。在高校创新创业教育的运行过程中，政府应当为创新创业教育提供政策制度保障，负责政策的供给落实；而高校则应不断推进人才培养模式的升级，力求在课程教学体系与方式方面满足学生的个性需求，为创新创业教育提供动力支持和机制保障。教师应当在创新创业教学领域中，充分发挥学生的主观能动性，实现师生的共同发展与进步，同时，学生应当树立正确的创新创业价值观，积极参与创新创业竞赛，在比赛中获取经验，提高自身的创业综合素质。企业则应当构建合作贡献的利益机制，参与创新创业活动，充分发挥创业教育共同体的职能，消除化解各方参与度与积极性低下的矛盾问题。

（二）调控机制的协调完善环节

对于高校创新创业教育调查评估主体所得到的反馈信息，调控机制可以利用这些信息协调各方主体对工作规划与行动制定得完善，这有利于创新创业教育运行的优化升级。由于调控机构的调查评估环节所涉及的部门众多，在此过程中会涉及跨部门合作的理念，因此可以从组织和制度这两个层面对高校创新创业教育进行推进。

跨部门协作的首要问题便是各方利益的不平衡以及目标不一致，一旦两个部门间缺乏协作和沟通，将会影响整个创新创业教育的成效。因此，结合我国高校的实际情况，需要成立一个富有权威性的管理组织来对跨部门协作过程进行完善管理，其职能便是打破部门合作壁垒，加强部门间的交流沟通，最终实现行动的统一性。同时，高校领导及相关职能部门的加入，不但可以提高协同合作管理机构的权威性，而且有利于对教育资源的争取以及部门间的沟通交流，更能使得领导机构与各部门院系间达成共识，促使工作的贯彻落实。

多部门间的工作交叉将导致跨部门协作的效率低下且极易产生矛盾问题。为了消除这种模糊工作职责带来的合作障碍，一是要明确各部门在协作过程中的职责权限，可以利用协商性的工作文件与会议将分工制度化；二是可以明确职责主体的工作，加强职责权限难以划分的部门间信息交流的联系及拓宽信息反馈渠道，以此减少和化解工作矛盾。

科学合理的组织框架对于高校创新创业教育调控机制的协调完善有着推动作用，同时，在制度方面，还可将工作更加稳固化。高校创新创业教育的跨部门协作若想达到可持续、规划化，既要有规章制度的刚性需求，也要有文化交流的柔性保障。

从跨部门的刚性保障角度考虑，如果仅仅依靠部门间的口头协议和人际主观因素来协调完善部门间的关系，这样的方法是难以持久下去的，它无法保证高校创新创业教育运行的稳定发展，只有构建出协作部门认同的规章制度，加以强有力的手段进行规范，那么再遇到矛盾问题时，便能确保协作的可靠性与持续性。高校创新创业教育跨部门的正式制度需要强制力加以保障，因此首先应明确制定机构。高校创新创业教育工作领导机构与专家委员会作为两大决策主体，可以根据相应的决策范围和侧重领域对合作制度进行制定划分。第二是要形成相一致的制度体系，由于决策主体的不唯一性，在制度标准方面或许会产生矛盾与冲突，因此就必须在制定协作制度方案时充分了解双方意愿，加强沟通交流，形成一致的制度目标体系。第三是在充分了解和调研各职能部门及科研教学机构的基础上，建立制度执行的监督机制，通过预警等强有力的手段将协作制度落实到位。

从跨部门的柔性保障角度考虑，文化交流的构建应当以共同的价值取向和理论信念作为基础，不同部门间建立的理念共识应以相同的价值取向为联系，从整体利益最大化的角度出发，制定设计自身的行为目标；另一方面，可以构建更多的良性沟通平台和协作机制，拓宽交流沟通渠道，制造更多的常态化对话机会，做到资源共享，信息互助，营造一种良性和谐的文化合作氛围，以此培养部门间的默契。在此过程中，也可加强各部门合作意识，建立长期有效的互动信任感，这有助于构建协作文化生态，满足共同的价值理念与目标追求，通过部门协作的交流互助，可以提高其向心力与凝聚力，对于高校创新创业教育的未来发展具有重要意义。

第八章 "互联网+"时代下创新创业教育的构建策略

第一节 "互联网+"背景下大学生创新创业的影响因素

当前中国经济和社会发展正处于深刻调整期，大学生创业面临着严峻的形势，主要表现在以下五个方面：一是自主创业环境不理想；二是缺乏获取启动资金的机会；三是大学生创业能力有待提高；四是家庭社会支持力度不够；五是缺乏可操作性的项目。

对大学生而言，创业不仅是为了解决个人生计，更是为了实现自己的理想。大学生创业是目前解决就业困难的一个重要途径，也是大学生实现人生价值的一个重要途径。目前，大学生正处在从理论到实践、从求知到创业的重要转折时期，大学生科技创新、自主创业越来越成为人们关注的话题，它对个人及社会都会产生深远而积极的影响。然而，自主创业是一项极具挑战性的社会活动，是对创业者自身智慧能力、气魄胆识的全方位考验。除了个人的素质和能力影响创业以外，家庭、学校、社会及亲戚朋友等因素都会影响大学生自主创业。大学生创业影响因素主要可分为四类：学生的个人背景、个人特质、创业综合素质及创业环境。

一、个人背景对其创业的影响

个体价值观的形成与个人背景息息相关，大学生创业价值观的形成也是如此。每个个体从生物人经社会化后逐步成为社会人是一个漫长的过程。在社会化期间，个体通过对自身外在环境的接触，不断接收到外来环境的信息，这些信息包含社会的方方面面。每个个体从出生开始，首先接触到的是家庭及家庭周围的社会环境，包括人文地理、风土习俗等。每个家庭的构成、社会关系、经济情况是不同的。在整个漫长的社会化过程中，由于不同个体所接触的外部环境不一样，加之家庭对其后天的教育也不尽相同，这就决定了不同个体会形成不同的价值观。价值观随着性别差异的出现而不断变化，随着年龄的增长，不断地与不同社会群体接触，教育程度逐步加深等，个人对外在环境会形成不同的评价。当成为大学生这一社会群体后，又存在专业的区分及学历的差别，这些因素经过个体大脑的加工形成了不同的观念，这就使每个大学生的价值观存在显著差异。这些价值观方面的个体差异包括两个方面：一方面是对自身的价值定位（即个人价值），包括对物质财富的评价与追求、对个人需要的定位与满足、对社会关系的认知与建立、对个人权力与欲望的追求、对个人成就的渴望、对社会地位的向往、对社会认同的期待、对个体思想的验证追求等；另一方面是个人的社会价值定位，这些包括个体对他人、国家、社会等的付出意愿。

大学生的性别、年龄、专业、学历、经验、个人特长、家庭出身、家庭成员、从业结构等个人背景因素对创业都有着不同程度的影响，主要表现在创业态度、创业意愿及创业能否成功等方面。

（一）个人特质对其创业的影响

早期研究中，创业者被认定为拥有一组特定的个人特质，创业行为由创业者的个人特质所驱动。成功创业的特质体现在多个方面：积极主动、执着、注重效率、关心质量、预测风险、有独创的解决问题的方法、发现和利用机会、有说服力、亲自寻找信息、系统的计划、履行合同、有决断力、有信心、使用有影响的策略。不同创业动机水平的大学生个人在特质上存在着较为明显的差异。控制源、成就需要、风险取向、精力水平、需要、自主水平、个体自我控制和思想等特质影响大学生创业。

（二）创业综合素质对其创业的影响

大学生的创业综合素质是指大学生在创业活动中所呈现出来的一种综合的胜任能力，包括创业意识、创业精神、创业知识、创业能力和创业思维五大部分。

1. 创业意识

创业意识是指创业者根据自身和社会的发展需要而引发的创业动机或愿望。创业意识是市场经济的法律规范、主体市场的预测分析在思维意识中形成的价值追求，是一个创业者素质的最为核心的要素。创业意识是提高其创业认识，进一步提高创业素质的思想前提，是创业活动过程中的内在精神动力。大学生创业应该具有强烈的事业心，追求卓越、重视效益的态度和及时掌握信息的能力。

2. 创业精神

创业精神是创业者主观世界中具有开创事业的品质和意志力。创业是一个较为复杂和特殊的过程，在此过程中需要创业者时刻保持创业热情，树立坚定的必胜信念，保持高度的责任心。也就是说，创业的大学生需要具备高度的社会责任感和诚信的优良品质，除此之外，良好的心理素质、合作精神、冒险精神和竞争意识也是必不可少的创业精神。

3. 创业知识

创业知识主要包含两个方面，一方面是创业的基础知识，主要体现在商业知识、市场运作、法律法规等方面。另一方面是需要掌握专业知识，主要是指大学生在校期间所学的专业课程知识，如经济学、市场营销学、管理学、人力资源管理、会计、财务管理、商法、税法、公司法等。

4. 创业能力

创业能力是一种决定创业能否成功的关键因素，主要表现在能否在创业过程中恰到好处地运用所拥有的知识解决具体问题的能力。创业能力是个人综合能力的一种体现，在创业的过程中发挥着不可替代的作用，在一定程度上决定着事业的持续扩大与发展。创业能力是创业者各方面能力的综合，包括学习能力、沟通能力、领导能力及决策能力等。

5. 创业思维

创造性思维是创业者应具备的一种重要素质，运用创造性的方式、方法解决所面临的难题或者筹划未来发展，其主要包括系统思维、发散思维、创新性思维和逆向思维等。另外，大学生的创业活动与外在的宏观经济环境有着密切的关系。宏观环境主要包括政府的支持政策与倾向、当地的经济发展水平和生活水平及生态环境、信息环境和创新文化，此外，也包括市场、技术环境和相关的行业发展状况。

二、创业环境对大学生创业的影响

大学生创业环境可划分为两个方面，即软环境和硬环境。软环境是指国家给大学毕业生提供的创业相关的优惠政策法规和措施。硬环境是指大学毕业生从风险投资机构所能获得的创业支持。国家政策和法律对大学生创业的支持，是构成创业动力的政治基础。

（一）教育环境的影响

高校拥有大量的无形资产，巨大的无形资产优势与品牌效应也为企业的快速发展奠定了基础。高校本身的信誉度较高，在市场运作中，其产品更容易被客户认可，产生品牌效应，而大学科技园在形成技术创新和技术转移平台，在培育创新环境、培养创业人才、孵化科技企业、推进技术转移等方面，对推进高新科技企业的发展都将起到作用。

大学生创业的发展离不开具有创新创业精神和能力的人才，培养具有创新创业能力的一流人才，是高等教育承担的重大历史责任，也是高等院校教育发展的一个巨大契机。高校的创业教育创新性直接影响了大学生的创业效应。创业教育包括创业技能教育和创业精神教育两种。创业技能教育是高校通过开设具体技能课程，提高大学生的创业成功率。中国开展创业教育起步晚，近几年随着高校学生就业压力的不断增加，许多高校在鼓励其毕业生创业的同时，也提供一些必要的创业教育服务。自 20 世纪 90 年代开始的创业教育已经在全国高校铺开。

由于中国长期实施应试教育，学生的个性发展受到一定程度的限制，导致创新创业意识的缺乏，观念也以求稳为主，因此实施创业精神教育和技能教育相结合的教育方式能够使中国大学生创业走得更远。

为此，中国高校必须尽快地、大胆地进行教育的改革创新，以便为社会不断地输送具有创造性思维和创新能力的各种人才。创新创业教育的本质是提高学生的创新创业素质，了解什么是创新创业，如何创新创业，怎样创新创业。创业教育的非功利性应体现为揭示创业的一般规律，传承创业的基本原理与方法，培养学生的企业家素质，而不是以岗位职业培训为内涵，或以企业家速成为目标。创新创业教育是结合专业教育传授创新创业知识，培养学生的创新创业能力和创新创业品质，使学生毕业后大胆走向社会，实现自主创新创业和自我发展的教育。因此，建立符合创新创业人才培养的一个完整的教学体系和管理体系才是出路。

（二）社会环境的影响

影响大学生创业的社会因素有两个方面：一是社会为大学生提供的创业硬软件环境；二是大学生创业的社会舆论。对大学生自主创业来说，"硬"的社会环境主要指风险投资机构对大学生创业项目的关注和扶持；"软"的社会环境是指与大学生自主创业相关的政策环境、法律环境、商业环境。整个社会对大学生自主创业的看法，不但影响大学生的择业，还影响大学生自主创业的成功。

值得一提的是，近年来，新闻媒体高度关注大学生的自主创业，人们也纷纷议论大学生的自主创业，对大学生自主创业的宣传和评论存在严重偏离适度的误区。对大学生自主创业吹捧或者过度唱衰都是不可取的，应该正确对待大学生自主创业，正确评价大学生创业。

从大学生创业选定的行业来说，行业发展空间与社会、政府对个体支持的影响相比较，其对大学生创业有直接的关系，行业发展空间的大小与大学生创业的意愿和创业成功与否呈正相关。

（三）家庭环境的影响

大学生个性特征及背景与家庭环境有着密不可分的关系，不同家庭环境中的子女，他们的价值观、世界观、人生观及性格和爱好都存在较大的差异。研究表明，创业者的亲戚是否拥有自己的公司对大学生创业会产生不同程度的影响。家庭成员或者大学生社会交际圈内的人员的创业经历可能对其的创业态度和动机产生直接影响。亲戚朋友的交际圈中有正在创业的或有创业成功经历的都会对大学生的独立判断力、职业生涯的发展规划起到积极的引导作用，在一定程度上起到了推动大学生创业的作用。除此之外，家庭对大学生创业支持与否，从某种程度上是影响大学生是否能够走上创业之路的关键因素。

提倡和鼓励大学生创业，是提高大学生能力素质和心理素质的一条有效途径，它能够给平时一心只读圣贤书的大学生提供一个直接接触社会的机会，对开阔视野和提高创新能力都是十分有益的。另外，创业过程中的共同合作，能够增进彼此之间的了解，增强学生团队协作精神。大学生往往对新发明新创造充满最旺盛的活力，对新的高科技具有敏锐的触觉及强烈的开拓进取意识，而这些正是加速科技成果市场化进程中不可缺少的。同时，大学生创业有力地促进了创业教育的改革和发展。不论大学生的创业成功与否，经过创业实践活动的锤炼，将能培育出一大批创新型人才，造就一支高素质的企业家队伍，并塑造一批未来社会的中坚力量。

第二节 "互联网+"背景下大学生创新创业的路径选择

一、"互联网+"背景下大学生创新创业的现实需求

(一) 大学生创业是经济平稳转型的形势所需

在当前这个经济社会转型的重要时期，企业的转型决定了经济社会转型的成功与否。而企业的转型又与其人才的数量、质量息息相关，可以说，是否拥有足够的创新型人才资源是企业转型的关键。而高校的创新创业教育又是高技能创新型人才的培养基地。因此，为了确保企业乃至整个经济社会能够顺利转型，高校应高度重视创新创业教育，积极适应市场要求，并主动寻求变革发展，在校园内建立起良好的创新创业氛围，帮助大学生树立创新创业意识、增强创新创业素质、提高创新创业能力，培养出具有区域特色的创新创业高技能人才。

(二) 创业成为大学生自我发展的需要

作为国家的未来、民族的希望，大学生是一群有着强烈责任心的知识密集型群体，他们有着比普通人更为强烈的实现自我价值的愿望，他们想通过自己的努力促进国家的建设发展，同时也实现自身的全面发展。而这都可以在创业这个舞台上得到实现。

通过创业，大学生可以很好地展示自己的聪明才智，实现自我发展的需要，也可

以带动更多的人就业，帮助更多的人就业，为社会创造出更多的价值，达到实现自我价值与社会价值的双赢目的，促进社会的和谐稳定发展。

二、大学生创新创业路径培育

在经济社会转型升级处于关键时刻，在创新创业成为一种社会需求的今天，大学生创业是大势所趋，是现实需要，经济的可持续发展很多都是靠大学生创新创业驱动的。

（一）大学生创业的现实需求

第一，大学生创业是经济平稳转型的形势所需。国内正处于经济社会转型发展的重要时期，创新型人才的缺乏使得企业的转型尤为艰难，而创新创业教育尤其是高校的创新创业教育是培养高技能创新型人才的有力保障和重要平台。浙江省是民营经济活跃的地区，更加需要创新创业的高技能型人才，这为浙江省高校的创新创业教育提供了难得的发展机遇。高校应该顺势而为，积极适应市场要求，主动求变，培养出具有区域特色的创新创业高技能人才，让更多的学生愿意创业、敢于创业、喜欢创业、崇尚创业，形成创新创业的良好氛围。创业已成为一种潮流，成为社会经济快速发展的不竭动力，创新创业教育无疑成为增强国家经济实力、解决就业问题的一个良策。

第二，大学生创新创业教育已成为高等教育改革的必然趋势。大众创业、万众创新是充分激发亿万群众智慧和创造力的重大改革举措，是实现国家强盛、人民富裕的重要途径，要坚决消除各种束缚和桎梏，让创新创业成为时代潮流，汇聚起经济社会发展的强大新动能，这必将激发新一轮的创业高潮。社会对创新创业人才的渴求史无前例，也必将推动高等教育改革加速进行。高等教育改革将成为一种势不可当的趋势，创新创业教育是高等教育改革的有力突破口，是高等教育尤其是职业高等教育的必然选择。

高等学校，必须将创业技能和创业精神作为高等教育的基本目标，要使大学生不仅成为求职者，而且逐渐成为工作岗位的创造者。

第三，创业成为大学生自我发展的需要。大学生是国家的栋梁、国家的希望，具有强烈的责任心，是知识密集型群体，他们对自我价值的实现比一般人更强烈，想实现自身的全面发展，为国家建设发展做出自己应有的贡献，而创业就是其实现人生价值的最好舞台。通过创业，可以把自身的聪明才智很好地展示出来，为社会创造出更多价值，在实现社会价值的同时实现自己的人生价值，以自己的创业带动更多的人就业，帮助更多的人实现就业，从而实现社会的和谐稳定发展。

（二）基于互联网环境下大学生创新创业路径培育

互联网技术的飞速发展已经影响到生活的各个角落，而其对高等教育的影响不言而喻，教育改革的呼声也越来越高，创新创业教育是高等教育改革的有效途径和突破口。基于"互联网＋"技术的高校创新创业教育体系的构建意义重大，体系间是一个周而复始、循序渐进的过程。

第一，基于互联网技术构建创业课程体系。创新创业教育课程是提升学生创业知识、传授创新创业教育理念的主要载体和依托，通过创新创业教育课程的合理设置能够实现其目标，也是实施创新创业教育的主要途径。根据大学生的特点和需要，利用"互联网＋"技术构建立体式、全天候、高覆盖的自助课程体系，如开发专门的创新创业教育网站，涵盖创业经典故事、创业网络课堂等，上网的次数和时间可以折算成课时作为学分计算；制作"碎片式"手机软件移动创业课堂，给予一定的流量补贴，激发学生随时随地学习创业课程；建立校方创业微信群，让创业者有问题随时得到解答等；建立创新创业教育大讲堂，定期举办活动，逐渐办成有影响力的品牌课堂。

第二，发挥互联网的优势构建创业文化体系。结合学生自身特点成立创新创业教育社团，并以此为依托，不断加大人、财、物的投入，大力开展创新创业教育活动，形成较有影响力的品牌活动，营造良好的创新创业教育氛围；在学报专刊、校报校刊、校园广播、橱窗板报、校园文化长廊、网络等各种刊物媒体上开辟创业宣传阵地，对创业文化和成功创业事迹大力宣传弘扬，加大对学生成功创业典型的表彰和奖励力度，以此全方位激发他们的创业意识。浓厚的创新创业教育文化氛围，在潜移默化中使学生的创业知识得到增加，创业意识得到提升，创业意愿更加强烈，从而促使大学生增加创业的内在驱动力，迈出创业的第一步，使自身的理想和专业技能有机结合，最终成功创业。

第三，发挥互联网优势，为学生提供资讯服务。在互联网技术突飞猛进的今天，谁不能很好地利用互联网技术，谁将失去主动权。青年大学生是互联网的主流消费者，高校可以开发相关软件的手机客户端，及时推送有关创业知识和创业讲座信息等，让学生时时接受创新创业教育的熏陶，感受创业的魅力；建立网上创业答疑系统，随时解答学生的提问；建立本校的创业微信群，让有志于创业的学生能够充分交流沟通，信息共享；加大投入，建立企业家与学生互动交流的平台系统，让企业家与学生能实现实时互动，学生通过平台找到合适的企业进行创业实习。

第四，基于互联网技术构建创业实践体系。创业是一种实践性很强的活动，要利用"互联网＋"技术设置一系列创业实践活动，改变传统的实践方式。例如，构建线上线下创业实践平台、网上模拟创业；校方可利用"互联网＋"技术建立网上大学生创业园，组建学生创业公司，线上线下实战经营；建立远程创业视频系统，与创新创业教育专家和创业成功人士互动交流，创业实践活动要突出创造性、实践性特色。

实践基地应由相关主管校领导牵头负责，通过建立长效机制来保障实践基地的有效运作，通过建立一套相关的考核制度来促进学校各部门参与到学生的创新创业教育工作中来。要把创业实践基地纳入日常教学管理工作中，进行相应的预算投入，在人、财、物等方面来保障实践基地在创新创业教育中发挥实效。

第五，以"互联网＋"技术为支撑构建创新创业教育评价体系。实证研究中，创业综合素质、创业能力的提高、创业学生的数量等三方面指标不能全面反映创新创业教育的实际状况，为更好地确定创新创业教育实施情况和最终效果，需利用"互联网＋"技术建立以创业率、创业成功率、创新创业教育影响力等因素为核心指标的创新创业教育评价体系；建立相关模型，用大数据分析法，得出科学结论，以推进创新创业教育健康持续发展。

三、大学生创新创业路径模式

（一）学生组织拓展大学生创业路径

高校学生组织在对青年进行引导、教育、管理时，需要充分发挥学生自身的优势，从而更好地服务于大学生的创新创业活动，为创新人才创造一个健康的外部环境，利用新思维和新技术促进集创新思维、创新能力及创新精神于一体的大学生的培养。

1. 各类学生组织促进大学生创业的重要性和可行性

开展促进大学生创业活动，可以充分发挥高校基层学生组织自身优势，结合党和政府对学生的期望、社会对人才的需要、青年学生自身的需求，推动经济、社会与个人的共同发展；也能通过鼓励创业促进就业，缓解青年大学生的就业压力，提高就业率；还能提高学生的综合能力，尤其是创新能力，促进创新型人才的培养。此外，对学生组织自身来说也能增加青年群众基础，获得青年大学生的拥护，从而提升学生组织的凝聚力，增强其核心竞争力。

高校学生组织在加强自身组织能力建设、拓展职能（包括校园服务职能、社会职能）的同时能更好地服务于青年学生的就业创业活动，为其搭建更好的平台。具体优势包括先进的育人工作理念、科学的学习方法、创新的行为模式、丰富的人脉资源等。高校学生组织除了利用自身便利条件促进青年学生的自主创业外，还可以通过主动探索先进的科教思想、科技产业，培养大学生的创新意识，提高大学生的创新能力，最终促进创新创业活动的高效开展。

2. 各类学生组织进一步促进大学生创业的路径

针对上述大学生创业存在的问题，高校学生组织应当充分发挥作用，发挥自身优势，挖掘潜力，竭尽所能为大学生创业提供服务。高校基层学生组织应当结合高校的高等教育规律、学校的人才培养工作、学生成长成才的内在需求，再结合学生组织的自身特点，促进大学生创业，为其提供更好的环境和条件，促使大学生想去创业、敢于创业、有能力创业、能成功创业。具体而言，基层学生组织可以从以下几个方面促进大学生创业

一是在充分发挥思想政治优势的基础上，激发大学生的创业活力。高校基层学生组织有较强的政治性和思想性，其作为高校青年学生的领导组织者，在青年思想政治工作开展和优秀青年培养工作上有丰富的经验和优良的传统，这也决定了基层学生组织应当把思想教育工作作为其首要职责。

二是充分利用各类学生组织覆盖广的优势，积极引导学生创业。学生组织本身有较为完备的组织体系，所覆盖的层面也很广泛，整个组织架构也很清晰，纵向上从校学生会到院学生会再到各个班级，横向上则是各个独立的学生支部之间、院学生会之间，都是紧密联系着的，这种组织结构使得学生工作的开展更为方便、快捷，上层也更容易获得下层的信息反馈，能更好地掌握学生的需求，更好地为其服务。

三是利用学生组织的文化阵地优势，提升学生的创业素养。要想提升学生的创业素养，需要将新时期的青年人的特征与学生组织的文化特征相结合。新时期的 00 后青年学生与以往的青年学生不同，他们有更鲜明的心理特征，性格上天生就富有创新精神，对自我价值的追求较高，更富朝气，这对创业工作来说也是一大优势，但这种优势的实现需要学生组织的转化。在对待这一类青年学生时需要采取合适的方式，既要保护他们的创业热情，还要通过一定的培养、培训提升其创业素养。实际上学生组织作为一个敢于突破传统、追求创新精神的先进组织，通过文化阵地的优势，能较好地处理好这一关系，更好地为青年学生的创业活动服务。

四是充分利用学生组织作为载体平台的优势，增强学生创业能力。利用学生组织的平台优势主要是通过充分利用学生组织的校内资源，创建创业平台，举办创新创业教育和实践活动，以此增强学生的创新能力和创新创业意识，提升其综合素质，降低创业的风险。要锻炼学生的创业能力，需要先做好素质拓展计划和拓展训练。针对目前大学生普遍存在的不能吃苦、眼高手低、缺乏社会经验、缺乏合作意识等问题，积极开展素质拓展活动，通过组织各类社会实践和志愿活动，提升大学生的动手能力、社会责任感、社会经验和创新能力。吸收各个高校的先进经验，将素质拓展计划落实好，确保其高效实施。

五是充分利用学生组织的社会资源，为学生搭建创业平台。高校基层学生组织因其广泛的组织体系而拥有丰富的资源，包括人力资源和资金资源。此外，又因学生组织的工作范围较广而社会化运作机制凸显，这为学生组织带来丰富的社会资源。学生组织应当充分利用这类资源为大学生创业活动搭建桥梁，推动学生创业与社会各界共同发展，实现互利共赢。对青年学生而言，能有更好的机会提升自身的组织能力、管

理能力，积累创业经验，而对社会企业来说，能引进更多的先进人才，促进合作。在这一过程中，学生组织主要起到桥梁的作用，其向青年学生主要提供的是校友资源和资金来源。其中，校友资源主要是借助各届校友帮助在校生做职业分析或与广大师生交流工作经验，从而对在校生的创业起到指导或借鉴作用，避免走弯路，走出就业误区等。此外，学生组织主要是通过社会捐助或贷款、基金等形式，为大学生创业提供资金，促进大学生创业项目的发展。

（二）政府支持下的大学生创业路径

创业对于促进国家的经济发展、促进就业具有积极的作用。大学必须与工商业界建立更加密切的联系，要把服务社会作为学校的重要职能，通过专利转让、创办科学园、合作研究项目等多种形式为社会经济与科技发展服务。中国党和政府在积极创造条件，千方百计地鼓励和扶持大学毕业生自主创业，制定推行创业的扶持政策和措施。但也要清醒地看到，中国大学生创业者肩上的负荷还很重，创业所需要的各种服务还不完善，创业政策还不能得到很好的落实，创业的制度环境还需要进一步优化，大学生创业的社会配套体系还需要进一步建立和完善。

1. 倡导创业精神，营造全社会尊重和包容创业的舆论氛围

受几千年传统文化思想的束缚和多年计划经济的影响，社会中普遍存在着对创业的惰性，加之创新创业教育的缺失，又导致了大学生创业素质的缺乏，使许多大学毕业生不敢创业、不愿创业、不会创业、不能创业，这成为严重束缚大学生就业和创业的"瓶颈"，严重制约了大学生创业的积极性。因此，作为政府既要积极创造条件鼓励大学生立足现有岗位创业，又要积极营造有利于大学生创业的良好社会舆论环境，广泛宣传诸如温州人的四千精神，即"走遍千山万水，说遍千言万语，历尽千辛万苦，想尽千方百计"的创业精神，宣传大学生身边的典型事迹和致富经验，把他们的创业经验作为大学生创新创业教育的"活教材"，使每个人都为创业而感动而思考，引导大学生转变择业观念，增强自主创业意识。

2. 加强制度创新，增强对创新创业教育的宏观指导和行政推动

在高等学校创新创业教育体系中，国家在高等教育方面的指导思想、政策导向、管理取向对高等学校创新创业教育的深化具有主导作用。当前，在构建与实施高等学校创新创业教育体系、进一步深化高等学校创新创业教育的进程中，国家及教育行政部门应进行宏观指导和行政推动。创新创业教育也应从娃娃抓起，着重培养青少年的创业意识，到了职业教育和高等教育阶段，主要培养学生的创业素质和创业能力，并把创新创业教育纳入国民教育体系、国家教育发展规划、教育振兴行动计划、青少年思想教育、素质教育和职业生涯发展教育之中。

3. 加大扶持力度，优化大学生创业的政策环境和法制环境

政府各部门要积极思考如何更好地为大学生接受创新创业教育、开展创业实践提供有效服务和政策支持。这里需要特别指出的是，在对大学生创业制定政策时要从实际出发，他们是国家的未来，在他们身上寄托着社会的创业理想，对他们要特别关爱，政策制定或调整要更靠实、更优惠。同时，应进一步完善政府对大学生创业进行鼓励、支持、引导及服务的政策措施和工作机制，清除一切限制创业的体制性障碍，以营造良好的法制环境，这里牵涉公共政策和法规机制、政府行政管理机制改革等问题。

4. 搭建创业平台，完善大学生创业的社会配套体系

中国创新创业教育正逐步形成一个完整的社会体系和教育研究体系，不仅包括普遍开设的创业学课程，还包括高校创业中心、各种孵化器和科技园、风险投资机构、创业培训机构、创业资质评定机构、小企业开发中心、创业者校友联合会、创业者协会等，形成了一个高校、社区、企业良性互动式发展的创新创业教育生态系统，有效地开发和整合了社会各类创业资源。在搭建创业平台、建立与完善大学生创业的社会配套体系方面，政府仍应发挥重要的主导和协调作用。第一，要形成以政府为主导、高校为主体、企业为支撑、全社会配合与家庭支持的"五位一体"的创新创业教育新格局；第二，在政府的积极鼓励和扶持下，建立起若干个创新创业教育非营利性第三者组织，为高校创新创业教育提供非政府支持，分解高校创新创业教育的工作压力；第三，积极扶植大学生创业的中介机构，使之为大学生在创办企业、产品开发、科研成果转化中寻求相关企业、资金支持，以及在法律、政策咨询等多方面为大学生创业架通桥梁，搭建平台。

第三节 "互联网＋"时代创新创业支持体系的构建

一、基本思路与原则

"互联网＋"快速发展的今天，大学生创业遇到了许多困难，有资金方面的、有政策方面的、有技能方面的，还有服务方面的等。虽然一些高校开展了大学生创业培训，但是仅靠这些是不能很好地为大学生成功创业服务的。支持服务高等学校毕业生创业是一项系统的工程，需要一个完整的、成熟的教育服务支持体系。中国有些高校已经形成一套比较系统完善的支持大学生创业政策，为大学生创业提供了有力的保障。因此，可以这些高校的经验，并结合本校大学生特点来完善创业支持体系。完善大学生

创业支持体系是一个漫长艰辛的过程，绝不能为了求快求方便而照搬照抄国外先进的创业支持体系，忽视中国的具体国情，应该本着实事求是的原则，吸收国外经验，在实践中不断完善大学生创业支持体系，以切实保障和落实大学生创业相关服务工作。

二、大学生创业支持体系的构建

建立一个以家庭、社会、国家为基础的，适合中国国情，符合大学生当下要求的，较为全面的创业支持体系，以帮助大学生更好地认识创业的方方面面，帮助大学生克服在创业过程中所遇到的困难，全面支持鼓励大学生充分发挥自己的主观能动性，创新思想，突破自我，积极创业，为展现中国大学生自身的真正价值、促进中国经济快速腾飞而努力。

（一）构建完善的创业政策支持体系

中国改革开放 40 多年来，经济快速发展，在这样良好的经济环境中，有着潜在的、巨大的创业机会。然而在中国现行的市场经济体制下，仍然有许多不完善的地方，大学生创业如果一味地靠市场去主导，初出茅庐的大学生企业势必会举步维艰，从而影响到大学生再创业与其他大学生创业的信心和积极性。中国政府与社会组织应该从各个方面制定一系列政策和措施来鼓励大学生创业，方便大学生创业，保证大学生创业，使其真正成为中国经济前进的重要力量。

1. 创业鼓励

政府、高校、社会组织在制定各项政策鼓励大学生创业的同时，要让尽量多的大学生了解和知道这些政策的存在。以前的情况往往是政策虽在，但无人知晓，有些大学生会因此放弃创业的念头。社会各界应该通过各种媒介深入宣传鼓励大学生创业的基本政策和措施，让广大有潜在创业想法的大学生通过了解这些鼓励政策来产生其心灵上的共鸣，从而将创业理念转化成创业现实。同时，要深入报道大学生创业成功的典型案例，树立创业者在大学生心中的典型形象，建立一个十分轻松、友好的创业氛围。社会各界也应该加强合作，开展一些适合大学生创业的社会活动，给予大学生一些创业奖励，增强他们的创业积极性。

2. 税费减免

政府和社会各界要方便大学生创业，就要在税费上下功夫，简化大学生创办企业和企业运营中的各项程序，减免相应的行政管理费用，减轻企业的负担，同时在各项税收中给予企业更高比例的优惠。

3. 技术支持

大学生企业在创办后很可能会遇到一些核心的技术问题而阻碍其进一步发展，这时候政府需要制定相关的法律法规保证大学生企业核心技术的获得，特别是要求国有企业和知名企业在条件允许的范围内尽量和大学生企业进行技术交流，在技术层面给予大学生企业一定的援助。高校的科研力量也可以成为帮助大学生企业改良技术的有力平台，例如将高校老师和同学的科研成果转化成产品。同时大学生企业在产品获利后反哺学校的科研力量，进一步促进高校的科研水平，从而形成一个教学—科研—产出的良性循环。

4. 项目支持

大学生企业在创办之初尽管有好的发展前景、运营模式，如果没有好的项目，不能营利，仍然不能使其长久地生存发展。大学生刚刚毕业没有足够的关系网和社会网，市场渠道的不畅会导致大学生创业的失败，政府和社会组织应该正确、合理、积极地引导，分配一定比例的政府采购项目和社会采购项目给大学生企业，帮助其顺利拿到订单和合同。

（二）构建完备的创业教育支持体系

高校作为大学生创业前期理论学习的基地，对于培育大学生相关的专业理论知识、创业基本技能及大学生的艰苦奋斗、持之以恒、敢于创新的企业家冒险精神有着十分重要的作用。创业教育是成功创业的重要因素，有必要大力开展创业教育，为大学生创业奠定理论基础。

1. 纳入学分

高校要把创业教育纳入学分体制，使创业教育成为如同专业课一样的必修课，使尽量多的大学生接触到高校的创业教育。对创业教育任务的评估也会使高校的创业教育更加灵活丰富，各种创业技能、创业培训、创业活动的开展都将是大学生拿到学分毕业的必要环节。因此，将创业教育纳入学分是高校进行创业教育的有效前提，有利于创业教育的普及。

2. 课程设置

在成功将学生拉到创业课堂里后，如何让参加创业相关课程的大学生保持兴趣、积极投入，从而能够真正掌握相关的创业理论、创业想法就成了高校创业课程设置所要关注的问题。课程设置的核心问题一方面是在各个高校的各个特色专业和相关专业开设渗透性的创业课程，使类似于化工、机械、生物等理工科的专业和法律、文史、会计等文科性的专业都有可以创业的切入点，并能够有机地结合文理专业，使学生和老师能够充分地交流，释放全面特别的创业理念；另一方面考虑到在调查问卷中绝大多数大学生更在意的是创业相关课程的内容和形式，可以摒弃以前传统应试教育老师讲课、学生听课的死板模式，借鉴如百森商学院的圆桌会议、麻省理工创业课程试验、斯坦福的模拟商业谈判等这样的创业课程形式，使学生能够充分地了解和模拟今后的创业流程，并在此过程中结合灌输相关的创业知识，使其在模拟试验中自觉地克服创业困难，培养冒险精神和创业品质。这不仅仅使高校的创业相关课程更加灵活生动有趣，也起到了培育大学生创业者素质的作用。

（三）构建强有力的创业资金支持体系

企业的创建、运营、维系都需要资金的注入，资金链状况的良好对于一个企业正常健康的发展有着相当大的作用。资金困难是大学生创业的第二大难题，只有有效地通过各种渠道来引入资金，才能支持大学生将创业构想转化成创业成果。因此，建立和完善以家庭、学校、政府、社会为基础的资金支持体系对于大学生创业有着极其深远和实质性的影响。

1. 家庭支持

从对大学生创业基本状况的来看，大多数大学生的创业原始积累，也就是常说的"第一桶金"是来自于家庭、亲戚、朋友。这一方面说明在现行的金融市场上，想要通过商业信贷来支持创业还十分困难；另一方面也说明相关的法律法规和优惠大学生创业的资金政策还不完善，亟待出台。家庭资金支持除了指大学生的自有资金和通过亲戚朋友的帮忙所获得的资金与物资外，还包括家庭对于大学生创业的精神支持，精神支持是指家庭赞同大学生的创业行为，减轻大学生毕业后对其成家立业、赡养父母等的经济负担，能够容忍创业所抛弃的机会成本和创业失败的损失，相当于减轻了大学生创业负债的压力。这两方面的结合对于大学生创业初期生理和心理的压力有极大的缓解作用。

2. 学校支持

高校的资金支持可以有效减轻大学生创业的时间成本，缩短创业周期，使其在高校内专心于理论知识的学习、创业技能和创业品质的培养及创业计划和创业构想的实施。高校的资金支持可以从三个方面去实施完成：一是将科研成果进行商业化；二是举办高品质的创业竞赛进行创业奖励；三是直接设立创业种子基金。中国很多大学也相继设立了创业基金，这都使其成为创业教育和创业支持工作的示范学校，有力地支持了大学生创业。

3. 政府支持

大学生在创业初期遇到困难时最希望得到高校和政府的援助，政府对大学生创业的资金支持也可以从以下几个方面去入手：第一，相应的资金政策。除对大学生创业减免相关的税费外，降低大学生创业的门槛，也是一种很好的减轻其创业负担的办法。第二，银行贷款。政府可以硬性规定国有商业银行设定一定比例的商业贷款给大学生企业，贷款利率在各地做相应的调整，同时建立适合的担保预约制度，保证大学生可以相对容易地进行融资。第三，政府设立创业基金。

4. 社会支持

社会的资金支持主要是指通过市场上的一些民间组织及市场力量来帮助大学生企业融资，这是对大学生创业融资的一个补充。整合各方力量，对大学生企业进行融资援助，具体有以下三个方面内容：第一，中国的民间 NPO（非营利组织）可以联合一些专门的机构投资者对项目较好的大学生企业进行风险投资，这也是国外比较常见的一种投资方式，尽管是带有股权性质的投资，但机构投资者会在咨询、财税等各方面对大学生企业进行援助，这也是很多高校比较推荐的融资模式，增强了大学生企业的存活率。第二，中国民间 NPO 可以组织一些企业来投资与其发展方向相关的大学生企业，作为加盟公司、旗下公司、技术联合等，这将对双方的发展起到积极正面双赢的效果。第三，民间 NPO 直接资金援助或者直接贷款，但是可能由于资金数量小、利率高，所以贷款的大学生需要反复斟酌，有一定的局限性。

（四）构建完善的创业服务支持体系

助力大学生创业获得成功需建立一套完整的服务支持体系，这为大学生创业起到润滑剂的作用。

1. 创业基地

大学生在获得了创业资金、创业项目之后，往往需要一个固定的办公场地进行日常的管理办公、生产办公、科研开发办公等，而创业基地，有时候我们也称孵化基地、孵化园，这些就能够满足大学生这样的需求。这种创业基地往往固定建在大学校园或经济产业园中，可以办公后，需要将自己的创业构想转化为创业产品并在市场上销售，如果不能将创业构想进行盈利化、市场化，那么大学生创业的失败则不可避免。由于缺乏市场经验和营销渠道，支持大学生创业需要政府、高校、社会的市场导向支持，除了在政策支持中提到的政府要拿出一定数量的政府采购合同给大学生企业，帮助其拿到订单外，也需要广大的社会力量将大学生企业所在领域的相关信息进行资源共享，最大限度地降低信息不对称的程度。大学生创业者要在政府、高校、市场的引导下更好地了解自己从事的相关行业信息，确认自己的客户资源，完成市场细分，对自己核心的领域有的放矢，成功创业。

2. 管理服务

创业支持体系不仅要让大学生企业成功地建立，更重要的是如何让大学生企业健康成长，不断壮大。因此，管理服务水平的高低将直接影响大学生企业的后期存活率和发展状况，下面也从以下几个方面进行概括：第一，在创业基地、大学创业园等设立专门的管理服务部门，对大学生企业所遇到的法律、财税、会计等相关的企业基础常识提供咨询与援助，使大学生企业尽量少走弯路。第二，内部管理。内部管理是要让大学生创业者了解企业的产权结构和现行的企业组织结构，在合理的分配和设计下，能够让企业不至于产生一些不必要的纠纷和问题，从而让企业在创办后能够较为良好地运转。第三，对大学生企业的相关人员进行再培训。培训的内容不再是创业的相关问题，而是关于行业内的基本问题，包括在企业内任职的不同员工应该承担哪些相应的权利与责任并具备怎样的素质和能力，努力提升企业的核心竞争力，使大学生企业能够尽快做大做强。创业集群辐射效应使创业的大学生都在这个孵化基地进行创业，相互交流，提高了大学生企业的存活率。

三、大学生创业支持体系构建的对策建议

这些年来，从中央到地方，政府对大学生就业创业给予了高度关注，纷纷出台了各种措施鼓励和引导大学生就业创业，这也是一项民生工程，关乎千家万户，关系每个毕业生家庭的幸福，关系社会的和谐稳定。随着政策效应的产生，大学生创业的热情不断增加，这为政府、高校、社会完善和实践大学生创业支持体系提供了实践平台。

（一）创业形势分析

互联网能使创业成为一种生活方式，让创业教育成为一种思维，具有开放性、包容性。利用互联网技术平台可以实现不受时间、空间约束的立体式教育。

1. 政府政策制度体系的支持

随着社会经济的发展，国家越来越重视创业和创新，正在加快改革科技成果产权制度、收益分配制度和转化机制，让科研人员取得更多股权期权等合法权益，更好体现知识和创造的价值。同时，不断简化创业行政审批手续，降低创业门槛，提高对创业和创新的扶持力度。另外，也正在大力破除技术壁垒、行政垄断的藩篱，营造公平竞争的市场和法治环境，构建支持创业和创新的制度体系。

2. 经济发展的内在需求

当前，中国经济从高速增长阶段进入中高速阶段，传统依靠丰富廉价劳动力发展经济的方式已经无以为继，经济增长动力不足是经济发展最为核心的问题，必须要为经济找到新的引擎。随着经济向形态更高级、分工更复杂、结构更合理的新常态过渡，增长驱动力必须由要素驱动、投资驱动转向创新驱动，这既是经济发展的阶段性特征，也是现实选择。

3. 全民创业的文化环境

受过高等教育的年轻人正在成为社会劳动的主力军，他们思想上更开放，更具有

国际化的视野，也深受互联网的影响，创新创业文化已经深入到他们每一个人的内心深处。创客文化也成为现今年轻人中流行的文化。随着国家的鼓励和推动，全民创业的文化氛围正越发浓厚。

4．个人价值实现的重要方式

创新创业为每个人提供了一个勤劳致富、实现梦想的公平机会，创新创业正在成为实现个人价值的重要方式。

（二）大学生创业方向建议

1．利用电子商务线上创业

"互联网＋"为大学生创业提供了巨大的方便的平台，大学生可利用网络平台创业。大学生开店，一方面可充分利用高校的学生顾客资源；另一方面，由于熟悉同龄人的消费习惯，因此入门较为容易，如淘宝、微商等。

2．利用网络技术、技能创业

大学生群体不乏网络高手，又身处科技前沿，有近水楼台先得月的优势，百度、网易、腾讯等大学生创业企业的成功，就是得益于创业者的网络和技术优势。有意在这方面创业的大学生，可积极参加一些创业大赛，获得更多的机会，以便吸引风险投资和慈善投资的关注，如软件编程、网络服务、动画开发等。

3．利用互联网进行在线智力服务

在智力服务领域创业，大学生游刃有余，智力是大学生创业最丰厚的资本。智力服务创业项目门槛较低，投资较少，比如家教、程序检测、设计、翻译等，一张桌子、一台电脑就可以开业。

4．连锁加盟领域

对创业资源十分有限的大学生来说，借助连锁加盟的品牌、技术、营销、设备优势，可以以较少的投资、较低的门槛实现自主创业，如快餐业、家政服务、校园超市、数码快印等。

（三）大学生创业支持体系构建对策建议

大学生创业的培育和引导，是一个长期的过程，除需要政府、社会等各个方面的共同努力外，更需要充分利用当下互联网经济发展势头，以"互联网＋"思维促进大学生成功创业。

1．以"互联网＋"为载体构建高校创业教育体系

一是利用"互联网＋"技术构建适合各区域创业教育课程体系。创业教育课程是

创业教育理念的主要载体和实现创业教育目标的重要手段，是创业教育实施的主要途径之一。根据高校所在区域学生的特点和需要，利用"互联网＋"技术构建立体式、全天候、高覆盖的自助课程体系，如开发专门的创业教育网站，网站涵盖创业经典故事、创业网络课堂等；制作"碎片式"手机软件移动创业课堂，给予一定的流量补贴，鼓励学生随时随地学习创业课程；建立校方创业微信群，让创业者有问题随时得到解答等。

二是基于"互联网＋"技术构建高校创业教育实践体系。创业是一种实践性强的活动，要利用"互联网＋"技术设置一系列创业实践活动，改变传统的实践方式。例如，构建线上线下创业实践平台体验、网上模拟创业；校方可利用"互联网＋"技术建立网上大学生创业园，组建虚拟学生创业公司，线上线下实战经营；建立远程创业视频系统，与创业教育专家和创业成功人士互动交流，创业实践活动要突出"创造性、实践性"特色。

三是以"互联网＋"技术为支撑建立高校创业教育评价体系。创业综合素质、创业能力的提高、创业学生的数量等方面指标不能全面反映创业教育状况的实际，为更好地确定创业教育实施情况和最终效果，需利用"互联网＋"技术建立以创业率、创业成功率、创业教育影响力等因素为核心指标的创业教育评价体系；建立相关模型，用大数据分析法，得出科学结论，以推进创业教育健康持续发展。

2. 强化学生创业教育和指导，培养大学生创业理念和创业能力

传授专业知识的同时，应将创业教育纳入高等教育的课程体系，改革人才培养方案，使创业教育成为大学生的必修课程，进行系统的传授，培养大学生的创业意识和创业能力；在大学生实习阶段，对有创业意愿和创业能力的大学生，高校就业指导部门应及时将其推荐到大学生成功创业的企业或其他创业型企业中进行学习交流和实习实践，增加大学生对创业的感性认识，积累创业经验，增强创业信心。

3. 为大学生创业提供个性化扶持，提高首次创业成功率

政府部门在简化大学生创业审批程序、放宽对创业的注册资金和场所的限制、减免创业行政收费、落实税收优惠政策等基础上，还要结合大学生文化水平高、综合素质高、社会经验少的特点，引导其从事与所学专业或兴趣对口的创业项目，将个人兴趣、专业与创业方向结合起来，并成立由高校专业教师和创业企业家组成的创业导师团队，对刚起步的大学生创业企业进行一对一的帮扶。

4. 大力开展创新创业竞赛活动

社会和科技部门应通过开展大学生创业创意大赛和大学生创新创业分享沙龙等活动，鼓励和引导大学生将创新创意转化为创业项目，营造大学生创业的良好氛围，并

以此活动为契机，搭建大学生与创业伙伴及创业投资人的线下沟通交流平台；高校或相关政府部门应针对大学生缺乏社会经验、人脉资源、企业管理经验和销售渠道等情况，根据不同创业大学生的专业优势和性格特点，积极组织协调多个大学生进行共同创业，各司其职，优势互补。政府应开展创业实训、模拟运作、孵化培育等公共服务，并鼓励和引入民间、社会力量组织专门的创业指导机构，为创业者提供法律、投资、财会等专业服务。

5. 充分运用"互联网＋"新理念，打造大学生创新创业新模式

对大学生创业企业，特别是传统产业的企业，应充分运用"互联网＋"新理念，将传统企业与互联网完美融合，走信息化与工业化相融合的路子。对于大学生创立的小微科技企业，应充分利用互联网优势，为企业打造一个开放式创新平台，采取"众包"模式，汇聚全社会的创新力量，并以此为载体，为客户提供各类个性化的服务和体验，加快企业创新和个性化发展步伐。

6. 基于互联网技术搭建众创服务平台

政府应适应新型创业型孵化平台的特点，简化登记手续，对"众创空间"的房租、宽带网络、公共软件等给予适当补贴，尽量降低搭建平台的成本，让青年人特别是大学生的兴趣与爱好转化为各种创意，通过网上创客联盟、网下众创空间等平台将其汇聚起来，逐渐把孕育于移动互联、根植于创业草根、适用于创新创意的空间，打造成培育各类青年创新人才和创新团队，在创意者、创新者及投资人之间实现信息对称、项目对接、资本对接的创新型创业孵化综合服务平台，努力把各种创新创意转变为现实。鼓励科技创业企业充分发挥网上创客联盟和网下众创空间平台的优势，集中开展技术难题攻关和创新创意研发，这样不仅能降低企业科研成本，而且有利于营造万众创新的社会氛围。

7. 积极搭上互联网经济发展势头，引导大学生开展电子商务创业

开展大学生网上创业模拟实训，提高创业人员的操作能力，打造大学生电子商务创业实践基地。积极引导大学生电商企业进驻电商创业园，为大学生电商企业提供电商培训、电商企业孵化和运营的一体化服务。对大学生电商创业实行以奖代补，并对创业初期的小微电商企业实行社保补贴和场地租金补贴。

8. 加大资金扶持力度，创新创业融资形式

中国高等学校毕业生创业的特点决定了毕业生们更需要风险投资，因为他们是刚毕业的学生，资金缺乏，中国的风险投资体系不够完善，信用制度很不健全，融资是高等学校毕业生必须要解决的问题，不然创业就无法进行下去。为此，政府应该主动牵头，搭建大学生创业的融资平台，为其融资创造有利的环境，建立大学生信用体系，

加快和完善资本市场体系建设，为大学生创办的中小企业建立成熟的融资、投资体系。另外，政府可以对帮扶大学生创业的社会企业给予一定的奖励，引导社会力量支持大学生创业发展。

各级政府应设立专门的大学生自主创业储备基金，重点资助本地区具有一定科技含量与良好发展前景的大学生创业项目。同时，可考虑将下岗失业人员小额担保贷款的申请对象扩大到创业的大学生，扩大大学生创业扶持资金的来源渠道。另外，充分发挥"种子资金"的带动效应，由政府出少量资金，带动社会和民间资金，成立大学生创业风险基金，再由第三方专业机构对申请资金的创业项目进行风险评估，通过评估后的创业企业可获得基金支持。政府和金融系统应支持大学生创业企业通过成熟的金融市场获得更多的资金，发展多种融资渠道，如以大学生申请的专利或其他知识产权来进行融资，为大学生创业提供更多的资金支持。

在推进小额贷款公司发展时明确小额贷款对毕业生创业贷款的比例；制定政策规定各商业银行对高校学生创业贷款计划单列，加强贴息贷款力度。建立中小企业信用担保体系，促进银行贷款向高校学生创业企业的倾斜。设立高等学校毕业生投资机制，形成大学生创业的助推器。

9. 整合社会创业政策，提高大学生创业的服务保障能力

梳理政府对社会各类群体的创业优惠政策，实现政策的普惠性，放宽对大学生创业的注册资金和场所的限制，落实税收优惠政策；加强大学生创业园建设。建立创业园人才信息库，提供园内创业大学生的信息交流平台；建立定期为创业企业提供与园外企业学习交流机制，全方位、多层次地为大学生创业服务；依托大学生创业园和创业孵化基地，对有创业意向的大学生免费提供创业指导、创业培训、税费减免、小额贷款等一条龙服务，切实提高对大学生创业的服务保障能力。

10. 建设创业实践基地，激励和满足大学生创业需求

创业环境通常指的是围绕创业成长发展而变化的，并对企业实时产生影响的一切因素的总和。创业环境具有区域性，不同的地方，社会结构、经济发展水平不一样，给予的优惠帮扶措施也不一样，这些因素都将对创业企业产生重要影响。

大学生创业基地具有社会公益事业性质，政府应在资金上、政策上给予支持，但从国家和目前一些地方财政的承付能力看，不能完全依赖于政府的支持。创业基地要通过探索和开发满足市场需求的服务产品、服务方式，不断提高创业基地的自我生存能力和自我发展能力。要把承担政府政策性、公益性目标与基地的自主发展结合起来，积极寻求自主经营和可持续发展空间。

政府要加强大学生创业基地建设和高科技创业孵化器的建设，要建设专门的创业

园，通过集聚效应降低大学生创业风险，提高其创业成功率，在大学生创业园区内建立完善的帮扶机制，引导社会力量、民间资本参与大学生创业。另外，通过孵化科技产品，加快项目转化，从而帮助大学生创业的成功，促进大学生创业。要整合有限资源，有针对性地支持创业项目，形成规范的、科学的支持体系，从而为大学生创业搭建一个合理公正的支持帮扶系统。

11. 提供完备的创业指导咨询服务

中小企业社会化服务体系是以服务社会各类中小企业为宗旨，以营造良好的经营环境为目的，为中小企业的创立和发展提供多层次、全方位、网络化、社会化服务。高校学生创业支持体系就是这个网络的一部分，构建一个好的网络，才能够提供好的服务。

构建高校学生创业支持体系，一是要树立以人为本的服务理念，从高校学生创业的实际需求出发，不断完善和创新服务内容。服务的重点包括：为有意创业的高校学生提供创业咨询、创业指导与策划、创业培训等服务；为注册登记2年内的新创办高校学生创业企业提供财税、法律、劳保、外贸等代理服务，政策与信息服务，管理咨询服务，技术服务，融资指导服务，人员培训服务等。二是鼓励各类服务机构多渠道征集、开发创业项目，建立创业项目信息库和创业者信息档案库，及时为高校学生创业提供服务，帮助高校学生掌握基本创业技巧，指导制订创业计划书，规划创业项目，帮助其实现创业。通过多方面的指导帮助，采取多种形式来帮助高等学校毕业生创业，构建合理的支持服务体系，使学生能成功创业。

建立高素质的创业教育培训的辅导员队伍是创业教育服务支持工作的基础。各级政府和相关职能部门要把当地各行各业有经验的人组织起来，如优秀的企业家、法律专家、管理咨询专家等，为高校学生创业服务。要建立创业辅导员选聘及管理制度，使其成为地方创业服务的重要力量。有条件的地区可以组织专家咨询学生、创业服务志愿学生活动，深入实际开展高校学生创业服务。

12. 多措并举提升大学生创业能力

创业培训教育是激发和提高大学生创业能力的重要环节，家庭教育同样缺乏对大学生创业进行教育。因此，为培育大学生的创业精神和理念，使其树立一种创新意识，高等学校必须改变传统的教育模式，转变职业观念，加大创业教育的力度，不断根据变化的形势，实时设置创业教育课程，把创业教育纳入教学计划，形成一个完善的创业教育课程培养体系，使学生的创业能力和潜力能充分得到发挥，形成良好的创业教育氛围，促成大学毕业生积极创业。学校应该设立有关创业教育的激励机制，把教师的积极性也充分调动起来，不断指导帮助大学生创业，建立一套合理有效的目标体系，保障创业教育的顺利进行。

　　大学生创业教育是多方面的，仅靠高校本身是远远不够的，必须得到政府的大力支持、企业的鼎力相助。企业家走进校园为学生授课，讲授实战经验，为大学生创业进行指导；政府整合有限资源，有针对性地帮助大学生创业。只有在全社会营造良好的支持创业的氛围，从支持大学生创业中受益，才能真正建立起社会的支持体系，高校学生创业教育才能得到长足发展。

13. 为大学毕业生创业配备"师傅"

　　大学毕业生刚创业，一个很重要的方面就是缺乏实践经验，给他们配备创业导师是十分必要的。导师是校外的有实战经验的企业家或职业经理人等，对他们创业过程中遇到的问题能及时解决，使学生少走弯路，提供必要的帮助，这样能提高其创业成功率。具体措施：举办拜师会，学校聘请相关项目的企业家，学生和导师相互了解，双向选择，这样就可以加强对学生创业实践的针对性指导。

14. 建立挫折"发泄坊"

　　学校不仅要对创业成功的学生进行表彰，大力宣传，也要为创业受挫的学生营造包容鼓励的良好氛围，这样大家才不会害怕创业，对创业就不会恐惧，就会把其当作一件平常的事情来做，这样压力就更小了，更有利于全心投入到创业项目中，就会有越来越多的人加入到创业的大军中来。如举行创业经验座谈会、创业失败总结会，对创业失败者进行"把脉"，疏导其情绪，加强再培训等，建立创业受挫"发泄坊"，让其在一定范围内充分释放情绪，然后再重新整装出发，改进不足，完善手段，继续运营创业的项目。

参考文献

[1] 杨诚．高等职业院校职业素质教育改革创新教材大学生职业生涯规划与创新创业 [M] ．北京：高等教育出版社，2021.11.

[2] 范钧，顾春梅，楼天阳．数字时代的新营销人才培养模式与教学改革实践 [M] ．杭州：浙江工商大学出版社，2021.05.

[3] 王雪梅．智媒时代传媒人才双创教育多维融合路径研究 [M] ．重庆：重庆大学出版社，2021.03.

[4] 沈丹，杨百忍，孟昕．大学生创新创业教育 [M] ．南京：河海大学出版社，2021.06.

[5] 刘平，金环，林则宏．高等学校创业教育系列教材大学生就业与创业指导第2版 [M] ．北京：清华大学出版社，2021.12.

[6] 李剑利．大学生创新创业基础 [M] ．北京：高等教育出版社，2021.09.

[7] 刘霞，宋卫．十三五职业教育国家规划教材大学生创新创业基础与实践慕课版 [M] ．北京：人民邮电出版社，2021.09.

[8] 蒋家胜，何琳，范华亮．创新设计思维 [M] ．成都：西南交通大学出版社，2021.05.

[9] 汤新发．全国高等院校财经管理类创新规划教材技术经济学技术经济理论与方法 [M] ．北京：中国商业出版社，2021.10.

[10] 孙参运，范方舟．高等职业教育在线开放课程新形态一体化教材商业文化与素养第2版 [M] ．北京：高等教育出版社，2021.03.

[11] 王海燕．高校创新创业教育改革与探索 [M] ．天津：天津科学技术出版社，2020.03.

[12] 陈虹．大学创新创业教育 [M] ．北京：文化发展出版社，2020.04.

[13] 梁平．职业院校创新创业教育研究分析 [M] ．天津：天津大学出版社，2020.06.

[14] 李喆．地方高校创新创业教育研究 [M] ．济南：山东人民出版社，2020.03.

[15] 陆丹．大学创新创业教育与应用型人才培养 [M] ．上海：上海交通大学出版社，2020.01.

［16］田爱香，石彩虹．大学生创新创业理论与实践研究［M］．北京：研究出版社，2020.10.

［17］赵鑫全，张勇主编；李珂主审．新时代大学生劳动教育［M］．北京：机械工业出版社，2020.11.

［18］邱天．高校体育创新思维的教学与实践［M］．厦门：厦门大学出版社，2020.07.

［19］梁金辉．经济新常态下工科大学生就业能力研究［M］．北京：北京理工大学出版社，2020.01.

［20］陆相欣，许述敏，孙体楠．大学生创新创业基础［M］．武汉：华中师范大学出版社，2019.12.

［21］鲁玉桃．创新创业基础训练双色［M］．镇江：江苏大学出版社，2019.07.

［22］韦克俭．经济管理专业本科教育教学改革与创新［M］．北京：人民日报出版社，2019.02.

［23］侯亦夫．创业型经济理论及就业研究［M］．长春：吉林人民出版社，2019.07.

［24］杨红卫．创建创业型大学的思考与研究［M］．昆明：云南大学出版社，2019.

［25］崔雅利．创新创业教育改革论文选编［M］．北京：首都师范大学出版社，2019.01.

［26］万生新，姬建锋．大学生创新创业教育［M］．西安：陕西人民出版社，2019.

［27］李建庆．大学生创新创业教育研究［M］．成都：四川大学出版社，2019.07.

［28］梁韵妍．创新创业教育背景下“双师型”教师胜任力模型研究与构建［M］．北京：航空工业出版社，2019.01.

［29］沈名杰．创新创业教育与创意素描课程教学的融合探索［M］．北京：中国纺织出版社，2019.03.

［30］侯东东．“新工科”背景下大学生创新创业教育及其支持体系的理论探讨与研究［M］．成都：电子科技大学出版社，2019.03.

［31］范东亚，谭荣．大学生职业生涯规划与创新创业教育［M］．重庆：重庆大学出版社，2019.03.

［32］杨冰．城市型应用型大学创新创业人才教育教学改革与创新［M］．北京：知识产权出版社，2018.05.

［33］洪柳．创新创业教育视域下高校公共事业管理专业实践教学体系改革研究与探索［M］．长春：吉林大学出版社，2018.08.

［34］钟志华．创新创业教育研究［M］．上海：同济大学出版社，2018.09.

［35］卢洪雨．国际贸易专业创新创业教学研究与改革探索［M］．杭州：浙江工商大

学出版社，2018.08.

［36］詹跃明，夏成宇．大学生创新创业基础［M］．重庆：重庆大学出版
社，2018.12.

［37］张成龙．"设计＋"艺术类大学生创新创业理论与实践［M］．长春：东北师范
大学出版社，2018.04.

［38］窦尔翔，李咏梅，李昶．教育创新深度成长的模式［M］．北京：知识产权出版
社，2018.08.

［39］王静，常宇靖．核心价值观指导下的大学生创新创业教育研究［M］．长春：东
北师范大学出版社，2018.07.